균형의 법칙

THE RULE OF BALANCE

균형의 법칙

카오스를 탈출해 코스모스로 나아가는 초월적 지혜

김만인 지음

사공

추천사

『균형의 법칙』은 일견 미래 예측서로 보이지만 실상 그 내용은 과거와는 모든 것이 판이하게 달라진 작금의 세계에서 어떻게 살아가야 하는가에 대한 동양철학적 선문답을 제시하고 있다. 저자는 원시인류에서 21세기 글로벌 시대에 이르는, 일견 복잡해 보이는 인간의 진보 과정을 동양 사상에 기초한 대자연의 섭리라는 틀에 넣어 명쾌하게 설명하고 있다. 지난 50여 년간 숨 가쁘게 달려온 우리의 자화상을 정확히 분석하며 다가올 변화의 물결을 지혜롭게 헤쳐나갈 혜안을 제시하고 있는 것이다. 저자의 시각은 새로운 패러다임이 작동하고 있는 21세기에는 이미 효용 가치를 상실한 과거의 방식으로 대응하려 하지 말고 이를 선선히 받아들이며 적응할 것을 주문하고 있다.

_권영석 (Mercury Advisors 대표/루이까또즈 부사장)

우리는 바쁜 일상을 살아가며 인간의 본질을 망각하고는 한다. 왜 저자가 이런 망각의 시간들을 균형을 상실한 카오스(혼란)라고 명명했는지 의아스러웠다. 그러나 책을 읽고 있노라면 우리가 사는 세상은 우주의 섭리에 의한 카오스가 아닌 인간 스스로 만든 또 하나의 카오스라는 것을 알 수 있다. 놀이터에 덩그러니 누워 있는 시소는 이미 이러한 현상을 예측한 수많은 선각자들이 경고한 '균형의 법칙'을 암시하고 있다. 조금만 시간을 내어서 읽어본다면 독자 누구라도 마음의 평정을 얻을 수 있을 것이다.

_변대규(휴맥스 대표이사)

이 책은 혼란스럽고 빠르게 변화하는 우리의 현실 속에서 변화하지 않는 '균형의 법칙'이 있음을 깨닫게 한다. 저자는 우주와 자연의 섭리, 동서고금의 다양한 학문과 역사적 사례, 그리고 우리 일상의 생생한 이야기들을 통해 '혼란으로부터 탈출'하는 지혜와 통찰을 제공한다. 이 책에서 미래의 발전을 위한 참신하고 유용한 아이디어와 마음의 평정을 얻을 수 있을 것이다.

_이승주(한국개발연구원 국제정책대학원 교수)

한국 사회가 직면한 정치, 경제, 사회, 문화, 통일 등 거시적인 이슈부터 기업 현장에서 직면하는 전략, 조직설계, 조직 및 인사관리 등의 미시적인 이슈에 이르기까지 저자의 번뜩이는 문제의식이 보인다. 또한 이들 이슈들에 대하여 소화 가능한 설득적 언어로 저자 나름으로 균형을 얻기 위한 '카오스 탈출'의 해결책을 제시하고 있다. 이렇듯 미시와 거시를 오가는 저자의 학문적 경력은 이 시대를 살아가는 젊은이들에게 놀라운 지적 자극이 될 것이다.

_전상길 (한양대학교 경상대학 경영학부 교수)

저자는 요즘같이 변화무쌍하며 수적 풍요에도 불구하고 마음속에 가난이 엄습해 우울해지는 이때를 우주의 생성 과정에서 유래한 카오스(혼란)에 비유하고 있다. 과거 인류의 지혜와 슬기가 녹아 있는 '균형의 법칙'을 우리가 느끼고 겪는 일상적 현상들에 일일이 적용하여 동굴 밖의 빛으로 안내한다. 그 빛이 희망의 실마리가 되기를 바란다.

_조영호 (아주대학교 경영대학원 원장)

『균형의 법칙』은 오늘을 어떻게 살아가야 하는지 고민하는 사람들에게 일독을 권하는 책이다. 비단 물질적으로만이 아니라 정신적으로도 당장 오늘을 어떻게 살고 미래를 어떻게 대비해야 하는지 알려주는 책이다. 저자는 이 책에서 해박한 지식을 우리가 알고 있는 현실에 적용해 우리의 궁금증을 풀어주고 있다. 소통이 화두가 되는 요즘, 그 이후의 화두는 저자가 말하는 균형이어야 할 것이다.

_주석영 (변호사, 회명합동법률사무소)

바야흐로 통섭의 시대다! 『균형의 법칙』은 내용이 약간은 어렵지만 그 반대급부로 독서의 과정 속에서 많은 성찰을 이끌어내는 책이다. 쉽게 습득한 것은 쉽게 잃기 마련이다. 어렵지만 더딘 발걸음 속에서 지혜를 찾기를 원한다면 이 책은 그 길을 제시할 것이다.

_김승철 (서강대학교 경영컨설팅학과 교수)

융합의 시대라고 한다. 빠르게 변화하는 시대를 살면서 다양한 분야, 서로 다른 세계를 통합적으로 이해하는 것이 필요하다는 것이다. 그런 점에서 『균형의 법칙』은 인류의 근원과 속성에 대한 고찰에서부터 역사적 사실에 대한 재해석, 나아가 독자들의 일상생활에 이르기까지 새로운 성찰을 하게 만드는 지렛대를 제공하고 있다. 우리가 늘 접하는 사실은 과연 진실인지, 인간의 본질은 내가 아는 것이 전부인지 질문을 던짐으로써 인류의 역사·철학·종교·정치 등 다양한 경계를 관통하며 세상을 보는 지혜를 제공해주는 역발상의 지침서다.

_장화경 (현대로템 정책지원사업부장)

머리말

우리는 언제부터인가 좋은 말을 듣고 감동하기보다는 자극적이고 극단적인 사건을 듣고 보거나 허무맹랑한 이야기에 귀가 솔깃해지는 데 익숙해져 있다. 대중은 더 이상 개연성과 타당성이 충분히 확보된 뉴스나 드라마, 영화에는 관심이 없다. 하루에도 수천 건 이상 올라오는 인터넷 포털 사이트 뉴스들의 공통점은 오로지 호기심만을 자극하려는 제목이 붙어 있거나 기사 내용에 상식적으로 이해될 수 있는 이야기는 담겨 있지 않다는 것뿐이다. "대통령 하야 결정……"이라는 제목을 보고 궁금해져서 눌러보면 대통령이 하야 결정을 내렸으면 한다는 야당 의원들의 이야기가 나오거나, 아니면 수십 년 전 이야기가 실려 있다. '충격', '경악'이라는 단어가 부지기수로 등장하지만 막상 읽어보면 충격적이거나 경악할 만한 내용은 없다. "브래드 피트, 졸링 폭행"이라는 제목을 보고 들어가보면 영화 속 이야기를 소개하고 있다. 독자들은 실망하지만 누가 이런 기사를 올렸는지는 확인하지 않는다. 물론 항의도 없다. 잠시 뒤면 새까맣게 잊어버리고 다른 기사를 뒤적이는 것이 보통의 독자, 즉 네티즌들이다. 그러니 이런 식의 제목을 단 기사들이 경쟁이나 하듯이 화면을 도배한다. 사람들은 연예인이나 운동선수들, 이른바 스타들의 일거수일투족에 매료되어 있다. 이런 사회에서 이솝 우화 속 양치기 소년은 이제 더 이상 불신의 낙인이 찍혀 외톨이가 되거나 범죄자가 될 필요가 없다. 불구경이 명사들의 강연보다 훨씬 더 값어치 있는 볼거리임에 틀림없다고 여기기 때문이다. 결국 우리 모두는 양치기 소년이 되기 위한 노력을 하는 편이 낫게 되었다.

수년 전 〈리더스 다이제스트〉 미국 사업부가 파산했다. 한때 정기 간행물 가운데 세계 최고의 판매 부수를 자랑했지만 사람들의 외면 속에 수지를 맞추기조차 어려운 기업으로 전락한 것이다. 시장논리에 입각해서 보면, 전문 지식을 다루거나 특정 분야의 독자를 대상으로 하는 간행물의 경우에는 판매량이 크게 의미가 없을 수 있지만 어떤 간행물이 대중 누구나 접근할 수 있는 쉽고 보편적이며 공통적인 관심사를 다루면서 질적인 면에서도 우세하다면 마땅히 많이 팔려야 한다. 그러나 이제는 이런 상식이 통하지 않는 세상이 되었다. 종이에 인쇄한 하드 카피 형식이라는 점도 판매가 감소된 이유 중 하나일 수 있겠지만, 건전한 내용만으로는 다수의 관심을 끌 수 없음을 분명히 입증한 것이라고 볼 수 있다. 우리들 대부분은 돈을 주고 구매한 책에서 잃어버린 지갑을 찾아주는 이야기를 읽기보다는 텔레비전이나 인터넷 포털 뉴스에서 광고 좀 봐주며 어느 배우의 불륜 행각이나 떠돌이 개가 학대받은 이야기, 정신이상자의 기행, 연예인 가족의 여행 이야기를 보는 것에 더욱 매료되어 있는 것이다.

이런 이야기들은 그 순간을 지나면 마음에 남는 것들이 아니다. 그 다음 날 아침에도, 먼 훗날에도 어떤 자취를 남기기보다는 그저 그 순간만 즐거운, 또는 남에게 얘기해줄 자극적인 이야깃거리들일 뿐이다. 이런 것들은 간혹 나는 지금 인생의 어느 지점에 있고 어디로 가고 있는가 같은 제법 심각한 질문을 자신에게 던졌을 때 도움이 될 수 있는 정보들이 아니다. 수명은 길어지고 있는데 하루하루를 이런 얘기들이나 나누면서 자유라는 이름 아래 본능에만 충실하다 보면 어느새 우리의 육신은 자그마한 항아리 속 비좁은 공간에 갇히고 말 것이다. 과연 우리는 아무런 질문도 갖지 않고 살 만큼 고민도 없고 삶에 대한 질문도 없는 것일까? 주린 배를 채웠고 다음 끼니를 걱정할 필요도 없어졌으니 노닥거리며 살 수 있는 여유가 생긴 것일까? 아니면 세상이 너무도 복잡해진 탓에 차라리 알고자 하는 의욕을 접고서 단순하게 살고자 몸부림치는 것일까?

하루 종일 들판을 뛰어다니며 수렵을 하거나 강이나 바다에서 어획을 해야 자신과 딸린 식구들이 생존할 수 있었던 시대, 원시 지구의 환경은 단순함을 요구했다. 아무리 자신이 애를 쓴다 해도 짐승들이나 물고기의 수가 늘어나지는 않는다. 물론 조금 더 노력을 기울이면 그만큼 소득이 따르겠지만 그 차이는 결코 크지 않았다. 하지만 시간이 흘러 이런 문제가 해결되면서 이른바 '복잡'해질 필요성이 대두되기 시작했다. 본래 철학이란 육체노동을 하지 않으면 생존할 수 없는 사람들의 몫이 아니었다. 어떤 방법으로 쟁취되었는지는 몰라도 대대로 물려받을 수 있는 귀족이라는 지위를 획득한 사람들이 논하기 시작한 것이 철학이었다. 소크라테스나 플라톤, 석가모니, 공자나 맹자와 같은 사람들은 당시 인구의 1퍼센트도 되지 않는 왕족이나 귀족이라는 신분에 있는 사람들이었다. 그들은 입신양명(立身揚名)해 출세하고 자손 대대로 세를 이어가야 한다는 의무를 지니고 태어난 사람들이었다. 그러나 산업화와 더불어 자유와 평등 의식의 발전은 우리 모두를 귀족으로 만들었다. 혹시라도 신분을 빙자해 단순하게 살아가고 싶어도 거저먹기식 기회는 누구에게도 주어질 수 없게 되었다. 빈부의 격차나 개인적인 환경 등에 따라 다소 차이는 있겠지만 누구에게나 기회가 주어진다는 사실은 이제 부정할 수 없으며, 누구에게나 목표를 가질 수 있는 권리와 의무가 주어지게 되었다. 따라서 결과가 좋지 못하게 되면 그 책임은 고스란히 자신의 것이 되고 만다.

20세기 이전에 지구에 태어난 보통 사람들은 어떤 노력으로도 침해할 수 없는, 귀족과 같은 특정 신분이 갖는 특권이나 권력, 물적 부족으로부터의 자유를 부러워하거나 시기하고 원망해야 했다. 그러나 실상 소수의 특권층 자녀들은 태어나면서 주어지는 엄청난 부담에 시달렸다. 모든 여건이 주어진다고 해서 쟁취나 보존이 가능한 것은 아니었기 때문이다. 이러한 특권층의 천부적 권한은 현시대에 이르러 보통 사람들에게 확대되었고, 이제는 너 나 할 것 없이 무거운 짐을 진 채로 태어나게 되었다. 우리에게는 상대적이든 절대적이든 어떤 특권도 없다. 다만 누구에게나 똑같은 보편적 권리가 있을 뿐이다. 경기를 시작하는데 기본 점수가 없는 것이다. 못하면 마이너스요, 잘하면 플러스일 뿐이다. 혹자는 자본주의하에서 필연적으로 동반되는 다소간의 경제적 환경 격차에 대해 언급하면서 패배의 정당성이나 승리의 공을 부풀리려고 몸부림치고는 한다.

이 책에서 다루고자 하는 바는 우리 모두의 자각에 무게를 두고 상념 속에서 나를 돌아보는 여행을 떠나보자는 것이다. 우리의 일상은 따지거나 분석하지 않으면 무심코 넘어가는 일들이 태반이어서 기억에 남지 않을 만큼 하찮아 보이지만, 실상 그 중심에는 '균형(balance)'이 자리 잡고 있다. '균형' 하면 떠오르는 것들은 수없이 많다. 넘치지도 부족하지도 않는 것, 좌우상하의 균형, 짜지도 싱겁지도 않는 알맞은 맛, 크지도 작지도 않는 딱 맞는 옷, 빠르지도 느리지도 않는 적절한 속도, 되지도 질지도 않게 잘 지어진 밥, 진하지도 엷지도 않은 색깔 등등. 다행히 균형이란 단어 속에는 그것을 깨지 않기 위한 인류의 오랜 노력이 배어 있다. 역사시대 이전부터 이른바 그 시대의 선각자들이라 불렸던 사람들은 입만 열면 균형을 외쳐댔고, 역사시대 이후에는 균형의 중요성을 기록으로 선명하게 남겼다. 인류를 탄생시키고 성장시킨 우주의 섭리에는 혼란(Chaos)에서 벗어나려는 균형의 원리가 있기 때문이다. 혹자는 오늘날과 같은 첨단과학 시대에 태곳적 성인들이 떠들어댄 그따위 이야기가 우리의 미래를 위해 무슨 의미가 있고 어떤 도움이 되겠냐고 의문을 제기할지도 모른다. 그러나 잠시만이라도 상념에 잠길 수 있는 용기와 여유가 있다면 아직까지도, 그리고 애석하게도 우리에게는 균형의 법칙이 유효하다는 것을 부정할 수 없음을 깨닫게 된다. 아침마다 쏟아지는 샤워기의 물은 조금만 뜨거워도 조금만 차가워도 우리의 알몸을 힘들게 하며, 빠르기만 하면 최고인 줄로만 알았던 자동차의 속도는 우리에게 가장 소중한 목숨을 앗아가는 원인이 되기도 한다.

인간의 욕망 때문에 끊임없이 계속되는 진화에 비례해 균형을 이루어야 할 대상의 수는 늘어나고 있으며, 그 정도 또한 심화되고 있다. 21세기에 들어서는 이미 오래전에 인간들 스스로 원론적 시각에서 고민하고 찾아놓은 것들이 다시 부상하고 있다. 문명을 상징하는 명문 대학의 학도가 명상에 심취해 불가(佛家)에 입문하는가 하면 자본주의의 상징인 기업이 윤리를 외치기 시작했다. 왜일까? 시대에 따라 균형을 이루기 위한 화두는 같지 않았다. 그리고 균형을 얻어내기 위한 수단 역시 같지 않았다. 중용이나 사랑, 무소유와 같은 종교적 색채가 짙은 화두들은 균형을 앗아가는 원인을 제거하고자 제안된 방법론이었다. 그리고 균형을 이루기 위해 우리 모두가 그토록 애써야 하는 이유에는 인간이 상상할 수 있는 무한 공간인 우주와 자연의 섭리가 있다.

이 책은 우주와 자연의 한 개체로 수렴된 인간과 인간 스스로한 선택으로 이루어진 인간 사회는 균형의 원칙이 확산되어 이루어진 실체라는 시각을 전제로 출발한다. 변화하지 않는 균형의 원리 위에서 변화해온 과거의 흐름은 미래에도 여전히 변화하지 않는 원리 위에서 움직일 것이다. 따라서 이 책의 전체적인 흐름도 머나먼 우주에서 시작해 우리가 사는 자연환경, 인류가 건설한 사회와 문명, 그리고 인간관계 속에서 균형의 이치를 논해보고 빠르게 변화하는 현실 속에서 미래를 예측해보는 방향으로 나아갈 것이다.

우리가 무심코 보내는 하루하루는 인간이 스스로 만든 혼란의 언저리에서 자아를 상실해가는 과정이나 진배없다. 이제는 더 이상 잃을 것도 없다는 생각이 든다면, 우주가 생성되는 과정에서 자연이 보여준 '혼란에서 벗어나는' 지혜를 겸허한 마음으로 찾아야 한다. 거기에는 지극히 평범하지만 우리가 감히 생각해볼 수 없었던 엄청난 지혜가 숨겨져 있다. 아무쪼록 우리 모두가 함께 어울려 뒤돌아보는 여행 속에서 균형을 발견하고 이를 기반으로 미래를 예견할 수 있기를, 이렇게 미래에 대비하는 독자 여러분이 나타나 이 책을 읽고자 투자한 시간이 헛되지 않기를 소망해본다.

계사(癸巳)년에 하원제(夏園齊)에서

夏園 김만인

차례

I

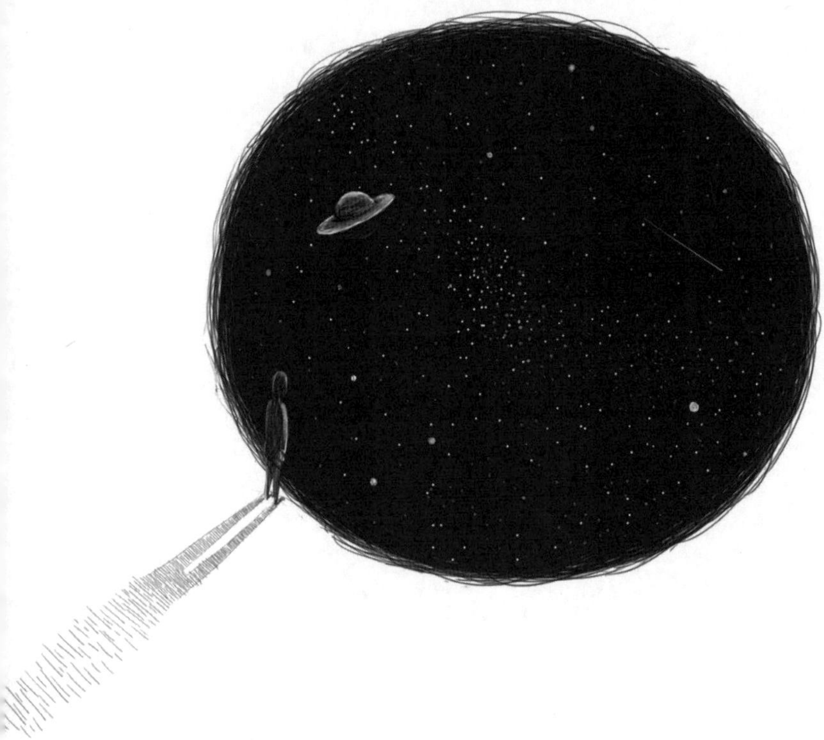

우리는
우주의 한구석에
있다

인간은 우주의 한구석에서
초라하게 살아가고 있는 생명체에 불과하다.
그저 다른 생명체들처럼
영양분을 섭취하고 생식 활동을 하며
자신의 욕망을 채우고자
죽는 날까지 살아간다.
그럼에도 우리는 인간이라는 종족에게
우월감에 기반을 둔 어떤 특별함을 부여하려 애쓴다.
그런 시간이 길어질수록 인간은 우주의 섭리에서
점차 멀어짐을 알아차리지 못하고 있다.

공부를 한답시고 몇 년간 한국을 떠난 적이 있었다. 이런저런 이유로 삼 년이 넘도록 한 번도 고국을 다녀가지 못했다. 방학 때면 한 번쯤 다녀가고도 싶었지만 경제적으로 여유가 없어 돈을 벌거나 생활비가 덜 드는 여행을 다녔다. 1980년대 한국과 미국의 수준 차는 상당했다. 귀국해서 본 올림픽 대로 옆에 새로 세워진 63빌딩은 작고 초라해 보였다. 공항에 도착하자마자 눈에 들어왔던 비좁은 도로와 남루한 모습들이 지금도 눈에 선하다. 유학을 마친 뒤로는 짧은 시간이기는 했지만 길지도 않은 과거로의 회귀에 적지 않은 비용을 지불해야 했다. 비난이 두려워 내가 느낀 바를 가족을 포함한 어떤 사람에게도 털어놓을 수 없었고, 하는 일마다 실수 연발이었다. 매일 더운물로 샤워를 해야 한다든지, 길에서 부딪히는 사람들에게 미안하다고 한다든지 하는 사소한 습관들이 사라지는 데 그리 오랜 시간이 걸리지는 않았지만 소지품을 자주 잃어버려 적지 않은 비용을 지불해야 했다. 그리고 10여 년 뒤 외환 위기의 혼란 속에 처제 가족이 뉴질랜드로 이민을 떠났고, 그 몇 년 후 따분함을 이기지 못하고 역이민을 해 돌아오게 되었다. 귀국 후에 동서가 보여준 모습은 1980년대 나의 모습 그대로였다. 영업통이었던 사람이 길을 찾지 못했고, 휴대전화나 인터넷에 익숙지 못해 연락하는 데 어려움을 겪어 허둥댔다. 아이의 성장을 의식하지 못하듯, 한곳에서 계속 사는 사람들은 변화를 의식하지 못한다.

우리는 너무나도 복잡하고 빠른 변화를 강요하는 혼란투성이 사회에서 살고 있다. 이러한 환경의 배경을 보면 거창하게 인류의 역사나 문명을 들추지 않더라도 얼마나 인간이 한 방향만 보고 달려왔는지를 실감할 수 있다. 아마 인간은 스스로 법을 만들어 준수하려 하고 폭력이나 희생을 강요하지 않는 슬기로움을 간직하며 속도의 완급을 조절하고 있다고 자처할 것이다. 그러나 인간은 더 크고 높은 가치를 소유하려 할 때 빚어지는 혼란을 정리하고자 또 다른 시스템이나 도구들을 고안하면서 늘어나는 인구만큼이나 더 큰 혼란을 자초해왔다. 마치 어린아이가 그림을 그리다가 잘못된 부분을 발견하고는 고치려 하다가 더 큰 부자연스러움을 만들고, 그러다가 끝내 되돌릴 수 없게 되어 그림 전체를 망쳐버리는 것처럼, 초기에는 자그마한 실수를 고치고자 했으나 시간이 흘러감에 따라 실수를 감추려고 반복한 활동 때문에 전체의 균형이 흐트러져 혼란투성이가 되고 마는 것이다.

전체를 보려는 노력은 어느 시대에나 있었다. 그러나 전체를 보고 그것을 바로잡으려는 노력은 이내 수포로 돌아가고는 했다. 노력의 강도가 부족했거나 방법이 올바르지 못해 실패한 것만은 아니었다. 오랫동안 저질러놓은 일들이 너무 많아 전부를 바로잡기에는 그들의 인생이 너무 짧았거나, 설사 그들의 후예가 지고한 정신을 이어받아 오랜 세월 진행했더라도 긴 시간이 흐르다 보니 본말이 훼손되어버린 경우가 허다했다. 그러한 노력이 하나의 이데올로기로 형식화되었든, 종교가 되어 강력하게 확산되었든, 아니면 하나의 운동(movement)으로 구체화되었든 관계없이 그 집단에 속한 사람들의 수가 늘어나고 조직이 비대해지자 목표를 성취하려는 인간 본연의 욕망이 꿈틀대면서 변질되었던 것이다. 인간은 자신이 생각할 수 있는 가장 고귀하고 바람직하며 올바르다고 생각하는 꿈을 품고서 괴나리봇짐 둘러매고 길을 떠나지만 먼 길을 가다 보면 이제껏 온 것에 대한 아까움이나 목표 달성의 불확실성, 과정에서 겪는 고통 등을 이유로 목적의 전환을 정당화하고 본래의 목표를 변질시키고는 했다. 물론 목표의 달성이나 성취감 역시 인간 욕망의 범주를 벗어나지 못하는 만큼 욕망의 충족이라는 관점에서 보면 목표의 변질은 별 의미가 없을 수도 있다. 그러나 이러한 행위의 반복은 인류가 방향성을 상실하게 하고, 궁극적으로는 돌이킬 수 없는 비극을 겪게 할 수도 있으며, 종국에 가서는 인류 멸망의 원인이 될지도 모른다.

미국의 기상학자 로렌츠(Edward Lorentz, 1917-)는 카오스(chaos) 이론을 바탕으로 '나비효과(butterfly effect)'를 설명한 바 있다. 카오스란 그리스어로 혼란 속에서의 질서, 질서 정연해 보이지만 내면적 혼란의 끊임없는 생성을 의미하는 이중적 현상을 의미한다. 로렌츠가 제시한 나비효과는 "브라질에 있는 한 마리 나비의 날갯짓이 미국의 텍사스에 토네이도를 야기시킬 수 있다"라는 흥미로운 비유로 세상을 떠들썩하게 했다. 카오스와 나비효과는 물리학·수학·경제학 등에 광범위하게 차용되었고, 아직도 대중들에게 높은 관심을 끌고 있다. 물론 변화의 두려움과 혼란 속에서 살고 있는 대중은 카오스든 나비효과든 새로운 현상 파악을 통해 그들의 미래를 점칠 수 있다는 희망을 얻을 수 있을지도 모를 일이다. 그러나 나비효과는 기상 변화를 예측하기 위한 시뮬레이션 연구에서 착상된 아이디어였다. 결국 대중의 관심을 끈 최신 이론도 우주의 변화 가운데 아주 자그마한 부분인 지구의 기상 현상을 설명하려는 시도에서 도출된 것이다.

인류는 대상을 개선하고 시스템을 발전시키려 노력함으로써 스스로 진화하거나 진화시킨다. 그리고 그 결과물로 혼돈에 빠지지만, 그러한 혼돈에서 탈출하고자 자연 혹은 우주의 섭리에서 해답을 구하려 한다. 인간은 그렇게 우주의 한구석에서 전체 현상의 정체를 밝히고자 부단히 애쓰고 경우에 따라서는 자신에게 유리하게 변화시키고자 발악하지만, 『서유기』의 마지막 페이지처럼 "그 기나긴 여정이 부처님 손바닥 안에서 일어났다"는 허무한 결론에 도달한다. 거대한 우주는 묵묵히 그리고 매우 근엄하게 이 시간에도 절대적 질서에 따라 움직이고 있으며, 인류는 그 거대한 공간의 아주 자그마한 구석을 벗어나지 못하고 있다. 그렇다면 인간이란 우주의 미세한 한 부분인가, 아니면 축소판인가?

아주 소수이기는 하지만 좀 더 거시적이고 광대한 안목을 지녔던 선각자들은 거대한 우주의 실체를 볼 수 있는 방법이 없었던 시대에도 "우주는 거대하다"고 자신 있게 이야기했다. 그들이 바라봤던 밤하늘의 별들은 사람들과 동일시되었다. 큰 별이 떨어지면 제왕과 같은 영향력 있는 사람의 죽음으로 예측했고, 그 사람을 대신할 큰 인물이 탄생하리라 믿기도 했다. 즉 우주의 모습은 인간사와 깊은 관련이 있다고 여겨졌다. 과연 그랬을까. 아마도 상당한 세월 동안은, 해가 지면 암흑만 남게 되는 밤에는 밤하늘의 별들만이 자연이 보여주는 전부였을 것이다. 그렇게 인류는 낮에는 가까이 보이는 지구상의 물상들 속에서 살고, 밤이 되면 인간이 볼 수 있는 가장 먼 곳의 별들을 바라봤다. 그리고 밤하늘의 모습은 또 다른 지구의 투영된 모습이라 여겼을 것이다. 대부분의 사후 세계가 하늘 나라로 그려졌다. 하늘 나라란 다름 아닌 우주였다. 하나의 별은 개별적 인간이며, 죽음은 우주를 구성하는 별로 환생하는 것이었다. 결론적으로 얘기하자면 우주의 절대적 질서는 인간이 따라야 하는 섭리이고, 인간 세계의 혼란은 우주의 질서를 모방하면서 해결할 수 있다고 굳게 믿었던 것이다.

물론 인류는 이러한 우주의 질서를 막연하게 수동적으로 바라보는 데에만 그치지 않았다. 인간의 호기심은 가까이 가서 만져보고 분석하려 했다. 인간의 오감(五感)을 만족시키고자 하는 욕망은 우주의 근엄한 질서를 부정하지는 못했지만 실체에 근접하려는 시도는 끊임없이 계속되었다. 인류 초기에는 육안으로 바라보기만 했지만, 최근에는 소리를 빛에 실어 전송하고 우주선을 보내서 찍은 영상을 모니터링하고 분석하기도 한다. 인류는 이러한 변화를 발전이라 여겼다. 그러나 우주 공간은 빛의 속도로 달려간다 해도 인간의 수명에 비하면 너무나도 광대하기에 인간의 능력은 여전히 그 구석을 벗어나지 못하고 있다. 그저 빛의 속도로 전해진 그들의 모습만 바라볼 뿐이다. 얼마나 우스운 일인가. 인간들은 지금 막 발견했다고 떠들어대지만 새로 보이는 별이란 실제로는 떨어진 광년 거리만큼 이전에 생성된 것인데 그것을 보고 새로운 발견이라면서 호들갑을 떨고 있다. 만약 그 별이 지구에서 수억 광년 떨어져 있고 비교적 수명이 짧은 별이라면, 인간이 지구에서 발견했을 때 그 별은 이미 우주 공간에서 사라진 별일 수도 있다. 설사 인간이 빛의 속도로 이동할 수 있는 능력이 생긴다 할지라도 시각을 초월한 수준의 욕망을 채우려 한다면 제한된 수명 때문에 범위의 한계를 극복하지 못할 것이다. 혹시나 먼 훗날에 만약 인류가 지구상에 가장 오래 생존했던 공룡만큼 살아남아서 수명을 연장하거나 영구히 생존할 수 있는 능력을 갖추게 되어 빛의 수백 수천 배에 달하는 속도로 날아갈 수 있게 된다면 그러한 욕망이 채워질 수 있을지도 모르지만.

흔히 이야기하는 범위나 규모, 거리와 크기 따위의 측량 대상은 우주라는 거대한 공간 안에서는 의미가 퇴색된다. 흔히 지구 위의 작은 개체를 표현할 때 바닷가 모래사장에 널린 모래알이나 티끌 등에 비유하고는 한다. 그러나 우매한 인간은 자신의 존재를 까맣게 잊어버리고 어린아이의 눈높이로 헤아릴 수 없이 여러 번 실수를 저지른다. 하물며 모래알의 입장에서 어찌 지구 위의 만물을 헤아릴 수 있을 것인가. 인간은 우주의 크기가 유한하리라는 가정하에 우주 끝까지의 거리를 측정하겠노라고 날밤을 새우면서 밤하늘을 쳐다본다. 사실 이 정도까지 가면 인간은 우주에서 가장 오만한 생명체가 되기에 부족함이 없어 보인다. 과연 인간에게 그렇게 오만해질 만한 자격이 있는 것일까? 인간이 일구어냈으며 현재 인간의 힘으로 우주의 섭리에 도전할 만한 능력을 얼마나 가지고 있는 것일까?

인간의 오만은 인류가 지금까지 얻어낸 결과와 현재도 계속되고 있는 고안에 대한 도취에 기인하고 있으며, 그 고안은 예술이나 지식, 기술 등의 이름으로 불린다. 그러나 보는 시각에 따라서 그런 고안은 단순히 인간의 욕망을 채우려는 목적으로 목표가 설정되었고 성취되어왔다고 폄하될 수 있다. 다시 말하면 인간의 두뇌로 생각할 수 있는 범위로 한정한다 할지라도 인간은 아직 아는 것보다 모르는 것이 많은데도 할 수 없는 것보다 할 수 있는 것이 많다는 착각에 빠져 있다는 것이다. 몇 가지 예를 들어보자.

1) 인간은 천재지변에 속수무책이다.

인류는 농사를 짓기 위해, 이동을 위해, 또는 전쟁을 위해 지구에서 일어나는 일을 예측하고자 노력해왔다. 이 모두는 자신의 이익을 구하기 위한 것들이었다. 화산이 폭발한다거나 유성이 떨어진다거나 지진과 해일이 발생한다는 것은 한 종(種)의 멸종을 의미할 만큼 가공할 만한 사건이고, 그 종에는 인간이 포함될 수도 있다. 그러나 지금 인류가 고안해놓은 것으로는 피해를 다소 줄일 수는 있겠지만 그러한 사건 자체를 막지는 못한다. 실제로 인류의 개체 수는 20세기 들어 폭발적으로 늘어났지만, 인류가 만들어놓은 것들이 지구를 뒤덮다 보니 그 피해의 범위는 오히려 늘어만 가고 있다. 어떤 시점에서 보더라도 최근 일 년 이내에 입은 천재지변에 의한 손실은 기록적인 것이며, 수십만의 목숨을 앗아가고 생계의 터전을 빼앗는 사례를 찾기란 어려운 일이 아니다. 더욱 흥미로운 것은 천재지변에 의한 손실은 보험에서 제외될 만큼 필연적인 운명으로 받아들여지고 있다는 것이다. 어쩔 수 없이 감내해야 하는 일인 천재지변을 주제로 한 영화는 허무맹랑한 설정에도 불구하고 시장에서 큰 성공을 거두고는 한다. 불구경이나 사고 구경을 하려는 인파 때문에 거리에 정체가 일어나는 현상과 유사하다. 종교적으로 설명하자면 하늘의 뜻으로, 과학적으로 설명하자면 자연현상으로 받아들여질지도 모르지만 현재까지 개발된 것은 댐을 만들어 가뭄이나 홍수의 피해를 줄인다거나 별로 정확도도 높지 않은 예보를 통해 각오를 다지는 정도가 고작이다.

2) 인간이 이동할 수 있는 범위는 우주라는 거대한 공간에서 보면 너무나 좁다.

우주에 대한 관심은 해가 뜨면 낮이 되고 해가 지고 별이 뜨면 밤이 될 때부터 시작되었을 것이다. 초기 천문학이나 우주과학은 지구에서 일어나는 현상들을 이해하는 데 필요한 것들이었다. 이를테면 바다 위에서 방향을 잡거나 농경 사회에서 좀 더 많은 수확을 도모할 때 필요한 근거들로 이용된 것이다. 이제는 인류가 인공위성을 띄우고 달에 유인 우주선을 착륙시켰지만 이는 우주여행이라고 보기에는 초라하기 짝이 없다. 실은 지구의 대기권 밖을 여행한 것에 불과한 것이다. 지구를 우주로 본다면 배를 타고 바닷가를 잠시 항해하거나 바다에서 잘 보이는 자그마한 섬에 다녀와놓고는 해외여행을 다녀왔다고 하는 것과 다를 바 없다. 무인 우주선은 카메라를 단 포탄을 쏘아대는 것에 불과하며, 그나마 유인 우주선이어야 인간이 여행을 했다고 할 수 있을 것이다. 그러나 인간은 그 생리적 조건 때문에 지구의 자연환경에서조차 옷이나 냉온방장치와 같은 도구의 도움 없이는 살 수 없을 만큼 나약하다. 결국 형편없는 신체적 조건에 인내성까지 결여된 인간은 우주를 상대하기에는 너무도 보잘것없는 존재이며 그런 점들을 극복하기란 요원해 보인다.

3) 인간은 원시적 형태의 야만적인 전쟁을 아직도 일삼고 있으며, 자신들이 하는 일이 미래를 위해 바람직한 것인지 아닌지조차 정확히 알지 못한다.

사실 지금 지구상에서 일어나는 인류의 사망 원인 가운데 상당수는 인간 스스로 저지른 과오에 따른 것들이다. 천재(天災)냐 인재(人災)냐를 따지지만 대부분은 직간접적으로 인간의 손이 원인인 경우들이다. 그 가운데에서도 특히 전쟁은 한꺼번에 많은 생명과 행복의지를 앗아간다. 종교가 원인이 되었든 국가나 종족의 이익을 위한 것이든 전쟁의 원인은 인간이 스스로 제공한 것들이다. 그리고 그 이면에는 인간의 절대적 욕망이 정의나 정당성, 당위성 등과 같은 그럴싸한 포장 속에 숨겨져 있다. 이러한 포장 습관은 종족 보존이나 세습 본능과 같은 동물적 욕망으로 가득 찬 인간으로 하여금 미래에 대한 해안(解顔)을 무력화시킨다. 예컨대 이제까지 인류는 전쟁의 승리가 종족의 보전과 번영을 위해 절대적인 것이었다고 주장해왔다. 그러나 세계를 지배할 만큼 막강한 힘을 자랑했던 제국의 존재는 과거의 유물로만 남아 있을 뿐이다. 경우에 따라서는 과거의 영광에 묻혀 근대화에 지각하는 경우도 있다. 한때는 환경 파괴에 의한 지구온난화가 인류의 산업화 때문이라는 것이 정설로 받아들여졌다. 불과 십여 년 전부터 온실가스로 인한 지구온난화를 우려한 나머지 전 세계가 술렁이기 시작했고, 유엔이 앞장서 각국의 실행을 촉구하기도 했다. 그러나 지금은 이른바 그 '불편한 진실'에 의문이 제기되고 있으며, 실상 10년쯤 뒤에는 무엇이 진실로 밝혀질지 아무도 예측할 수 없다는 의견도 나오는 등 논란이 끊이지 않고 있다.

4) 인간은 자신들의 조상이 누구인지는 물론이고 어떻게 살아왔고 어떤 방식으로 번식했는지조차 제대로 알지 못한다.

전 세계를 돌아다니며 땅을 파헤치는 고고학자들은 지금도 많으며, 그들은 조그만 뼛조각만 발견해도 새로운 학설을 쏟아놓는다. 불과 30년 전만 해도 정설로 여겨졌던 공룡의 멸종 원인은 그새 몇 차례 바뀌었고 지금도 오리무중이다. 인류가 한 군데에서 기원했는지(일기원설 또는 아프리카 기원설) 세계 곳곳에서 동시다발적으로 기원했는지(다기원설)조차도 확신할 수 없다. 인류가 침팬지에서 진화했다는 이론은 아직 지배적으로 받아들여지고 있지만, 진화되지 못한 침팬지의 존재 때문에 반론에 시달리고 있다. 네안데르탈인이 인간의 조상인지 아닌지도 불분명하며, 그들이 왜 멸종했는지를 두고도 논란이 끊이지 않고 있다. 더 어처구니없는 것은 불과 수백 년 전 사람들이 썼던 언어나 풍습조차 모르는 경우도 허다하다는 것이다. 무덤 속 미라에서 발견된 편지 한 통이 지금까지 알고 있던 조선 시대의 언어와 풍습에 대한 지식을 송두리째 바꿔놓기도 한다. 흔히 문자로 기록되었다는 역사시대와 그 이전의 선사시대를 구분하는 기준은 정보의 양 차이를 의미한다. 물론 인류의 역사 전체를 놓고 볼 때 선사시대와 역사시대의 길이는 비교 대상이 되지 못한다. 논란이 많아 확실하지 않지만 인류의 탄생을 구석기시대의 시점인 60만 년 전 정도로 본다면—생물학적으로는 300만~400만 년 정도로 보는 것이 정설이다—역사시대는 고작 5000년 안팎이니 전체의 1퍼센트에도 미치지 못한다. 그럼에도 선사시대에 대한 정보는 안개 속에 있고, 역사시대 역시 논란이 그치지 않는다. 역사는 계속 흘러가는데 정보만 캐내다 말 것 같다. 적어도 아직은 상상 속의 산물인 타임머신이 발명되기 전까지는 이러한 노력이 계속될 것이다.

5) 인간에게는 고칠 수 없는 병이 너무 많으며, 그렇게도 원하는 영생을 위한 노화 방지는 아직 요원하다.

진시황(秦始皇, BC259-BC210) 때부터 찾았다는 불로초는 아직도 지구상에서 발견되지 않고 있다. 그래도 불로초(不老草)를 불사초(不死草)라 부르지 않은 것을 보면 진시황이란 사람은 소박했거나 과학적 사고를 지녔던 것 같다. 이미 2000년 전에 인간이 원한 것은 영생이었겠지만 실제로 그것은 불가능하니 죽음의 주요 요인 중 하나인 노화를 방지하면 영생을 얻을 수 있을 것이라고 믿었던 것 같다. 오래지 않아 노화 방지제—정확히 말하자면 '노화 지연제'라는 표현이 맞겠다—가 나올 것이라는 보도가 있기는 했지만 실제로 시장에 나타나지는 않고 있다. 믿어지지 않겠지만 아직도 인플루엔자로 한 해에 수천만 명이 사망하는 일이 벌어지기도 하며, 암이나 에이즈의 특효약은 아예 없다. 고혈압 약을 장기 복용하는 사람은 기하급수적으로 늘었지만 뇌졸중에 의한 사망은 그치지 않고 있으며, 심지어는 굶어 죽는 사람들도 상당수 있다. 그러면서도 인간은 자신들이 이룩한 의학 수준이 정복에 가깝다는 착각에 빠져 있다.

흔히 하는 이야기이지만 인간의 미래 예측 능력은 부정확하며, 예측이 틀려서 혹독한 대가를 치른 경우가 허다했다. 지난 100여 년간 당대에는 성공했다거나 지식인이라며 존경받던 사람들의 입에서 나온 창피한 말들을 보자.*

* 『창조경영의 원리와 추진전략』(2008), 김상수 · 전상길 · 강견현 · 최은지 공저, 경문사, p.199 요약.

전화는 통신수단이 되기에는 너무 결점이 많다.

전화는 별 가치가 없는 도구다.

_미국 통신회사 '웨스턴 유니언'의 내부 문서 (1876)

전화는 통신망의 확대와 더불어 지금도 진화하고 있는 도구 중 하나다. 디지털이란 개념은 전화에서 비롯되었다.

공기보다 무거운 물체가 하늘을 나는 것은 불가능하다.

_영국 왕립학회 회장 배런 켈빈 경 (1895)

그로부터 8년 뒤인 1903년 12월 17일, 미국의 라이트 형제는 인류 역사상 최초로 동력 비행기로 지속적 비행에 성공했다. 약 10년 뒤인 2020년 이후에는 세계의 항공기 시장 규모가 자동차 시장을 앞지를 것으로 예측되기도 한다.

발명할 수 있는 것은 다 발명되었다.

_미국 특허청장 듀엘 (1899)

그 이후 특허 건수는 해마다 기하학적으로 늘고 있다. 인류가 생존하는 한 발명에 의한 특허는 계속 늘어날 것이다.

주식은 오를 만큼 올라 더 이상 오르지 않을 것이다.

_예일대 경제학과 교수 어빙 피셔 (1929)

지금도 각광받고 있는 재산 증식 수단인 주식은 다른 투자 수단인 채권과 부동산과 비교했을 때 지난 100년간 상승 폭이 가장 컸으며 앞으로도 그럴 것으로 예측되고 있다.

텔레비전은 시장 출시 후 6개월이면 사라질 것이다.
사람들은 합판으로 만든 상자를 매일 쳐다보는 데 지겨움을 느낄 테니까.

_'20세기 폭스' 사장 대릴 자눅 (1946)

널리 알려진 바와 같이 아직도 텔레비전은 진화를 멈추지 않고 있다. 물론 지금은 어디에서도 텔레비전을 합판 같은 소재로 만들지 않으며, 이미 텔레비전의 형상은 상자 모양에서 널빤지 모양으로 바뀌었다. 머지않아 휴대가 가능하도록 접을 수 있는 두루마리 형식의 텔레비전이 등장할지도 모른다.

미래의 컴퓨터는 1.5톤은 나갈 것이다.

_미국 과학기술 전문지 〈포퓰러 메카닉스〉 (1949)

현재 누구나 300불 정도만 내면 살 수 있는 보급형 휴대용 컴퓨터인 '넷북'의 무게는 1.5킬로그램 정도다. 이미 데스크톱의 역할을 대신하고 있는 태블릿 PC의 무게는 380그램 정도이며, 앞으로 부피와 무게는 계속 줄어드는 반면에 기능과 용량은 늘어날 것임을 의심하는 사람은 없다.

미래에 과학이 아무리 발전한다 해도 인간은 달에 발을 들여놓을 수 없을 것이다.

_오디언 튜브의 발명자이자 라디오의 아버지 리 드 포리스트 박사(1967)

그 2년 뒤인 1969년 7월 16일, 인간은 달에 발을 들여놓았다. 케네디는 1961년 연설에서 "나는 이 나라가 1960년대가 지나기 전에 달에 인간을 착륙시킨 뒤 지구로 무사히 귀환시키는 목표를 달성할 것이라 믿는다"라고 예측한 바 있다. 발명가의 과학적 예측은 빗나갔고 신념에 찬 정치가의 7년이나 앞선 예측은 정확히 맞아떨어진 셈이다.

개인적으로 집에 컴퓨터를 가지고 있을 이유가 없다.

_'디지털 이퀴프먼트' 설립자 겸 회장 케네스 올슨(1977)

네 식구인 필자의 집에는 다섯 대의 컴퓨터가 거의 매일 가동되고 있으며, 이를 이상하게 여기는 사람은 아무도 없다.

640킬로바이트면 모든 이에게 충분한 메모리 용량이다.

_'마이크로소프트' 설립자 빌 게이츠 (1981)

10여 년 전인 2000년대 초반, 개인용 컴퓨터의 저장 용량은 10기가바이트(1GB = 1000MB) 내외가 대세였다. 그로부터 약 5년 뒤에는 100~300기가바이트가 대세가 되었으며, 지금은 테라바이트(1TB = 1000GB) 시대가 열렸다. 빌 게이츠의 예측 이래 20년 만에 열 배, 30년 만에 천 배 이상으로 늘어난 셈이다. 그럼에도 컴퓨터의 크기는 훨씬 더 작고 가벼워졌다.

위 내용을 당사자들이 본다면 그럴싸한 변명을 늘어놓거나 억지를 부릴지도 모르겠다. 분명 이제까지 빗나간 예측보다는 맞는 예측이 압도적으로 많았기에 인류와 문명이 발전하고 진화해왔다고 자존적 위안을 할지 모르지만, 원래 인간이 판단할 수 있는 미래란 매우 근시안적이기 짝이 없다. "30년 뒤에는 우리나라의 평균 수명이 100세 이상이 될 것이다"와 같이 계속되고 있는 사실의 연장선에 있는 '빤한' 예측이나 "10년 이내에 한두 차례 경제위기를 겪을 것이다"와 같은 과거 반복적 예측은 틀릴 가능성이 별로 없다. 그러나 "10년 이내에 한국은 통일 될 것이다"처럼 실상 OX 문제에 가까운 이분법적 예측이나 "21세기 후반에는 인류 대부분이 동성애를 즐기게 되므로 인구가 감소하다 결국은 멸망할 것이다" 같은 단언적 예측은 설령 발언자의 유명도가 제법 높다고 할지라도 위험하기 짝이 없다. 위기가 닥칠 때마다 기자들은 유명세를 타고 있는 학자나 교수, 노벨상 수상자 등 성공의 주역들을 찾아가 예언을 요구하지만 그들의 말은 그 당시 사람들을 안심시키거나 더 큰 불안감을 조성하는 데 일조할 뿐이다. 그러나 그 위기가 지나가고 나면 그들의 빗나간 예측에 대해 책임을 묻는 사람은 없으며, 그 다음 위기 때에도 비슷한 일들은 반복된다. 결국 그러한 예측의 효능은 위기라는 환경하에서 반복되는 일상일 뿐 진실성이라든가 정확성과는 무관한 것이다. 그러므로 남들보다 좀 더 빨리 미래를 예측하는 것과 갈릴레오나 뉴턴처럼 자연현상의 이치를 발견한 것을 혼동해서는 안 된다. 당연한 말이지만 대중이 믿도록 만들었던 빗나간 예측은 엄청난 대가를 요구한다. 그럼에도 사람들은 빗나갔다는 사실과 함께 지불한 비용도 까맣게 잊어버린다.

아직도 인간은 자신의 몸속에서 일어나고 있는 하찮은 생리적 현상도 제대로 파악하지 못하고 있다. 미국 인디애나대학교의 동물학 교수인 킨제이(Alfred Charles Kinsey, 1894-1956)가 1948년과 1953년에 발표한 두 권의 책은 '킨제이 보고서'라는 이름으로 인구에 회자되었다. 1만 명 이상 남녀와의 인터뷰를 바탕으로 한 방대한 연구였음에도 그의 연구는 당시의 엄청난 사회적 압력 때문에 중단되었고, 지금까지도 그의 연구 결과를 입에 담으면 순수성이나 의도를 오해받기도 한다. 60여 년이 지난 지금도 인간 번식과 보전의 도구이자 인간의 정신적·심리적 현상을 대변하는 성적 문제를 터부시하는 풍조는 여전히 만연해 있다. 사실 동양의 서구화는 성에 대한 교육이나 가치관에 있어 방향성을 잃어가기 시작한 지 오래되었다. 어디까지가 학문이고 어디까지가 상품인지 구분이 모호하고 어디까지가 받아들여도 좋은 수준인지 알 수가 없다. 그러는 동안 성에 대한 연구는 인체의 다른 부위와 마찬가지로 질병을 일으킬 수 있으며 어떤 면에서는 더욱 중요하고 민감한 부분인데도 불구하고 게을리 진행되었다. 일설에 따르면 남자가 지배하는 사회에서 성에 대한 규범은—남성이 여성을 지배하는 수단으로 여성의 성적 욕구를 철저하게 죄악시했기에—엄격할 수밖에 없었다고도 하고, 동서양을 지배하는 대부분의 종교들은 금욕을 미덕으로 여겼기 때문에 성에 대한 연구가 지체된 것이라고도 한다. 어찌되었든 자유연애 사상과 남녀평등 의식이 고개를 들던 20세기 후반에 이르러서야 성의 생리에 관한 의문점들은 의학적 관심에 힘입어 조금씩 베일을 벗고 있다. 이는 인류의 역사 전체는 물론 과학의 역사를 보더라도 지극히 최근의 일이며, 아직도 성적 오르가즘과 관련된 현상 등 몇몇 의문은 여전히 남아 있다. 그뿐 아니라 특정한 행위나 음식이 인간에게 좋은지 나쁜지에 관한 논란도 끊이지 않고 있다. 예컨대 조깅이 인간에게 유익한지 아닌지는 불분명하며 커피나 술이 좋은지 나쁜지 또한 아직 확실치 않다. 우리는 그러한 불확실성 속에서 예측할 수 없는 미래를 예측해보겠다고 발악을 하며 살고 있는 것이다.

사실 땅 밑에 복잡한 터널을 뚫고 살아가는 개미들이나 정글의 지엄한 법칙에 따라 살아가는 맹수들의 삶은 우주의 지극히 자그마한 공간을 차지하고 있는 지구에서 스스로 만들어낸 질서를 우주의 질서와 동일시하면서 살아가는 인간의 처지와 크게 다를 것이 없다. 오히려 인류는 우주의 원리에 도전하거나 부정하면서 자연의 섭리에 역행하는 이단아인지도 모른다. 지구를 뒤덮은 인류는 자연환경의 변화에 따라 선택되는 개체들의 피선택 원리를 바꾸어놓기 시작했다. 공룡이나 매머드가 어떤 이유에서건 지구상에서 멸종된 데는 분명히 자연의 지엄한 심판이 있었을 것이다. 그들은 인간보다 훨씬 더 강인하고 기후의 변화에도 끄떡없는 생체적 조건을 가지고 있었지만 도구를 이용해 생산하지 못한다는 이유로 멸종되었다. 지금의 인간들은 화석으로 그들의 존재를 파악하고 다시 부화시키려 노력하기도 하지만, 만약 공룡이 인간과 동시대에 함께 존재하고 생존을 위협했다면 가차없이 멸종시켰을 것이다. 또한 공룡의 고기가 영양가가 풍부하고 경제적 가치가 있다면 사육했을 수도 있다. 결국 인간에게 선택받은 개체는 그 수가 계속 늘어가고 있으며, 그렇지 못한 개체들은 멸종당하거나 멸종 위기에 처한다. 경제적 가치가 없는 개체들은 멸종 위기에 처하면 보호하다가도 개체가 번성하면 조절 통제를 통해서 감소시킨다. 물론 경제적 가치가 있는 가축의 종류는 계속 늘어나게 되므로 생태계의 법칙과 지구상의 개체 번식과는 무관한 셈이다. 그러면 인간은 왜 이런 행동을 계속하는 것일까? 누구나 예측할 수 있다시피 대답은 매우 간단하다. 인간의 욕심이 낳은 결과물인 것이다. 잡식동물인 인간은 생존을 위해 사냥에 나섰고, 곡물의 재배와 가축의 사육에 성공했다. 적은 노력으로 더 많은 산출물을 얻으려고 자신들의 방식으로 자연의 법칙을 대신하기 시작한 것이다. 결국 인류는 자연계에 대한 정복과 지배에 성공했다. 생태계 안의 멸종과 생존, 개체 수의 통제가 인간의 손아귀 안에서 움직였다. 그러나 그들은 아직도 자신들이 생태계의 일원일 뿐이라는 사실을 망각하고 있다.

청(淸)이 명(明)을 무너뜨렸을 때 만주의 여진족은 40만에 불과한 그들이 6000만이 넘는 한족을 지배할 수 있으리라고 믿어 의심치 않았을 것이다. 그러나 그들은 적은 인원으로 중원의 주인이 되는 데는 성공했지만 결국 한화(漢化)되고 말았다. 청이 멸망한 뒤 그들의 민족적 존재는 본래의 만주 지역에 국한되고 있으며 그들만의 국가는 존재하지 못하고 있다. 마치 중앙 정부에서 소외받던 지방 출신의 천민이 혁명을 통해 정권을 잡은 것처럼 또 하나의 왕족 성씨에 그 이름을 올렸을 뿐, 세월이 지나면 출신 지방도 혈통도 사라지고 뒤섞여 역사 속의 사실로만 기억될 뿐이다. 인류의 역사 속에서 그런 경우는 다수 발견된다. 그렇다면 그 원인은 개체 수의 열세에 기인하는 것일까? 물론 그렇게 볼 수도 있겠지만 더 중요한 원인은 지배의 법칙이라는 지극히 자연적인 현상에 있다. 좀 더 넓게 보면 자연법칙의 하부구조라고도 할 수 있다. 청이 중원을 지배한 276년이라는 기간은 인류 역사는 물론 중원의 역사로 볼 때도 지극히 짧은 시간이다. 개국 당시 팔기군(八旗軍) 깃발을 날리며 자신의 백성들을 훈련시키고 희생을 강요하며 주변으로 세력을 확장할 때까지만 해도 그럴싸한 명분은 처참한 희생을 정당화했을 것이다. 그러나 영원한 제국은 없다는 평범한 진리에 따라 청 왕조 역시 사라지고 말았다. 백성들의 희생에 대한 대가도 사라졌음은 물론이다.

인류의 오만함은 여느 다른 생명체들도 다름없이 하는 생존을 위한 평범한 투쟁과 노력을 자연의 법칙에 대한 도전으로 탈바꿈시켰다. 끝없는 우상향적 욕망은 전쟁터에서의 승리를 위해 투쟁 정신을 미화시켰다. 그러고는 서서히 자연현상의 실체를 객관화시켜가면서 수동적으로 순응할 수밖에 없었던 자연의 이치도 자신의 힘으로 변화시킬 수 있다는 착각에 빠지기 시작했다. 위에서 아래로 흐르는 물을 이용해 저수지를 만들면 홍수의 피해로부터 자유로워질 수 있다고 여긴 것이다. 저수지의 건설은 자연의 심판을 피할 수 있게 된 중요한 변화임이 분명하지만 아직도 인간은 자연의 법칙을 바꾸어 놓지는 못했다. 귀찮게 저수지를 만들지 않고도 홍수로부터 자유로워지고자 하는 궁리는 지금도 계속되고 있다. 우주를 생각하기에는 너무나도 작고 보잘것없는 인간들이 여전히, 그리고 감히 우주의 섭리에 도전하고 있는 것이다.

2

성취와
욕망의
접점

성취와 욕망의 접점을 정의하기란
불륜과 로맨스의 차이점을 찾으려고
나름대로 견해를 밝히는 것과 진배없다.
예컨대 정치의 영역에서는 다수의 이익을 위해
소수 집단의 희생을 강요하는 일이 계속되고 있다.
진실의 여부를 가리는 것은
보는 각도와 시점에 따라 달라져 쉽지 않기에
우리들 대부분은
자신이나 자신이 속한 집단에 유리한가를 계산해보고
욕망이라는 다소 부정적인 단어를
성취라는 가슴 설레는 단어로 바꿔나가고 있는 것이다.

정당성과 정당화

인간이 인간의 운명을 좌우하는 살인이라는 가장 사악한 범죄를 저지르기 시작한 것은 전쟁이 발생하기 훨씬 전이었다. 원시인들의 삶을 보면 잡식동물인 인간이 채식과 육식을 구분할 리 없었다. 살아남기 위해 먹는 것이 삶의 지상 목표였을 때 공급되는 자원의 양이 극도로 제한된 상황에서 인간의 선택은 매우 제한적이었을 것이며, 동족 역시 예외였을 리가 없었을 것이다. 인간이 동족을 살해하고 먹어치우는 식인 습성이 있었는지 여부는 최근 네안데르탈인의 연구에서 논란이 되었다. 인류와 매우 유사한 네안데르탈인의 멸종에 관해 연구하는 과정에서 화석에 살해된 흔적과 더불어 누군가 먹어치운 흔적이 함께 발견된 것이다. 인류가 식인 습성이 있었다는 것이 입증된다면 현생인류의 자존심에 흠집을 내게 되겠지만, 돌이켜보면 이는 전혀 논쟁거리가 되지 않는다.

원시시대에 집단 간의 전쟁과 사냥의 차이는 없었기 때문이다. 영토 획득을 통한 세력 확장과 같은 그럴싸한 명분을 갖기 전까지 인류의 침략 근성은 좀 더 많은 양질의 먹거리를 얻기 위한 것이었고, 짐승을 사냥하든 이웃 종족을 침략하든 포획물을 잡아먹어 배를 채우는 것이 최대의 소득이었을 것이다. 유럽이 식민지를 얻기 위해 아프리카에 진출했을 때의 기록에도 식인종의 존재가 나타나듯이 원래 인류에게 식인 습성이 있었던 것은 당연한 일이었으며, 그러한 습성이 죄악시되기 시작한 것은 훨씬 뒤인 최근의 일이었다. 아프리카인들의 식인 습성 문화는 이런 사실을 충분히 뒷받침한다.

지금 당장 인류가 어떤 이유로 식인 습성을 버리게 되었는지는 정확히 알 수 없다. 인류나 네안데르탈인은 동족의 죽음을 애도하는 감성적 부분이 강했을 것이라는 추측만 가능할 뿐이다. 최근에는 돌고래나 고래들도 일종의 장례 의식을 행한다는 사실이 발견되었다. 돌고래는 죽은 동료의 시체를 수면 위로 한 번 치켜들어 올렸다가 바다로 보내고, 고래는 울음소리를 통해 주변 고래들에게 죽음을 알린다는 것이다. 이는 오로지 본능에 의존해 살아간다고 여겼던 동물들조차 동료의 죽음을 어떤 의미 있는 사건으로 받아들임을 시사한다. 그뿐 아니라 대부분의 육식동물들은 굶주리게 되어 목숨이 위태로워져도 동족을 먹잇감으로 여기지 않는다. 또 한 가지 측면은 먹거리가 풍족해져서 더 이상 동족을 잡아먹을 필요가 없어지는 시점을 고려할 수 있다. 네안데르탈인의 유적을 보면 동족의 뇌를 먹는 의식—영리한 동족의 뇌를 먹으면 자신도 영리해진다고 믿었던 것으로 추측한다—과 매장을 했던 흔적이 동시에 발견된다. 어쨌든 30만 년 가까이 지구상에 생존했던 것으로 보이는 종(種)이 행했던 어떤 행위의 선후(先後)를 가린다는 것은 어려운 일이지만, 동족을 살해한다는 행위의 정당성은 나름대로 확보된 것으로 보인다. 그러나 인류의 역사에서 살인은 다른 이유로 더 적극적으로 행해지기 시작했다. 인류라는 같은 종이지만 다른 종족이라는 이유로 살인이 시작된 것이다. 인간의 욕망으로 인해 종족 간의 싸움은 부족 간의 싸움으로, 부족 간의 싸움은 국가 간의 싸움으로 양적 진화가 이루어졌다. 역사시대의 기록에 남아 있는 인류의 역사는 전쟁의 역사라 해도 과언이 아니다.

물론 여기에는 피할 수 없는 딜레마가 내재해 있었다. 인간의 살인 행위를 인정하는 것은 단죄를 목적으로 하는 경우를 제외하고는 어떤 집단에서도 찾아보기 힘들지만, 훨씬 더 악랄한 집단 살인은 전쟁의 당위성을 통해 정당화되었다. 방어를 위한 전쟁, 심지어는 이웃 나라의 포악한 군주 때문에 고통받는 사람들을 해방시키려는 행위로 침략이 정당화되고는 했던 것이다. 어떻게 해서든지 집단 살인을 정당화하기 위해 필요한 것은 명분(名分)이었다. 인류의 역사에서 전쟁은 명분을 방패 삼아 수없이 발생했다. 철학이나 종교는 이러한 명분을 얻는 데 있어 중요한 도구였다. 철학은 인간을 인간답게 하기 위해 고안된 인간의 학문이었다. 모든 사람들을 인간답게 만들기 위해 철학자들은 지극히 자연스럽게 지배 세력의 주변을 맴돌거나 정치권력과 결탁했다. 모든 일들이 그러하듯이 처음에 철학자들은 지배 세력을 깨우치고자 다가갔겠지만, 의뢰인을 돕는 변호사들처럼 본래의 의도에 반하는 결과로 귀결되고는 했다. 정의를 구현하고자 법을 배워 율사라는 자격증으로 무장한 고급 엘리트들이 법에 대한 지식으로 교묘히 법망을 피해 치부하는 데 일조하는 고급 사기꾼으로 변모할 수도 있는 것처럼, 철학자들도 비슷한 속성을 지녔던 것이다. 철학자들 역시 지배의 명분을 만들어주고 때로는 착취를 정당화하는 고급 책략가로 변모하는 경우가 허다했다. 제갈량(諸葛亮, 181-234)은 전설적인 책략가이자 충신으로 인류 역사에 남아 있지만, 사실 그는 자신의 지식과 능력을 앞세워 유비라는 왕족의 권력욕을 채우는 데 앞장선 사람이었다. 그의 지략은 전쟁터에서 수십만의 목숨을 살상하는 데 사용되었다. 물론 그에게는 한족의 황실 자손이 천하를 통일해야 한다는 명분이 있었기 때문에 전설적인 영웅으로 기록되는 데 성공했다. 지금도 그런 식의 명분에 대한 정당성은 그대로 유효하기에 "역사는 승리자에 의해 각색된다"라는 말을 실감케 한다. 혹자는 자신을 위협해 멸망시키려는 상대에 대한 정당방위를 주장할 수도 있고, 승리라는 달콤한 결과에 도취되어 과정에서 나타나는 희생의 대가를 망각할 수도 있겠지만, 분명한 사실은 불귀의 객으로 사라진 생명의 주인들이 선량한 인간들이었다는 점을 간과해서는 안 된다는 것이다.

종교는 철학의 경우보다 훨씬 더 효과적이고도 광범위하게 욕망을 숨기고 명분을 내세우는 역사에 한몫했다. 인류가 탄생시킨 종교들은 이데올로기보다 훨씬 더 지엄하고 절대적인 계율로 무장한 덕분에 긴 역사를 가지며 성장할 수 있었다. 중세에는 교황의 권력이 왕의 권력을 능가했고, 특정 종교가 국교로 인정될 만큼 지배적일 경우에는 어떤 정치권력도 종교를 부정하거나 모독할 수 없었다.

21세기 초반인 오늘날에는 세계 각지에서 종교의 자유는 대체적으로 인정되고 있음에도 불구하고 단지 몇 개의 종교들만이 막강한 세력을 형성하고 있다. 물론 신자라고 불리는 경지에 도달한 사람의 수가 명확하지는 않아도, 종교를 믿지 않는 사람들보다 종교를 믿는 사람들의 수가 월등하게 많다. 몇몇 소수의 거대 종교 신도들의 세력이 국가나 민족의 범위를 넘어서 막강한 규모를 형성하고 있는 것이다. 그들은 종교의 시조나 교주에게 신비로움에 가까운 절대성을 부여함으로써 대체적으로 그 종교를 믿는 울타리 안에서는 시조나 교주에 대한 비판이나 거역을 용납하지 않는 속성을 유지하고 있다. 물론 그 종교 밖에서 비판하는 사람들조차도 종교 안에서는 적대시되므로, 인류의 역사는 영토의 확장이나 방어를 위한 경우보다 훨씬 더 많은 부분이 종교가 원인이 된 전쟁의 반복으로 얼룩져 있다.

사실 20세기 후반 들어 지구상에서 영토 확대 전쟁이나 이데올로기로 인한 전쟁은 거의 사라졌으며 설사 진행된다 하더라도 그 강도는 크지 않을 것이다. 하지만 종교적 갈등으로 인한 전쟁은 여전히 끊이지 않고 있으며, 오히려 그 강도는 갈수록 더 높아지고 있다. 자유주의가 팽배해진 20세기에 이르러 신앙의 자유는 자기 종교로의 흡수와 다른 종교로의 이탈을 막기 위해 수단과 방법을 가리지 않도록 하는 모든 활동을 정당화시켰다. 모든 종교가 자신들의 영역을 넓히는 데 자유로웠음은 물론이다. 결국 종교가 없는 사람들의 수는 갈수록 줄어들었고, 이제는 자기 종교의 영역을 넓혀나가기가 점점 더 어려워졌다. 이러한 과정 속에서 서로 다른 종교 간의 반목은 물론이고 같은 종교 내의 종파 싸움 또한 필연적으로 치열해질 수밖에 없게 되었다. 여기에 이권 분쟁이 더해졌을 경우에는 참혹한 결과를 낳기도 했다. 물론 어느 경우에도 성인(聖人)이라 불리는 종교의 시조나 신의 뜻과는 거리가 먼 것들임에 틀림없다. 지금 지구상에 주도권을 가지고 있는 어떤 종교도 종교의 탄생 이전부터 추구해온 인간 본연의 도덕과 윤리를 부정하지는 않기 때문이다.

냉전이 종식되고 세계가 전쟁으로부터 자유로워질 것이라는 장밋빛 환상에 빠질 즈음에도 중동의 긴장과 이란-이라크 전쟁, 걸프 전쟁, 아프가니스탄 내전, 이라크 전쟁 등은 꾸준히 발생했다. 아직도 불씨는 여전히 남아 있는 만큼 지구상에서 전쟁을 발발시킬 요인은 다분하다는 데 이의가 없다. 여기에 이슬람 내 종파 간의 분쟁이나 이슬람과 기독교 간의 충돌을 문명의 충돌로 볼 것인지, 문명이나 종교 문제로 위장한 이권 분쟁으로 봐야 하는지를 놓고 논쟁이 끊임없이 제기되기도 했지만, 진실이 어느 쪽에 있든 별 의미는 없다. 분명한 것은 인류는 아직도 전쟁을 계속하고 있다는 것이며, 그 전쟁의 배경에는 종교라는 신념이 자리 잡고 있다는 것이다. 과연 그들이 읽고 되새기는 성서나 쿠란에 자신의 영역과 세력을 넓히기 위해 총칼로 무장하고 이웃과 목숨을 담보로 한 싸움을 하라는 명령이나 계시가 담겨져 있을까? 우리는 여기에서 얼마나 많은 사람들이 자신들의 본능적 욕구를 감춘 채 '대를 위한 소의 희생'이라거나 '악의 공격에 대한 성스러운 방어'라고 포장하며 정당화했는지 목격할 수 있다. "내가 돈 때문에 그러는 줄 알아? ○○ 때문이야"라고 외쳐대지만 실제로 거의 대부분 돈 때문인 것과 같은 이치다. 그저 공허하게 자존심을 지키려고 자신이 추구하는 욕망의 정체가 물질적 공허함을 채우는 데 있지 않다고 하지만 결국 그 끝에는 채워질 통장을 생각하며 흐뭇해하는 속물들이 바로 우리인 것이다.

논리적으로 보자면 정당화시키기 위한 조건은 정당성을 얼마나 확보하고 있는가에 달려 있어야 한다. 그러나 앞서 논했듯이 인간은 정당성을 확보하려고 노력하기보다는 먼저 정당화를 시켜놓고 정당성을 확보하려고 노력하는, 본말이 뒤집힌 행위를 반복하고 있을 뿐이다. 정당화의 필요가 없으면 정당성을 확보할 필요도 없지만 바깥으로부터 공격이 가해질 때 자신이나 자신이 속한 집단을 방어하고자 정당성을 찾아가는 것이다. 과연 거기에 선한 것과 악한 것, 옳고 그른 것, 정의로운 것을 판별할 수 있는 잣대가 존재할까? 설사 있다 하더라도 그러한 능력은 현저하게 저하되어가고 있음이 틀림없다.

널리 알려진 대로 법정(法訂, 1932-2010)이 입적을 앞두고 당부한 유언에는 그가 생존했을 때 줄기차게 주장했던 무소유에 대한 실천이 담겨 있었다. 그의 유언은 살아가면서 어쩔 수 없이 소유하게 된 유·무형의 물적 재산들에 대한 처분과 제자들에 대한 당부로 구성되어 있었다. 유형자산이야 누구에게 주거나 태워서 없애버리면 그만이지만, 무형자산인 저작권은 그것이 불가하므로 유언에서 자신이 쓴 책들을 모두 절판하라고 당부한 부분을 보면 그가 얼마나 이 문제로 고심했는지 알 수 있다. 그의 사후에 일어난 사건들을 묶어 보면 상나라의 백이숙제(伯夷叔齊)가 수양산에 들어가 고사리를 캐어 먹다 굶어죽은 고사를 연상케 한다. 무왕의 부당함을 들어 주나라의 신하가 될 수 없음은 물론 주나라의 곡식을 먹을 수 없다 하여 거부했지만 고사리도 무왕의 영토 안에 있었으니 의미가 퇴색했고,

그나마 자신들의 목숨이 천수를 다하게 하는 데에도 실패한 셈이니 의도한 그의 절개는 미완성 그 자체였다. 법정의 저서들이 절판된다는 사실이 세인들에 알려지자 법정의 책들은 시장 원리에 따라 가격이 치솟았고, 그 중 희귀본은 인터넷 경매에서 고가에 낙찰되기도 했다. 법정은 생전에 그렇게도 무소유를 부르짖었건만 그 책을 소유하려는 사람들의 소유욕을 설명하자면 글자 그대로 '모순'인 것이다. 입방아 찧기 좋아하는 언론들조차 그들의 행동을 비난하지도 애석해하지도 않았다. 법정의 숭고한 의미가 담긴 책들을 소유하려는 욕구가 빚어낸 열기는 책의 가치와 함께 고스란히 정당화된 것이다.

가령 노벨 의학상을 받은 저명한 의학자를 초청해 강연을 열었다고 하자. 그의 강연 내용은 건강한 삶을 위한 절제에 관한 것이었는데 매우 재미있는 예를 들어 설명한 덕에 별로 지루하지는 않았지만 누구나 알고 있는, 새로울 것이 없는 이야기였다. 실제로 그 강연을 듣고 내용을 실천에 옮기는 사람들이 나오기를 기대하기란 쉽지 않다. 그리고 많은 비용을 들여 초청한 강연의 질, 그리고 효과에 대해 의구심을 갖는 사람들도 없을 것이다. 그 이유는 거기에는 어떠한 정당성을 위배할 사안도 없으며, 적어도 유명 인사라는 이유만으로도 비용이나 효과에 대한 것을 고려할 필요가 없기 때문이다. 즉 이러한 일들은 얼마든지 정당화될 수 있다는 얘기다. 강연을 들으려고 온 사람들은 유명 인사를 가까이 보고 그 강연을 직접 들어봤다는 소득을 얻었고, 강연자는 평범하지만 값진 정보를 주었다는 보람과 경제적 수입을 얻었으니 그들의 이해관계는 완벽에 가깝게 맞아떨어졌고, 또한 피해자도 없으니 이는 정당한 사건이 된다.

반대로 아무리 정당한 일이라 해도 조금이라도 손해를 본 사람이 있으면 정당성은 쉽게 훼손된다. 가령 100여 가구가 사는 달동네가 있다고 하자. 시에서는 주거 환경이 열악하고 미관이 좋지 않아 모두 철거하고 새로 단지를 조성하기로 했다. 물론 개발에는 막대한 돈이 들어가는데 일부는 시민들이 낸 시 재정으로, 일부는 거주자에게 직접 부담시키기로 했다. 흔히 얘기하는 재개발 사업이 진행된 것이다. 이를 알아차린 투기꾼들이 집을 사기도 했고, 일부 원주민은 새 아파트에 살기로 하고 남기로 했다. 그러나 문제는 세입자들이다. 집주인이야 분양권을 팔 수도 있고 나중에 시세 차익을 남길 수도 있겠지만, 경제적으로 궁핍한 세입자들은 갈 곳도 없고 설령 다른 곳에 살다가 돌아오려 해도 막대하게 오른 세 값을 감당하며 재입주할 방법도 없다. 이 경우 세입자들은 버틸 수밖에 없게 되고 법을 집행해야 하는 철거반에 의해 강제로 철거와 이주를 당하는 피해자로 전락한다. 어떤 법도 그들을 보호할 방법이 없다. 만약 시 재정으로 그들에게 일정 비용을 지원하기로 했다고 하자. 세금을 낸 시민들도 불만이겠지만 문제는 이를 악용해 이런 지역만 찾아다니는 사람들이 생겨날 것이 자명하다는 데 있다. 어쨌든 이러한 재개발 사업을 추진하는 시는 가해자가 되고, 집주인들이나 시세 차익을 노린 투기꾼들은 수익자가 되며, 달동네에 사는 수십 가구의 가난한 세입자들은 피해자가 된다. 시에서는 해당 지역 주민이 선거로 뽑은 시장과 시의원들이 정책을 주도한다. 투기꾼들은 국민들이 뽑은 국회의원들이 만든 법에 준해 합법적인 절차로 소유권을 취득했을 것이다. 어느 날 그나마 유지하던 주거지에서 쫓겨나게 된 세입자들은 항변하겠지만, 이와 관련된 사람들은 모두가 매우 정당하고 떳떳하다. 이렇게 재개발 사업은 그 의도가 그리 불순하지 않음에도 피해자 혹은 억울한 사람들이 나타나게 됨으로써 정당성을 잃게 된다. 더욱 모순된 것은 어떤 사람도 전체를 위한 해법을 제시하지 못한다는 것이다. 오로지 자신을 위한 해법을 끊임없이 반복해 주장할 뿐 상대는 물론 전체를 위한 배려는 찾아보기 힘들다. 이런 판국에서 '배려'란 잃는 것을 의미하기 때문이다.

구별이 힘들고 모호한 것들 가운데 하나가 '나누는 것'과 '잃는 것'이다. 경우에 따라 이 두 가지는 '다른 것'과 '틀린 것'보다 더 모호하다. 매우 유사해 보이지만 '나누는 것'과 '빼앗기는 것'은 쉽게 구분된다. 스스로 한 것이냐, 아니면 타의에 의한 것이냐로 구분하면 되기 때문이다. 이런 관점에서 나누는 것은 지극히 자의적이며 잃는 것은 자의와 타의가 뒤섞인 것처럼 보인다. 그러나 사실은 그렇지 않다. 많은 사람들은 자의에 의해 나누어줄 수 있다고 생각하지만 그렇지 않다. 마찬가지로 잃는 것 역시 자신이 노력을 기울이면 잃지 않을 수 있다고 여기지만 역시 우리는 많은 것을 잃을 수도 있고 그렇지 않을 수도 있다. 가령 어떤 사람이 5000원짜리 지폐를 지갑에서 꺼내 자선냄비에 넣었다고 하자. 당연히 그 사람은 기부행위를 했고 나눔을 실천했다고 여길 것이다. 그런데 집에 와서 보니 사실은 5만 원짜리 지폐를 넣었음을 깨달았다. 실수로 4만5000원을 더 넣은 것이 되니 그만큼 잃어버린 것처럼 느낄 것이다. 그러나 구세군 입장에서 보면—확인조차 되지 않겠지만—이 5만 원짜리 지폐를 보고 어떤 사람이 5만 원이란 돈을 나눔을 실천하고자 기부한 것이라고 여길 것이다. 이렇듯 나누는 것과 잃는 것은 자그마한 시각차에 불과하다. 빅토르 위고의 『레 미제라블』 중 한 대목에서 '장 발장'이 훔친 은촛대가 '훔친 것이냐? 준 것이냐?' 하는 신부와 경관의 대화를 연상하면 이해가 쉬울 것이다. 이러한 시각차 때문에 동일한 행위가 범죄가 되기도 하고 기부나 증여가 되기도 하는 것이다.

친한 친구가 돈을 꾸어갔는데 갚지 않았다고 하자. 법적으로는 경우에 따라서 사기이므로 분명히 범죄가 된다. 빌려준 사람은 배신당했다는 생각에 마음의 상처도 받는다. 잃어버리는 슬픔이 크기 때문에 이를 방지하고자 "친구에게 빌려줄 때는 준다고 생각한다"라든지 "친구 간에 돈거래는 하지 않는다"라고 말하는 사람도 있다. 상처받기 싫고 좋은 게 좋아서 그럴 것이다. 그러나 대부분의 사람들은 절도나 사기를 치고 횡령하는 인생의 주인공이 되지 못한다. 돌려받지 못한 것은 많으나 갚지 않고 버틴 적은 별로 없는 인생을 살아간다. 얻는 것보다 잃는 것이 많은 인생인 것이다. 조금 다른 시각에서 본다면 대부분의 사람들은 빼앗기보다는 나누어주면서 사는 인생을 살아간다고 할 수 있다. 그렇게 보면 훨씬 덜 억울하다. 물론 시각을 바꾸기란 쉬운 일이 아니다. 세상의 시각이 나누어주는 행위에 관대한 이유가 거기에 있다. 그러나 시각을 바꾸면 세상이 달라진다. 불구경이 사람들의 관심을 끌듯, 잃어버렸다는 사실은 사람들의 관심을 끌지는 몰라도 결코 관대함을 주지는 못한다. 사람들은 자신이 그 일로 인해서 잃어버릴지도 모른다는 불안감을 갖게 되기 때문이다. 결국 인간은 손톱만 한 것도 손해 보지 않으려 발버둥치는 지극히 이기적 존재이지만, 실제로는 조금씩 잃기도 하고 많은 것을 한꺼번에 잃어버리기도 한다. 정당성의 기준은 자기중심적으로 작동하기 때문이다. 시각은 바뀌지 않고 오로지 정당성을 주장해 정당화시킴으로써 위로받으려 하지만, 사실상 정당성이 확보되기도 어렵고 잃어버리고 상처받는 경우가 대부분이다.

정당화시키기 위해 동원되는 대표적인 방법은 언쟁이나 투쟁이다. 잃어버리지 않기 위해 쓰는 최후의 방법인 것이다. 얼마나 많은 집단들이 이해관계에 얽혀 시간과 에너지를 낭비하는지 우리 모두는 너무나 잘 안다. 좀 더 많은 사람들의 지지를 얻기 위해 단식을 한다든지 삭발을 하기도 한다. 자극을 주기 위해 붉은색 유니폼을 입고 농성을 하기도 한다. 그들의 공통점은 무언가를 잃지 않기 위해, 또는 얻기 위해—사실상 두 가지는 동일한 것이다—투쟁을 한다는 것이다. 주장과 투쟁의 근본적 차이는 적이 존재하느냐 아니냐다. 물론 그들은 잃지 않는다거나 얻는다는 얘기를 하지는 않는다. 그들 자신도 속내를 모를 수도 있고, 알지만 상대방의 공감을 얻어내기 힘들다는 것을 알 만큼 노련한 사람들일 수도 있다. 그 대신 자신의 주장이 정당하다는 것이며, 정당한 주장이나 행위가 무시당하므로 부당하다는 것이다. 민주주의 사회에서의 여론은 공감하는 사람들의 수가 힘이기 때문에 공감만 얻어낸다면 정당화에 성공할 수 있기 때문이다. 여기에서 정당성이란 당연히 진실성을 의미하지 않으며, 누군가의 본능적 욕망인 잃지 않거나 얻어내기 위한 중요한 수단일 뿐이다. 특히 주장이나 언쟁보다 투쟁이란 용어를 쓰는 것은 사악한 적을 만들어냄으로써 내부 결속을 다지고 증오심을 불러일으켜 정당화를 도출해내는 내부 에너지를 강화하는 데 효과적이기 때문이다.

따지고 보면 이런 담론들에는 상당히 재미있는 희극적 요소가 다분하다. 원시사회나 고대 사회에서나 있음 직한 잃지 않기 위한 싸움(투쟁)이 21세기에 존재한다고 생각해보라. 그 옛날에 잃지 않으려 한 것은 하나밖에 없는 목숨이었다. 인간을 비롯한 생명체라면 누구도 양보할 수 없는 목숨을 지키기 위해 투쟁했다. 그것이 직접적 이유가 아니라 할지라도 궁극적으로 그 끝에는 생명의 위협이 자리 잡고 있었다. 그러나 21세기에 벌어지는 투쟁의 목적은 그런 것이 아니다. 일자리를 잃지 않으려 한다든지, 급여를 더 받으려 한다든지, 우리 동네에 화장터가 건립되는 것을 막으려 한다든지 하는 목적으로 투쟁을 한다. 당연히 투쟁의 목적은 그들의 목숨과는 무관한 것들이다. 생존권이라고 외쳐대지만 생존의 의미는 수입을 더 얻을 수 있는가 아닌가의 문제이지 생명과 직접적으로 관련이 되는 경우는 없다. 부연하면 원시인들이나 고대인들의 행동은 매우 정당한 행동이었지만, 현대인들의 행동은 정당화될 수 없는 셈이다. 그러니 희극이다. 양치질을 하고 깨끗이 씻고 자라고 하는 엄마에게 "계속 귀찮게 하면 죽어버릴 거야"라고 외쳐대는 어린아이처럼 자신의 소기의 목적인 '잃지 않고자 하는 욕망'을 채우기 위해 위협을 하고 투쟁을 하는 것이다. 그리고 자존심을 상하지 않기 위해 그럴싸한 정당성으로 무장하고 거리로 나서는 것이다. 더욱 흥미로운 것은, 누구든지 조금만 깊숙이 생각해보면 그들이 결코 정당하지 못하다는 것을 명백하게 알 수 있는데, 그럼에도 상당수가 소기의 목적을 달성한다는 것이다. 그리고 그 '잃지 않기 게임'에서는 또 다른 잃게 되는 집단이 생겨나면서 그 일은 계속해 반복될 수밖에 없다는 것이다. 마치 원수 갚기의 끝이 없는 것처럼.

옳고 그른 것, 그리고 윤리와 도덕

동서고금을 막론하고 양육 과정에서 정상적인 부모가 자녀들에게 할 수 있는 교육에는 권선징악적 요소가 가득한 옛이야기나 우화들을 모아놓은 동화책이 중요한 도구로 등장한다. 거기에는 의인화된 동물도 등장하고 옛 성현도 등장하며 착한 사람과 나쁜 사람, 용감한 사람과 비겁한 사람, 똑똑한 사람과 멍청한 사람 같이 이분법적인 정반대의 캐릭터가 등장한다. 여기에는 몇 가지 공통점이 있다. 착한 사람들은 대부분 약자—가난한 사람, 머슴, 서자나 고아, 토끼나 다람쥐처럼 먹이사슬에서 연약한 동물—이고, 악한 사람은 강자—부자, 귀족 혹은 양반, 호랑이나 늑대 같은 포식자—들이라는 점이다. 물론 우리나라 사람은 선하고 외국 사람—이를테면 심청전에 등장하는 청나라 상인—은 악하게 그리기도 한다. 그 밖에도 여러 공통점이 있지만 일단 이 문제를 놓고 보면 아이들의 잠재의식 속에서 편견과 혼란을 야기시킬 만한 단서가 발견된다. 단순하게 착하게 살아야 복을 받는다는 진리가 확대되어 강자가 약자를 보호해야 한다거나 조국을 사랑해야 한다 같은 의도한 대로의 교훈적 요소들만이 현실에서 작용한다면 다행스럽겠지만, 실제 결과는 훨씬 더 복잡하고 참담하게 나타날 수도 있다. 예컨대 가난한 사람들은 선하고 부자들은 악하다는 편견을 가지게 되었다고 가정해보자. 자신이 가난할 때 가난한 책임을 부자들에게 돌린다든지, 부자들의 도움을 당연하게 여긴다든지, 자신은 상대적으로 곤궁하니 착한 사람이고 자신의 잘못은 관대하게 용서받을 수 있다든지 하는 사고가 은연중에 자리 잡게 된다. 또 외국인이나 외국 상품에 대해 배타적 감정을 가지기도 하고, 무조건적으로 우리 것만이 좋다는 편견이 생기기도 한다. 자신이 착하게 살아왔다고 여기는데도 부자가 되지 못한다면 극심한 혼란에 빠져 자신이 배운 것 전체에 대해 회의하게 되고 심각할 경우에는 가치 혼란으로 인해 스트레스를 받고 방황하기도 한다. 결국 본래 교육의 지향점이 엉뚱한 곳으로 흘러가게 되는 것이다. 경우에 따라서는 선악의 본질이 왜곡되기도 하고 모호하게 느껴지기도 할 때가 많다.

흔히 평가를 왜곡시키는 요소들을 논할 때 인용되는 인간의 양면성은 성선설(性善說)이나 성악설(性惡說)로 설명될 수 없다. 그래서 전혀 대비되는 이 두 가지 주장이 둘 다 타당하게 느껴지는 것이다. 예컨대 성실한 사람이 반드시 착한 것은 아니며 정직한 사람이 전부 근검절약한다고 할 수도 없다. 평소 성실한 공무원이었던 어느 구청의 주사는 무려 30년 이상 거의 하루도 빠짐없이 세금 전표를 조작해 수백억을 횡령하다가 발각되었다. 보통 사람이 그 정도 재산을 빼돌렸다면 웬만큼 하다 그만둘 법도 한데, 그는 검소한 생활을 유지하면서—주변을 의식해서인지 아니면 부지런한 자신의 평소 습관인지 알 수는 없다—횡령을 멈추지 않았다. 결국 꼬리가 길어 잡혔지만, 그 돈들은 이미 분산되어 있었고 환수된 재산은 얼마 되지 않았다. 곧 퇴직할 사람을 해고하고 감옥에 넣었지만 경제사범의 형량은 무겁지 않았다. 그나마 그는 수형 생활 동안 고마워하는 지인들에게서 영치금을 받아가며 노후의 휴식을 즐겼다고 한다. 이 사건은 그렇게 흐지부지하게 사람들로부터 잊혀졌다. 주변에서도 그의 엄청난 횡령을 눈치 채지 못한 것을 보면 개인 간 신용이 나쁘지 않았던 듯하고, 평소 주변 사람들 중 그에게 신세를 지지 않은 사람이 없었다고도 한다. 비록 윤리의 단계를 넘어서 불법이라 할 수 있는 횡령이 그의 주업이었으나 그것을 빼면 꽤 훌륭한 사람이었다는 것이다. 과연 그에게 있어 선이란 무엇이고 악이란 무엇일까?

이유 없이 수많은 여성을 살해한 흉악범이 있었다. 검거된 후 기자의 질문을 받고 그는 상당히 재미있는 대답을 했다. 자신의 혈육인 아들에게 이 사실이 알려지지 않기를 바란다는 것이다. 그는 사형이 선고되더라도 집행이 쉽지 않다는 현실을 잘 알고 있었다. 그러나 흉악범들이 연이어 나타나자 사회가 불안에 떨게 되었고, 사형을 집행하자는 여론이 들끓기 시작했다. 이 사실을 알게 된 사형수들은 불안해하기 시작했고, 급기야 자살하는 사례까지 나타났다. 평범한 사람들이 이해하기는 상당히 어려운 부분이다. 자신의 손에 의해 아무런 이유도 없이 죽어간 많은 영혼들, 그들의 가족이 겪었을 비탄한 심정, 그런 평범한 감정이 그들에게도 똑같이 적용된 것이다. 물론 정신분열과 같은 정신적 이상 때문에 그들이 성폭행 후 살인이란 끔찍한 행위를 저질렀으며 그러한 과정을 보통 사람들이 이해하기란 매우 어렵다고 말할 수도 있겠지만, 기본적으로 그들에게 윤리나 도덕이 추구하는 양심이란 것이 작용할까 하는 의문이 들지 않을 수 없다. 평생 길러준 주인을 물어뜯어 죽인다거나 자기 새끼를 살해하는 맹수들의 세계에서나 봄 직한 일들이 아닌가. 인간의 우월감은 이성이 구성하는 절대적 우위에서 나온다. 이성을 망각한 인간을 인간의 범주에서 추방해 인권을 적용할 필요가 없다고 한다면 지나친 비약일까?

출세 지향적인 사람들의 일반적 특성 가운데 하나는 수단과 목적의 전이를 들 수 있다. 인간의 평등 문제가 수면 위로 올라오면서 출세는 신분이 낮은 사람들의 공통적으로 동경하는 대상이었다. 엄격한 신분제에서는 태어나면서 신분이 정해지지만 기회의 평등을 추구하는 세상에서는 현재의 위치에서 상승할 수 있는 가능성이 항상 열려 있기 때문이다. 그러나 신분 상승이란 것이 말처럼 쉬운 것은 아니다. 새롭게 형성되는 가치에 나 자신이 부합해야 하는 것은 필수이고 끈기와 열정도 있어야 한다. 거기에 사회의 우상향적 발전이 가미되면 상당 수준의 출세를 기대할 수도 있겠지만 그런 조건이 다 갖추어져 목전에 보이다가도 멀어지는 것이 출세다. 결국 여기에서 해당자들 대부분은 조급증에 빠지게 되고 무리한 행동을 서슴지 않게 된다. 스탕달(Stendhal, 1783-1842)은 1830년에 발표한 『적과 흑』에서 19세기적 출세관이 비참한 비극을 맞이하는 과정을 보여준다. 소설에서 주인공 쥘리앵은 척박한 환경에서 태어나 파리로 상경해 출세의 목전에 다다르지만 기득권자들은 수단과 방법을 가지지 않고 윤리성의 경계를 넘나드는 그의 행위를 용납하지 않으며 결국 그가 희생의 제물이 되어 처형되는 것으로 소설은 막을 내린다. 제목 '적과 흑'은 당시 프랑스의 지배 세력을 상징하는 군인의 옷 색깔인 붉은색과 성직자의 옷 색깔인 검정색을 상징했다고 하니 신분을 나타내는 방법은 동서양의 경계가 없었던 것 같다. 이 소설은 어떤 특정한 사람의 인생을 들어 당시의 변해가는 사회상을 보여주려 했지만, 집단적으로 특정 지역의 사람들이나 국민들이 이런 현상을 보이는 경우도 있다.

일본은 막부 시대를 마감하고 이른바 위로부터의 혁명이라는 유신(維新)을 단행했다. 프랑스처럼 한순간에 사회변혁이 일어난 것은 아니었지만 막부 시대의 계급 사회는 새로운 사회 계급과 질서로의 변화를 맞이했다. 봉건사회에서는 영지의 소유 규모를 바탕으로 한 3단계 계급이 존재했지만, 산업화라는 경제의 우상향적 발전과 함께 많은 사람들이 신분 상승이라는 희망을 갖게 되었다. 농촌의 젊은이들이 도시로 몰려들었고, 신학문을 배워 학벌을 쌓으면 과거보다 한두 단계 상승할 수도 있었다. 학벌과 소득의 비례성, 사회적 존경의 획득은 태어나면서부터 정해지는 신분이라는 수천 년 동안 유지되었던 족쇄에서 벗어날 수 있는 중요한 수단이 되었다. 당연히 학벌을 쌓고 산업화에 동참하는 것은 그 시대의 공동적 가치관을 형성하게 만들었다. 그러나 일본 사회가 가지는 한계점은 소수의 이민족과 다수의 원주민이 건설한 나라의 뿌리 깊은 신분 의식을 극복하지는 못했다는 것이다. 막부 시대의 계급은 청산되었을지 몰라도 유신의 중심에 선 이민족의 우두머리인 천황의 권위는 사라지지 않았다. 입헌군주제의 내각을 무려 55년 동안 자민당이 집권하고 단 몇 개의 가문에서 총재와 장관 등의 요직을 독점한 것은 일본 사회의 폐쇄성을 대변한다. 그들은 수백 년간 지켜온 권력을 선거의 제물로 잃지 않으려고 대중의 눈치를 보면서도 철저히 변화와 혁신을 외면했다.

그러나 일본 사회에 비해 한국 사회의 변혁은 훨씬 더 파격적이었다. 조선 왕조의 멸망 원인은 외세의 침략에 있었지만 서구화의 물결은 식민지 시대에 일기 시작했다. 식민지 시대에 친일 행세를 하며 신분을 유지한 집단의 기득권은 해방 후에도, 분단 전쟁 후에도 계속 유지되었다. 일본의 한반도 통치 방식은 메이지유신 이후 일본의 질서를 그대로 이식시키는 것이었다. 서양 학문을 배우도록 강요했고, 학벌을 중시했으며, 교육 수준에 따라 신분 질서를 만들어갔다. 35년이란 기간 동안 이어진 일본의 통치는 민족성의 상실보다 새로운 질서에의 순응을 강요하는 데 집중했다 해도 과언이 아니었다. 인생 역전의 드라마는 왕조의 붕괴와 함께 출세 지상주의 심리와 친일 행각이 결합될 때 완성될 수 있었다. 일본처럼 소수 이민 민족과 원주민이라는 이중적 구조가 아니라 2000년 이상 통일된 국가였던 터라 종족 간의 분쟁도 없었고, 신분 질서도 조선 말 붕괴 직전에 이르러서는 그 태생적 차이가 크지 않았다. 게다가 일본은 식민지 지배의 수단으로 조선의 전통을 철저하게 말살하려 했고, 전통 속에 녹아든 신분의 구분마저 거의 사라졌다. 1953년 분단이 되었던 당시 남북한 사회에서 출세 방식은 과거의 신분에 구애받지 않고 각기 다른 길을 걷게 된 셈이었다. 한국 사회에서는 기본적으로 선천적 문제가 걸림돌이 되지 않으니 누구라도 정부의 정책에 부응해 수단과 방법을 가리지 않고 출세해서 인생 역전에 성공할 수 있다는 희망이 있었다. 누구에게나 인생의 지상 목표는 한 가지였던 것이다. 명문대를 졸업한 엘리트 사원이 사장의 외동딸과 결혼하려고 그간 뒷바라지해준 고향 색시를 버리는 이야기나 학력 낮은 부잣집 딸이 판검사나 의사와 결혼했다가 의사소통의 어려움으로 결국 이혼에 이른다는 이야기가 영화나 드라마의 단골 메뉴로 등장했다. 수많은『적과 흑』류의 이야기가 유행한 것이다. 작가들은 수단과 목적의 전이를 주제로 삼으려 했겠지만 그들 역시 좀 더 많은 수입을 얻기 위해 끊임없는 아류를 만들어서 대중을 유혹한 셈이다.

일본과 한국의 차이가 단순하게 국민의 구성 요소나 서구화 과정에서의 차이점에만 있는 것은 아니었다. 전통문화 속에 깃들어 있는 지배 방식이나 계급에 대한 의식이 현저히 달랐다. 현재 한국의 지배 세력을 보면 재계는 말할 것도 없고 정부나 지방자치단체의 요직에서 저학력자가 흔히 발견된다. 1980년대 이후 급속하게 향상된 민주화라는 또 하나의 시스템 변화의 동인이 좀 더 많은 사람들에게 출세의 기회를 나누어준 것이다. 그러나 민주화나 평등화와 같은 달콤하고 멋진 단어들 뒤에는 서글픈 그림자가 드리워져 있었다. 더 많은 계층과 사람들에게 기회가 나뉘어졌지만 실상 이권에 눈먼 부정과 뇌물 수수, 온갖 비윤리적 사건은 꼬리에 꼬리를 물고 있었다. 과연 윤리와 도덕, 옳고 그른 것은 무엇일까? 과연 공정한 기회의 분배와 확산, 도덕성 가운데 우리가 간과해서는 안 될 중요한 것은 무엇일까?

여기에서 재미있는 가정을 한번 해볼 필요가 있다. 인류의 기나긴 역사 가운데 우리가 정리할 수 있을 정도의 기간만 떼어놓고 보자. 그 가운데 자유와 평등을 부르짖고 그것을 실현한 기간은 지극히 짧으며 매우 최근에 들어서야 벌어진 일이었다. 정도의 차이만 있을 뿐 인류의 역사를 통틀어 거의 모든 기간 동안 불평등이 지속되었다. 전 세계적으로 남녀가 불평등했고 귀족과 노예나 천민이 존재했다. 플라톤(Plato, BC428-BC348)이 임종에 이르러 자신의 운명에 감사하면서 특별히 감사를 언급한 세 가지에 나타나듯이, 아테네의 귀족 남자로 태어난 사람과 아테네 같은 문명국이 아닌 나라의 여자 노예로 태어난 사람은 극과 극의 삶을 살았을 것이다. 이런 가정은 플라톤보다 훨씬 더 이전 시대에도 유효했을 것이고, 사실상 거의 최근까지도 유효했다. 여기서 우리는 질문을 던질 필요가 있다. "왜 인류는 인간 사회를 철저하게 상하 신분 관계로 형성했을까"라는 질문을 던져보자. 인적 교류가 어려웠던 전 세계가, 그것도 처음부터 끝까지 귀족의 세습이 이루어진 것도 아니고 혁명이나 전쟁에 의한 변화가 있었음에도 거의 동일한 방식의 상하 신분 체계를 만들어나갔다. 거기에는 분명히 어떤 이유가 있었을 것이다. 그리고 그 이유에 대한 답을 실천하는 것이 하루아침에 이루어지지 않았고 나름대로 시행착오도 거쳤을 것이라는 가정이 가능하다.

우선 차별이나 불평등에 관한 문제부터 생각해보자. 단순하게 우리나라 사람들의 의식 속에 뿌리 깊게 자리 잡고 있는 유교의 기본인 삼강오륜으로 시작해보자. 삼강(三綱)이란 왕과 신하[君爲臣綱], 아버지와 아들[父爲子綱], 남편과 아내[夫爲婦綱] 사이에 지켜야 할 강령(綱領)을 말하며, 오륜(五倫)이란 아버지와 아들[父子有親], 왕과 신하[君臣有義], 아내와 남편[夫婦有別], 어른과 아이들[長幼有序], 친구들[朋友有信] 간에 지켜야 할 도리를 말한다. 여기서 도리란 글자 그대로 인간 윤리를 말한다. 삼강과 오륜에서 공통된 관계는 군신과 부자와 부부이며, 오륜에서는 나이 차와 친구 관계가 추가된다. 이 가운데 친구 간의 관계를 제외하고는 모두가 수직적 관계다. 그러나 그러한 수직 관계 속에는 순종적 복종이라는 강압적 내용이 내재해 있는 것이 아니다. 친근함이나 신뢰성, 서열 의식 등의 방법으로 윤리성이 확보된다고 암시할 뿐 어디에도 명령자와 수령자의 관계는 보이지 않는다. 더욱이 삼강오륜에는 주인과 종(노비)의 관계, 형제의 관계, 상사와 부하의 관계, 남자와 여자의 관계—단지 부부 관계에 관한 언급이 있을 뿐이다—에 대한 언급이 없다. 노비는 인간으로 인정되지 않아서였을까? '남녀칠세부동석(男女七歲不同席)'이어서 언급할 가치조차 없었던 것일까? 그럼에도 유교적 사고의 본질이자 생명은 윤리라는 점에서 이견을 제시할 사람은 없다.

일단 여기서 우리는 동서양의 철학이나 역사 같은 꽤 윤기 나는 고급 학문의 정체에 대해 짚고 넘어가야 한다. 현대적 사고에는 교육의 기회나 학문의 인용이 누구에게나 개방되어 있다는 전제가 깔려 있다. 우리가 착각하는 부분 중 하나는 과거에도 그랬을 것이라는 생각이다. 그것은 마치 공룡 시대의 지구가 지금의 자연환경과 유사했으리라는 착각과도 같다. 아테네 역사의 무대에 나타나는 등장인물들은 플라톤이 지칭한 귀족이자 남자인 아테네의 시민들만을 지칭한 것이었다. 여자들은 올림픽 경기를 관람할 수 있는 권한이 없었고, 선수들은 아무런 부끄러움 없이 발가벗은 채 경기를 했다. 결국 그리스 도시국가들의 직접민주주의란 전 인구의 10퍼센트도 되지 않는 그들만의 민주주의였던 것이다. 인간의 존엄성이란 그들만의 존엄성을 의미했으며, 이러한 체계는 수천 년간 유지되다가 조금씩 완화되었을 뿐이다. 즉 우리가 생각하는 시기보다 훨씬 이전부터 노예나 귀족 신분, 남자와 여자의 관계에서 선천성에 의한 차별이 상당 기간 지속되었음을 알 수 있다. 그러나 분명한 사실은 그리스 문화의 특징 중 하나인 민주주의의 태동은 윤리 교과서의 단골 메뉴였다는 것이다.

아직도 여러 종류의 차별 논쟁은 끊이지 않고 있으나 역사시대 초기의 인식 수준에서 노예나 노비 혹은 여성은 인간의 범주에 속하지 못했다. 다만 부부나 부모 자식 간의 관계에 대한 언급이 있었던 것은 아내나 어머니로서의 존재를 지칭한 것이지 한 여성으로서의 존재를 말한 것은 아니었다. 결국 인류 역사 대부분의 기간 동안 전쟁이나 내란, 혁명 따위의 변혁적 사건으로 소수의 지배 세력이 종종 바뀌기는 해도 지극히 소수가 다수를 지배한다는 것, 그리고 그 소수는 남성이라는 것만은 기본 질서로 철저히 유지되었다. 나름대로 명분을 세우고 기존의 지배 세력을 무너뜨리거나 이웃 나라를 쳐들어가도 이제까지의 질서를 붕괴시키며 "자, 이제는 우리 모두가 평등해졌습니다. 누구에게나 왕의 자리를 차지할 수 있는 기회가 열려 있습니다"라고 외친 사람은 없었던 것이다. 아주 드물게 여제(女帝)나 황제의 아들을 섭정한 황후 또는 왕비가 나타나기는 했지만, 그것은 어디까지나 혈통의 가치가 남성 우월의 원칙보다 상위 개념임을 입증한 것에 불과했다. 막강한 권한을 가진 여제나 왕의 어머니들도 집권 기간 동안 남성 우월주의를 무너뜨리거나 여권의 회복을 위해 노력하지는 않았다. 그들은 왜 이러한 불평등을 묵과했던 것일까?

일부일처제 같은 가족의 구조, 사회의 신분제도 같은 것들은 어떤 통치자도 건드릴 수 없는 성역이었다. 왕조가 바뀌어도 변화의 대상으로 삼을 수 있는 제도들이란 토지나 과거제도 같은 통치의 수단들이 고작이었다. 절대 권력자는 인간이 가질 수 있는 가장 커다란 욕망인 세습이 보장되어 있는 만큼 그런 시도를 할 필요가 없었다. 신분이나 가장의 권리가 보장된 가부장제야말로 세습의 기초가 되었기 때문이다. 또 한편으로 보면 왕조를 찬탈하는 것이야말로 나 역시 대대로 권력을 물려줄 수 있는 권리가 보장되는 것이었으니 기회만 된다면 그럴싸한 명분으로 포장해—그런 명분의 중심에는 늘 자신과 자신의 자손이 아닌 백성들의 삶과 안녕이 자리 잡고 있었다—목숨을 걸고 달려들게 하는 동기가 되기에 충분했다. 세습이란 짧게 보면 부모의 자녀에 대한 세습으로 인식될 수도 있지만 결국 부자 세습이란 부계혈족 사회에서 항구적 세습을 약속하는 것이었다. 제왕이 여러 명의 부인을 거느리면 여성들 역시 자신의 자식을 왕으로 앉히려고 온갖 암투를 마다하지 않았다. 결국 그들의 관심은 의도했든 의도하지 않았든 생존의 본능적 욕구인 세습이었던 것이다. 내가 죽어도 나의 씨를 받은 자가 대를 이어간다는 세습이니 종묘사직(宗廟社稷)이니 하는 것들은 누구나 공감하는 공통적 욕구이자 일등 관심사였다. 젊은 나이에 혼인을 하지 않으면 늙어서 후회할 이유도 거기에 있는 것이었고, 부자들이나 권력층의 재물욕도 거기에서 연유하는 것이었다. 결국 세습을 완수하고 세습의 기간을 영원의 수준으로 연장하기 위해서는 어떤 절대적 법칙이 필요했다. 소수가 다수를 지배하도록 하는 시스템이 바로 그것이었다.

지금까지도 유효한 신분 계급제나 남녀의 역할론은 소수가 다수를 다스리기 위한 명쾌한 해결책이었다. 인도와 같은 계급사회에서는 동일 계급내의 혼인만이 가능하며 상하의 신분을 명확히 구분했다. 봉건제에서는 오작위(五爵位) 제도에 의해 귀족이 가질 수 있는 장원(莊園)의 규모를 제한했다. 오작위는 기본적으로 세습이 가능하지만 왕의 의지에 따라 바뀔 수 있는 대상이었다. 물론 농노와 귀족과 왕족이라는 3단계의 계급이 존재하지만, 소수의 귀족과 다수의 귀족이 존재하는 2단 구조에 가깝다고 볼 수 있다. 어떤 경우에도 소수가 다수를 대를 이어 항구적으로 지배하는 데는 이만큼 효과적인 방법이 없었다. 통혼 금지는 물론이고 직업과 계급의 일치성, 하급 계급에 대한 혐오심 등으로 대변되는 인도의 카스트 제도는 정복민인 아리아족이 선주민인 문다와 드라비다족을 무려 3000년 이상 지배할 수 있게 한 성공적인 제도였다. 아마도 그 제도를 고안한 그들의 선조들조차 예상치 못했을 만큼 탁월한 성과였다. 철저한 계급사회에서는 혈통이 중요하며, 순수 혈통의 보존이 그 다른 어떤 가치보다 중요하다. 흥미로운 것은 혈통의 중요성이 도를 넘는 사회에서는 그렇지 않은 경우보다 성차별의 수위가 강하게 나타난는 것이다. 합리적 척도라고 볼 수는 없지만, 인도 사회에서 여성의 지위는 이슬람 세계보다 훨씬 더 보장되어 있는 편이다.

흔히 헤브라이즘과 헬레니즘의 결합체라고 일컫는 서구 문명에서는 여성 차별이 적은 것처럼 보이지만 결코 그렇지 않았다. 산업혁명 후 자유와 평등의 사상이 기독교 세계에 전파되기 전까지 유럽의 여성 차별 수준은 현재의 이슬람 세계와 다를 바 없었다. 영국 국교회를 만들어 독자적인 길을 모색한 영국을 제외하면 유럽의 다른 지역에서 여제의 존재는 거의 찾아보기 어렵다(콜럼버스를 신대륙에 보낸 에스파니아의 이사벨 1세는 페르난도 국왕과 공동으로 통치했고, 이사벨 2세는 절대왕정 말기에 집권 10년 만에 폐위당했다). 로마 가톨릭의 강력한 조직은 신부와 수녀의 권한을 엄격하게 구분했으며, 지금도 대부분의 여성들이 결혼 후 남편의 성을 따르고 있다. 또한 미국 역사에서 여성 대통령이 선출된 적은 없으며, 스포츠계나 연예계에서 남녀의 수입은 큰 격차를 보이고 있다. 인종차별이나 성차별이 '차별 금지법(Non Discrimination Act)'에 따라 개선되기 시작한 것은 최근의 일이었다. 서방세계의 기독교 원리주의자들은 하나님의 자식으로서 모두가 평등하다는 성서의 가르침을 여러 가지 방법으로 왜곡했다. 313년 로마제국이 기독교를 공인한 뒤부터 1898년에 뉴질랜드에서 최초의 보통선거가 실시될 때까지 무려 16세기 동안 그들은 지구상의 거의 모든 민주주의 국가에서 노예제도나 계급사회를 어렵지 않게 유지했다. 이는 성차별도 다를 것이 없었다. 1776년에 미국이 독립을 선언한 뒤 실시한 선거에서도 유권자의 자격은 '21세 이상의 세금을 내고 글을 읽는 남성'으로 규정되었으며, 여성·노예·흑인들의 참정권은 전혀 고려되지 않았다.

온갖 종류의 차별은 자본주의와 평등주의가 결합하면서 바뀌기 시작했다. 자본주의의 절대적 특징은 "인간의 노력 정도나 능력이 평등할 수 없다"라는 데서 출발한다. 타고난 자질, 학습, 노력 등에 의해 얻는 산출물이 같지 않기 때문에 그 산출물의 크기에 따라 차별함으로써 전체 산출물의 크기를 늘려나가야 한다는 원칙이었다. 당연히 자본주의의 결과는 무리 없이 성장과 발전을 약속했다. 인간이 더 많은 것을 가지고 싶고, 먹고 싶고, 보고 싶다는 우상향적 욕망을 버리지 않는 한 자본주의만큼 매력적인 이데올로기는 존재할 수 없다. 당연히 매력적이고 환상적이기까지 한 자본주의가 파급되면서 산출물의 크기를 키우기 위한 자질이나 노력, 학습 따위의 행위에 방해가 되는 인종·성별·신분 같은 선천적 요소들은 기회의 평등이라는 자본주의의 대원칙에 의해 붕괴되기 시작했다. 인간은 이제 권력의 항구적 세습 욕구보다 가지고 먹고 볼 수 있음은 물론이고 권력조차 누리게 해줄 수 있는 돈에 더욱 매료되기 시작한 것이다. 좀 더 명쾌하게 설명하자면 인간의 궁극적 욕망의 끝에 나타나는 변화는 인문학에서 얘기하는 고귀한 인간성의 회복이라기보다는 욕망의 다양화, 고급화의 길을 걷게 된 것일 뿐이다. 게다가 인간은 하향적으로 후퇴하는 것은 물론이고 정체되어 있는 것조차 참지 못한다. 그런데 자본주의의 속성은 목표 지향적으로 끊임없이 더 나은 것을 달성시키기 위해 안달하는 속성을 찬양하고 있기 때문에 설사 인간성의 상실이라는 덫에 걸리더라도 스스로 무시하거나 외면하게 되어 있다. 따라서 자본의 소유나 자본을 창출할 수 있는 능력의 크기에 따라 신분 계급이나 의식적·무의식적 차별은 지속될 수밖에 없게 되어 있다. 즉 자본주의가 지향하는 만병통치약인 노력의 가치를 부정하는 선천성에 의한 차별은 부정되지만, 노력의 가치가 인정되는 후천적 결과에 의한 차별은 당당하게 정당화되어 그 기세를 더하고 있다.

결국 인간은 차별의 색깔만 바꿔놓았을 뿐 아직도 차별의 굴레를 벗어나지 못하고 있다. 그러면서도 수천 년간 유지되어온 케케묵은 차별이 사라졌노라고 자위할 뿐이다. 만약 자본주의의 가진 것에 관해 심각하게 논하고 그러한 쏠림 현상을 없애겠다고 한다면 비슷한 절차를 통해 과거로 회귀하거나, 아니면 그럴싸한 명분과 함께 또 다른 차원의 계급 서열을 만들 것이다. 그렇다면 차별은 영원한 인간 본성의 표현으로 존재하는 것일까? 거기에는 분명한 이유가 있다. 비교 본능에 의해 우열을 가리고 궁극적으로는 우월함을 확보함으로써 지배하려는 속성을 지니고 있기 때문이다. 차별을 철폐하고 평등을 외쳤던 집단의 공통점이 그러한 비교의 패배자들이었던 것도 그 때문이다. 내기를 해서 잃은 사람은 딴 사람의 관대함을 원하지만, 그 잃었던 사람이 돈을 따면 원칙을 주장한다. 정권 교체로 야당이 정권을 잡으면 예전에 여당이 자신들을 핍박했듯이 비슷하게 탄압한다. 그들은 자신들이 핍박받던 시절에는 부당함과 정당성을 외쳐댔다. 그리고 똑같은 논리로 포장된 언어들이 새로운 야당의 입에서 튀어나온다. 결국 그런 식으로 정당화의 역사는 반복을 거듭한다. 과연 정의란 무엇인가?

정의, 법과 질서,
그리고 당여

미국 하버드대학교 정치철학 교수인 마이클 샌델(Michael J. Sandel, 1954-)의 저서 『정의란 무엇인가』는 지극히 오래되고 매우 낯익은 주제인 '정의'에 관해 심도 있게 정리된 내용으로 가득 채워져 있다. 우리는 정확하기는커녕 희미하게도 이해하지 못하지만, 샌델이 소개한 철학자들보다 훨씬 더 많은 저명한 철학자들의 입에서 정의란 말이 반복되어왔다는 것 정도는 안다. 인간 집단을 유지하기 위해 동원된 법이나 질서는 분명히 정의를 바탕에 두고 있다. 정의를 구현하기 위한 수단으로 인류는 법을 선택했다. 그러한 법이 궁극적으로 인류 집단의 질서를 유지하는 절대적 수단임은 부정할 수 없다.

우리 세대에게 정의란 어린 시절 만화영화의 주제로 더 익숙했다. "정의의 사도 황금박쥐는 지구를 구하기 위해 위급한 상황에 나타나서 악의 무리를 해치우고 사라진다"는 식의 이야기 구성은 지금까지도 반복되고 있는 단골 메뉴다. 매우 단순하고 일면 유치하지만 이런 식의 구성은 매우 간결하게 정의(正義)의 정의(定意)를 설명하며, 정의를 구현하기 위한 구체적인 방법을 제시한다. 정의를 유지하기 위해서는 절대적으로 우월한 힘을 가지고 있어야 하며, 악의 무리는 현재의 질서를 뒤엎고자 하는 세력을 의미한다. 정의의 사도는 필요한 때 나타나서 자신의 역할을 할 뿐 결코 어떤 대가를 바리지 않으며, 악의 무리가 없으면 존재의 가치도 필요성도 없는 주체인 것이다. 거기에는 샌델이 소개하는 공리주의적 정의나 상호존중에 의한 공동선이란 정의, 혹은 자유로운 선택이란 정의 등의 분석적인 분류 항목은 필요치 않다. 다만 행복을 추구하는 대다수의 선량한 사람들을 위협하는 어떤 행위도 정의를 위배하는 것인 만큼 비록 바람직하지는 않지만 폭력이라도 동원해 물리쳐야 한다는 것이다. 유아적 발상에서 벗어나 어른들을 즐겁게 하는 대중적 영화나 드라마의 소재 역시 이러한 틀을 벗어나지 못한다. 할리우드 액션 영화의 특성인 영웅주의(Heroism)와 권선징악(勸善懲惡), 가족주의는 황금박쥐를 람보나 터미네이터로 바꾸었을 뿐 같은 얘기를 반복하고 있다. 절대적 능력을 가진 람보는 어떤 위협에도 굴하지 않고 악의 무리를 소탕하며 연약한 여성이나 아이들을 보호할 줄 안다. 우리는 왜 빤한 스토리와 구성을 반복하는 그들에게 아낌없는 갈채를 보내는 것일까?

익히 알려진 바와 같이 공리주의적 관점에서 정의란 최대 다수의 최대 행복이다. 매우 합리적인 발상이다. 그러나 역으로 보면 최대 다수는 결코 전부가 아니며 전부 가운데 최대 다수에 포함되지 못한 희생의 무리가 필연적으로 발생하게 됨을 의미한다. 최대 행복을 만들기 위한 희생양인 셈이다. 10명 가운데 1명이 희생하면 9명이 행복해진다고 할 때 희생 비율은 10퍼센트나 되지만 오로지 한 사람일 뿐이다. 행복한 9명이 이 사실을 인지한다면 비록 충분하지 않더라도 십시일반으로 행복을 나눠줄 수 있다. 그러나 집단이 커지면 얘기가 달라진다. 10억 명 가운데 1퍼센트인 1000만 명이 나머지 9억9000만 명의 행복을 위해 희생했다고 하자. 그들은 전체의 1퍼센트에 불과하지만 여러 여건을 고려해볼 때 행복한 집단이 그들과 격리되어 있다면 불행을 인지하는 것도, 나눠주는 것도 수월한 문제가 아니다. 정보 소통 과정에서 시간 소요나 의도의 왜곡이 발생한다. 게다가 행복이란 지극히 주관적이며 감성적 잣대에 의해 판단되는 주제다. 결국 객관적 기준과 무관하게 스스로 불행하다는 생각을 가진 사람들의 수는 얼마든지 늘어날 수도 있다. 어느 누구도 완전하게 행복한 사람은 없으며 잠재적인 불만이 늘 자리 잡고 있는 만큼 폭력을 일삼으며 문제를 해결하는 영화 속 영웅은 대리만족의 쾌감을 선사할 수도 있고 과정상 나타나는 절대적 힘을 통해 카타르시스를 느끼도록 해주기도 한다. 적어도 인간의 본성이 객관적 정의에 의해 희생되는 자신을 발견하게 되는 일이 계속되는 이상 할리우드식 영웅주의의 인기는 쉽게 식지 않을 것이 확실하다.

선동가들 역시 많은 사람들을 불행하다든가 불이익을 받았다고 충동질함으로써 정의를 일깨우는 주체들이다. 그들은 반드시 객관적이어야 하는 정의 역시 '행복'이나 '희망'과 같은, 매우 달콤하게 여겨지지만 주관적일 수밖에 없는 단어들을 앞세워 여러 사람을 선동하면서 자신의 목적을 달성하기 위한 수단으로 대중을 활용한다. 히틀러는 독일 민족이 불이익을 주는 유태인을 학살하고 유럽을 상대로 전쟁을 일으켜 승리하는 것을 정의로운 일이라 주장했다. 그는 학창 시절에 겪었던 유태인에 대한 피해 의식으로 수백만의 목숨을 빼앗고 대륙을 전쟁터로 만들었다. 지금도 자신에게 자그마한 불이익이 되는 일을 쟁점화할 수만 있다면 광장에 사람을 끌어모으고 부당함을 외쳐대는 일을 정의라고 여기는 소수의 정치 집단을 만나보기란 결코 어려운 일이 아니다. 그들은 하나같이 대다수의 행복을 숨기고 소수의 불행을 쟁점화시키는 것을 업으로 삼고 있다. 마치 자신이 권력을 얻으면 모두의 행복을 보장할 수 있을 것처럼 선동하고 있는 것이다. 지나간 역사를 보면 어떤 영웅도 전부의 행복을 보장한 적이 없었으며, 앞으로도 인간이 소유한 지혜의 한계는 최선일 뿐 전부가 아닌데도 말이다.

자유가 가져다준 한계의 모호성은 정의의 또 다른 의미인 '자유로운 선택'이라는 측면에서도 역시 정의를 올바로 이해하는 데 혼란을 가중시키고 있다. 흔히들 개인은 명석하지만 대중은 우매하다고 한다. 개인의 이기성은 자신을 보호하고 이익을 극대화하기 위해 명석한 판단을 내리고 행동하지만, 집단으로 묶여질 때면 합리성을 상실한다. 예컨대 대다수의 국민이 지지해 선출된 대표자가 대통령이 되었다고 하자. 그에게는 법이 허용하는 만큼의 권력이 주어질 것이다. 그가 자신의 합법적 권한으로 특정 지역에 핵폐기물 처리 시설을 만들기로 했다고 하자. 물론 그의 판단은 다수의 행복을 위해 소수의 희생을 강요한 것이 된다. 반감을 없애기 위한 충분한 보상이 약속되고 지역 의회의 승인 아래 공사가 시작되려 하는데 지역 주민들이 배를 깔고 누워 반대하기 시작한다. 지역 주민 가운데 직접적 보상을 받지 못한 개인의 입장이라면 당연히 자신의 불이익을 금전적 보상과 상쇄하기 위해 나서야 하는 것이 당연하고 합리적 결정일 수 있다. 그러나 나가보면 알겠지만 배 깔고 누운 사람들은 자신의 억울함을 호소하려는 순수한 동기로 나온 사람들로만 구성되어 있지 않다. 그 배후를 보면 엉뚱한 사람들이 자리 잡고 있는 것이다. 집권당에 반대하는 것을 업으로 삼는 야당 정치인이나 목소리를 내야 운영비를 충당할 보조금을 받는 시민 단체, 사건이 있어야 사업이 번창하는 언론사, 보상을 더 받고 싶은 욕심쟁이 등 각기 다른 이해관계로 얽혀 있는 집단들이 득실거릴 것이다. 결국 더 큰 보상을 받게 된다면 욕심쟁이들은 더 큰 이득을 얻어낼 것이고, 사업이 취소된다면 현 정권의 사업을 못하게 했으니 반대하는 정치인들에게도 득이 될 것이다. 결국 순수한 소수의 피해자들로서는 들인 공에 비해 별로 득이 될 것이 없게 된다. 더욱 모순된 것은 본래 이 공사를 계획한 의사 결정자의 의도나 정당성, 일의 추진 과정에서의 적법성을 볼 때 전혀 하자가 없다는 것이다. 결국 과정에서 일어난 엄청난 사회적인 비용은 대다수의 국민들이 지불한 세금이나 직접 비용으로 충당된다. 이 얼마나 비합리적인 일인가. 이런 일은 자유와 방임의 모호함이 야기되는 곳에서 꾸준히 계속해서 발생하고 있으며, 최대 다수의 최대 행복을 위한 소수의 희생은 극소화되는 것이 아니라 엉뚱한 세력들에 의해 확대재생산되고 있다. 그리고 그 비용은 고스란히 우리 모두가 공동으로 부담하게 된다.

명분의 시대에는 철학자들이 만든 인간의 도리라든가 사리, 즉 윤리나 도덕의 범주에서 합당한지가 대중의 지지를 이끌어낼 수 있는 수단이었다. 새로운 세력의 왕조 찬탈은 새로운 입법을 할 수 있는 기회가 되었지만, 대다수의 공감대에 의해 만들어지는 법은 권력의 시녀였다. 권력은 어떤 불합리한 법이라도 만들어냈으며, 절대 권력자의 명령과 법의 경계는 모호하기 이를 데 없었다. 위력 면에서도 왕의 명령이 인간의 목숨을 좌우할 수 있었으니 한 단계 위에 있었던 셈이다. 절대 권력자들이 두려워한 것은 오로지 도덕이 바탕이 된 명분이었다. 명령과 명분은 항상 일치하지 않았지만 질서란 힘의 논리에 의해 유지될 수 있었던 것이다. 그러나 현대사회에서 권력의 위력은 법 앞에 무력해져버렸다. 법은 광범위한 윤리의 테두리 안에 존재하는 최소한의 강제적 규범으로 자리 잡고 있으며, 분명히 정의를 구현하는 데 중요한 수단임에 틀림이 없다. 어떤 권력도, 그리고 그 권력을 위임받은 대표자도 법 안에서 명령을 내려야 한다. 그러나 그 절대적 수단인 법은 대중의 선동 앞에 무력해져가고 있다. 대중이 법을 만들고 필요에 따라 자유나 민주라는 이름으로 다시 허무는 이율배반적 사건을 주도하기 시작한 것이다. 권력자가 명령을 하고 그 명령을 취소하기란 쉽지 않았다. 명분이 두려워서였다. 그러나 대중은 명분을 내세워야 할 대상이 없으므로 거침없이 스스로를 부정하고 경우에 따라서는 손쉽게 법 위에 군림하기 시작했다. 계량화되거나 과학적 절차로 획득될 수 없는 모호한 개념인 여론이나 대세 따위의 이름으로 다른 잡다한 권위들과 함께 법의 권위를 무너뜨리고 있다. 언제부터인가 정의란 그것을 이용하려는 집단의 수단으로 사용될 뿐 정의가 가지는 본래의 정체성은 퇴색했다. 정의의 구현이 개인의 자유를 보장하고 자유로운 삶 속에서 행복을 추구할 수 있도록 해주는 데 있다고 한다면, 지금 구현이 진행되고 있는 정의들은 출처가 모호하거나 정의란 이름으로 포장된 당여(黨與)일 가능성이 크다. 당여란 일상적으로 쓰이는 용어는 아니지만 집단주의란 의미의 우리말이며, 상당 기간 흔하게 사용되었다. 조선 시대의 당파 싸움은 초기의 강성했던 중앙집권 체제가 중기 이후 붕괴되고 왕도정치의 표방으로 신하의 세력이 강해지면서 치열해졌다. 왕권에 버금가는 신권을 어떤 계파가 차지하느냐가 당파 싸움의 핵심이었는데 이때 작용한 사회심리적 경향을 당여라 할 수 있다. 집단 사고의 획일성은 단결이나 단합을 위해 개인의 합리적 사고나 판단을 철저히 무시했다. 자신들이 속한 집단의 이익을 위해서라면 국가도 백성도 개인의 행복도 철저히 희생시킬 수 있었다. 그렇다면 어떻게 그처럼 당리당략이 우선시되는 체제가 수백 년간 유지될 수 있었을까? 답은 간단했다. 그들 역시 명분을 두려워하기는 마찬가지였기 때문이다. 그나마 도덕적 사리를 바탕으로 하는 명분에 어긋나는 일은 반드시는 아니어도 상당한 제한을 받았다. 당여의 습성은 뿌리 깊은 것이어서 혈연과 지연, 계파 등이 복잡하게 얽혀 있었기 때문에 사회적 본능을 가진 인간이라면 어차피 숙명적인 것으로 받아들일 수밖에 없었다.

현 시대의 당여는 명분이나 도리 대신 정의란 이름으로 포장되고 있다. 대중을 등에 업고서 다수의 이익을 위해 희생된 사회적 약자나 자본주의적 관점에서 열등한 집단을 내세워 호소하는 것이다. 인터넷 댓글을 보라. 아래를 보기보다는 위를 보고 싶어 하고 자신을 되돌아보기보다는 옆을 보기를 좋아하는 수많은 다수가 자신보다 우월한 대상이 성토의 대상이 되면 얼마나 쉽게 합세하는지 목격할 수 있다. 만약 그들이 합세해 정권을 잡는다거나 기득권 세력이 되는 데 성공한다면 얘기는 달라진다. 자신들끼리의 싸움이 시작되면서 앞서 일어난 과정이 반복될 것이다. 예컨대 어느 재벌 회장이 국내에서는 그럴 수 없으니 해외로 휴가를 가서 스키장을 송두리째 빌렸다고 하자. 그의 행동은 법적으로 아무 문제가 없다. 그러나 다른 손님이 들어오지 못하게 하려고 엄청난 돈을 지불했을 것이고, 이 사실을 알게 된 대중은 분노할 것이다. 외화를 물처럼 쓰며 사치를 한 것을 보고 매우 부도덕하다고 느끼게 된 대중은 그 사람을 뒷조사해 처벌할 것을 요구한다. 글자 그대로 마녀사냥을 하는 것이다. 정의가 바탕이 되어 만들어졌다는 법은 여기에서 아무런 구실도 하지 못한다. 엄격하게 말하면 합법적인 행위를 처벌하기 위해서는 상당한 불법행위가 동원되어야 하는 것이다. 상당히 이율배반적인 부분이다. 법이 잘 만들어져 있다면 적법한 행위에 대해 벌을 내리기란 결코 쉽지 않기 때문이다.

과연 얼마나 많은 사람이 자신의 소득이나 재산을 국민적 정서에 맞게 합리적으로 소비하는지 알 수 있을까? 자신의 연봉에 열 배 정도 되는 아파트를 사기 위해서는 생활 속에서 엄청난 대가를 지불해야 한다. 이자를 고려하지 않는다 해도 다른 소비 없이 대략 10년이 걸린다. 미래에 살 경우 이자 소득이 생겨 약간의 여유가 생기지만 지금 산다면 이자 비용이 발생하므로 더 긴 시간이 걸리게 될 것이다. 당연히 대부분의 사람들은 값이 오를 것을 대비해 대출을 얻어 지금 당장 구입한다. 그런데 이렇게 했을 때 값이 오르지 않는다면 빠듯한 생활에 이자와 원금을 지불한 20년 가량의 고난의 대가는 사라지게 된다. 이런 결과에 대해 책임질 사람은 아무도 없다. 모든 책임은 내가 져야 한다. 융자금을 갚지 않는다면 위법이 되어 벌을 받게 된다. 당연히 당사자는 정부의 정책이나 환경의 변화 등 여러 가지를 원망하게 될 것이다. 그러나 대중은 그 사람에게 도덕적 문제가 있다며 마녀사냥을 하지는 않는다. 오히려 희생을 감수한 숭고한 가장으로 미화시키기도 한다. 이유는 간단하다. 대다수가 같은 경험을 맛봤거나 현재 진행 중이기 때문에 공감하는 것이다. 그래서 오히려 그들이 억울함을 호소하는 데 동참하기도 한다. 분명히 그들이 얻어낸 참담한 결과의 원인은 과욕이 낳은 분수에 맞지 않는 행동이었다. 결과가 반대였다고 해보자. 누군가 대담하게 일을 크게 벌였는데 집값이 크게 올라서 큰돈을 번 사람이 있다고 한다면 그 사람은 어김없이 마녀사냥의 대상이 될 것이다. 당연히 대다수의 사람들은 배짱이 부족해 작은 집을 장만해서 큰 차액을 남기지 못했거나 겁이 나 그런 일을 저지르지 못하기 때문이다. 그들은 상대를 비난하기 위해 하나같이 정의 내지는 정의로움을 동원한다. 필요에 따라서는 이런 섭섭한 마음을 달래기 위해 법을 만들기도 한다. "네 죄를 네가 알렷다"와 크게 다르지 않다.

어쨌든 정의는 만병통치약인 자유나 민주라는 절대적 공감대를 획득한 대의명분 아래 서서히 무너져가고 있다. 물론 자유나 민주를 향유할 수 있는 주체 세력은 대중이요 국민이다. 많은 정치인들이 수세에 몰렸을 때 "국민들이 용서하지 않을 것이다" 또는 "국민이 심판할 것이다" 등의 언사를 얼마나 많이 남발하는지 귀가 따갑게 들어봤을 것이다. 심지어는 더욱 거창하게 '역사의 심판'이란 말을 쓰기도 한다. 사실 역사적으로 그런 말들을 남긴 사람들의 정당성이 입증된 적은 거의 없다. 그 말이 기억될 뿐이다. 자신의 이름과 함께 기억되고 있는 소크라테스(Socrates, BC469-BC399)의 말은 "악법도 법이다"였지만, 그는 그런 식으로 법을 원망하지는 않았다. 그는 70세라는 고령에도 조용히 독배를 마셨다. 사실 대중의 합의로 만들어진 법들을 보면 보는 시각에 따라 상당수가 악법이라 할 수 있으며, 완벽이 존재하지 않는 한 앞으로도 그럴 것이다. 또한 심판의 주체인 재판관 역시 완벽할 수 없다. 필요하다면 악법은 법적 절차에 따라 고치거나 폐기할 수 있으며, 삼심제의 결과에 불만이 있다면 헌법 소원이라도 하면 된다. 그리고 이러한 제도 자체도 불만이라면 다소 시간이 걸리기는 하겠지만 공감대 형성이라는 절차를 거쳐 뜯어 고치면 된다. 그러나 대중은 이런 절차를 모르거나 지나치게 성급해서 참지 못한다. 당장 자신의 불이익을 만회하기 위해 나설 뿐이다. 그러한 생각과 행동을 자신들의 또 다른 목적과 부합시켜 이용하려는 집단과 함께. 결국 법이 지키고자 하는 정의나 제도는 위협받을 수밖에 없다. 그렇게 그들은 대중을 등에 업고 선출된 사람의 명령에 끊임없이 반항한다.

거리로 나서는 사람들이 착각하는 이유는 대중이 억압받고 표현과 결사의 자유가 제한받던 독재 시절과 비록 완벽하지는 못하지만 개인의 자유가 정상적으로 보장되고 있는 상황을 구분하지 못하는 데 있다. 목숨을 담보로 대중의 자유를 획득하고자 용감히 나섰던 민주 투사의 정신과 소집단이나 개인의 불이익을 만회하려고 투정하는 본능적 욕구를 구분하지 못하는 것이다. 입만 열면 자유와 민주를 외치지만 대중은 그들을 위해 엄청난 비용을 지불하게 되어 있다. 꽤 흥미로운 것은 그들의 과거 이력에 투사적 유전자가 존재한다는 것이다. 그들은 아무런 대가 없이 정의를 지키고자 적을 섬멸하고 홀연히 사라지는 정의의 사도 황금박쥐나 마을의 악당들을 제거한 뒤 구애를 하는 마을 처녀를 뒤로 한 채 홀연히 석양을 향해 떠나는 정의의 총잡이가 아니다. 만약 그들이 개인이나 소집단의 이해관계에 얽혀 징징대는 것이 아니라면 체제를 부정하는 무리들일 수밖에 없다.

홍길동이나 임꺽정이 현재의 체제를 부정하고 역성혁명을 일으키고자 한 것처럼 경쟁에 밀려 상대적 빈곤에 허덕이는 대중을 선동하고 자신들이 주도하는 새로운 판을 짜고자 한다면 역사에 등장하는 주모자들이 늘 그러했듯이 "누구나 큰소리치며 잘 먹고 잘사는 나라를 건설하겠다"라고 외쳐댈 것이다. 그러나 항상 그랬던 것처럼 그들 중 한 사람은 왕이 되어 절대적 권력을 획득했으며, 세월이 흘러도 똑같은 일은 어김없이 반복되었다. 기존의 권력이나 부정에 대항하는 수없이 많은 인간의 조직에는 조직 내 불평등이나 불합리성이 얼마든지 존재한다. 사랑과 평등을 바탕으로 한 기독교의 교리는 고급 승용차를 타고 여러 명의 수행원을 거느리며 레드 카펫 위를 걸어가면서 주님의 종이라 일컫는 목사의 행동을 구차하게 변명해야 할 것이다. 무소유와 내려놓음으로 참선에 도달한다는 불교의 교리는 일부 사찰의 주지 스님이 절의 소유권을 놓고 소송을 벌이거나 문화재 관람을 명분으로 입장료를 걷으면서도 고급 자동차를 타고 골프장을 드나드는 모습을 보여준다. 신도들은 내적 갈등에 시달릴 것이다. 거대 자본에 맞서 근로자들의 권익을 향상시켜야 하는 노동조합은 철저한 수직 구조로 되어 있으며 막대한 예산으로 기업의 수익성을 악화시킨다. 그 중 일부는 매직(賣職)이나 고용 세습에 나서기도 한다. 사회사업을 하는 단체가 정치적 세력을 만들거나 정부의 복지 예산을 노리고 장애자나 노인을 담보로 막대한 이익을 챙기는 일도 허다하게 벌어지고 있다.

가령 추운 날씨에 고속도로를 가다가 차량이 멈춰서 당황하고 있는데 평범한 승용차가 와서 고쳐줬다고 하자. 고마운 마음에 사례를 하려 하자 그들이 터무니없는 돈을 요구했다. 이런 경우를 찾아다니며 영업을 해서 막대한 수익을 올리고 있는 사람들이지 선의를 가진 고마운 이웃이 아니었던 것이다. 이 사실을 알게 된 당신은 씁쓸한 마음에 허탈해할 것이다. 물론 그 사람들이 사업자 등록을 내서 소비자의 권리를 보장하는 정당한 가격을 요구하는 것이라면 하등 문제 될 것이 없다. 그들은 하나같이 불편하고 가난한 약자의 편에 서서 정의를 구현하는 세력처럼 보이지만 실상 제도권 내의 경쟁에서 밀려난 사람들을 충동하거나 제도권 밖에서 기회의 블루오션(?)을 개척한 사람들과 전혀 다를 바 없다. 대중은 그들에게 철저하게 농락당하고 있다. 그들은 자신들의 역할을 정당화할 그럴싸한 논리를 얼마든지 내세운다. 비록 잠시나마 약자의 갈증을 해소한다든가 민주주의의 필연성, 혹은 틈새시장 공략의 의미 등 다양한 이유로 자신을 변호할 것이다. 거기에 순응을 하든 하지 못하든 달라질 것은 없다. 어떤 경우에도 이런 일의 재발을 방지할 약속은 존재하지 않기 때문이다.

미국이 참전해 세계 전쟁사에 오점을 남긴 베트남 전쟁(1960-1975) 당시 미국 내 여론은 시간이 흐를수록 반전의 기운이 돌기 시작했다. 대학가의 시위로 유혈 충돌이 일어났고, 가수들은 반전 가요를 부르며 전국을 순회했다. 당시 베트남 사람들에게 있어 이데올로기란 민족주의 사상에 비해 보잘것없는 것이었는데도 냉전 시대의 산물인 공산화를 막기 위해 미국은 막대한 비용을 퍼붓고 있었다. 신뢰하기에는 다소 미흡한 통계이기는 하지만 미군이 1만 1000여 명, 베트남군은 25만 명, 월맹군은 100만 명이 전사했고, 민간인은 200만 명 정도가 사망했다고 하니 인류 역사에 기록될 처참한 결과를 낳은 셈이다. 10년 후 고르바초프의 등장은 냉전의 종막을 알렸고, 지금 통일 베트남은 동남아시아의 신흥 경제 강국으로 각광받고 있다. 월남전 기간 동안 미국에서는 케네디(John F. Kennedy, 1917-1963, 재임 1961-1963), 존슨(Lyndon B. Johnson, 1908-1973, 재임 1963-1969), 닉슨(Richard M. Nixon, 1913-1994, 재임 1969-1974) 등 세 명의 대통령이 집권했으며, 그들은 당을 초월해 전쟁을 지지했다. 전쟁 기간 중 실질적인 마지막 대통령이었던 닉슨이 워터게이트 사건으로 물러난 이듬해에 월맹군의 승리로 베트남이 통일되면서 전쟁은 마무리되었다. 미국은 무려 15년간 국민들이 희생과 고통을 부담해야 했고, 전쟁 후에도 파월 군인들의 사회문제화 등으로 후유증에 시달려야 했다. 자유와 평등을 바탕으로 건국된 나라가 과연 무슨 이유 때문에 젊은이들의 시위를 무력으로 진압하면서까지 전쟁에 집착했던 것일까? 그리고 어째서 대통령 암살과 도청 사건 같은 부도덕으로 얼룩진 정치적 사건을 경험하면서도 전쟁을 포기하지 않는 대통령을 선출했던 것일까? 지금의 시각으로 보면 적지 않은 의문이 든다. 굳이 한 가지 단초를 가지고 그 이유를 설명하자면 독립 후 군사독재를 거쳐 민주화의 길을 걸어온 한국 국민들과 같은 신흥 시민들이 간과하는 것이 있기 때문이다. 흥미로운 것은 이 단초가 전체를 그럴싸하게 설명해준다는 것이다.

대부분의 서방세계 개발도상국 독재 정권들의 배후에는 미국이 있었다. 미국은 모순되게도 독재 정권을 지원하면서 손쉽게 반공 세력을 구축했다. 당연히 각 나라의 신흥 부호들은 정권과 유착 관계를 유지하면서 장기적으로 세력을 넓혀나갔다. 당연히 친미(親美) 내지는 경미(敬美) 수준의 충성심이 마음속에 자랐을 것이다. 절대 왕조 시절의 식민지 사회와는 근본적으로 다른 것이었으나 후에 독재 정권을 무너뜨리고 민주화를 주도한 세력의 눈에는 그들이 친미를 통해 권력을 유지하는 것이 곱게 보일 리 없었고, 따라서 반미 감정을 내세워 국민을 자극하는 것이 일반화되었다. 지구상에서 친미를 통해 독재 정권을 유지하는 국가의 수는 점차 줄어들면서 반미니 친미니 하는 말의 그 의미가 퇴색했음에도 아직 반미란 단어는 자본주의 체제하에서 비제도권 또는 열세에 있는 빈자를 결집시키는 데 매우 효과적으로 이용되고 있다. 그리고 그들의 염원에는 미국의 간섭을 배제하고 스스로의 힘으로 미국식 민주주의 체제를 건설해 미국과 대등한 관계가 되는 데 역점을 두고 있다는 공통점이 있다. 그러나 그들은 20세기 중반 이래 초강국으로서 세계를 휘젓고 다닌 미국에 대해 정확히 알지 못했다. 미국의 정치적 시스템을 이해하지 못했고, 독특한 사회적 구조를 받아들일 수 없음을 인식하는 데 실패했다. 그뿐 아니라 미국의 자본주의 체제를 자국의 것으로 받아들이는 과정에서 적지 않은 부작용을 연출하기도 했다.

과거 유럽의 열강들에 지배받은 나라들이나 일본의 식민 통치를 받았던 한국의 경우에는 공통되게도 미국 간섭의 정체가 식민지 경영 시대의 성격과는 전혀 다른 데 있다는 것을 정확하게 인식하지 못했다. 식민지 시대의 특성은 무력에 의한 영토 확장으로 획득한 식민지의 생산 기지들로부터 자원과 생산품을 착취함으로써 자국의 세력을 넓히는 데 있었다. 즉 식민지를 경영할 것인가, 아니면 착취당할 것인가의 여부는 오로지 누가 더 강력한 군사력을 가지고 부지런히 영토를 넓힐 수 있는가에 달려 있었던 것이다. 그러나 제2차 세계대전 후 서방세계의 질서는 자본주의라는 절대적 가치가 지배하기 시작했다. 미국이 간섭을 하거나 괴뢰정권을 내세워 착취를 하기 위해서는 미국이 가진 군사력보다는 시장의 경쟁력이 절대적으로 필요했다. 일본은 패전국의 지위였지만 1970년대 이후 세계시장에서의 경쟁력을 바탕으로 그들만의 독특한 국가 체계를 건설할 수 있었다. 독일은 분단이라는 결정적 약점을 해결하고 시장 경쟁력을 유지함으로써 유럽에서 실질적 지배력을 확보했다. 부연하면 반미를 통해 세력을 몰아내고 그럴싸한 자유를 표방한 민주 헌법을 만든다고 해서 자주적이고 독립적인 국가를 유지할 수 있다고 생각하면 큰 오산인 것이다. 자주와 자존을 외치며 남미의 반미 세력을 주도했던 차베스(Hugo Rafael Chavez Frias, 1954-2013)는 베네수엘라의 대통령으로 당선된 이래 반미를 외쳐댔지만 헌법을 뜯어고치면서까지 장기 집권에 몰두했다. 과거의 군사독재자들과 다를 바 없었던 것이다. 장기 독재를 통해 이권에 개입했고, 주변인들이 장기적 또는 영구적인 권력을 누리게 했다. 물론 베네수엘라는 석유 수출 세계 5위에 달하는 막강한 자원을 보유하고 있다. 세계시장에서 기술의 경쟁력이나 창의력을 바탕으로 한 지식 상품을 만들기 위해 별반 노력하지 않아도 무역 흑자를 유지할 수 있으니 큰소리치면서 잘 버텨냈던 것이다. 그러나 미국의 금융위기로 국제 유가가 하락하며 국가 경제가 휘청거리자 예기치 못한 정치적 위기를 경험했다. 그들이 표면상 밉기만 한 미국에 큰소리치며 자주노선을 지향할 수 있을지는 모르지만 극심한 빈부 차와 불확실한 미래로 고통당하는 대다수의 국민들은 계속 소수의 지배에 의해 착취당할 것이다.

인간의 뇌에는 의학적인 특이성이 있다. 인간의 기억은 컴퓨터 같은 데이터 기록 장치와 달리 젊고 싱싱한 상태에서는 과거의 것이 기억나지 않아 암기에 어려움을 느끼지만 노화되면 과거의 것은 기억에 남고 최근의 것은 쉽게 잊어버리는 속성이 있다고 한다. 개인적 차이가 있지만 학창 시절 암기력이 좋으면 성적에 도움이 되고 우수한 인재란 소리를 듣게 되는데, 이 경우 암기력이란 과거의 것을 오랫동안 기억하는 능력을 의미한다. 그러나 늙어서 기억력이 감퇴하면 방금 전의 일을 기억하지 못하게 되고, 심하면 건망증이나 치매라는 소리를 듣게 된다. 인간은 과거에 대한 기억을 간직하고 있으며 시간이 흐를수록 과거의 기억만 남게 되어 늙고 외로워지면 어릴 적 기억이 되살아나 그리움에 잠 못 이루게 된다. 만약 어릴 적 떠나온 고향이 갈 수 없는 곳이라면 그리움은 더 커질 것이다. 물론 갈 수 있는 곳이라면 고향을 방문했다가 어릴 적 사귀었던 옛 애인을 만난 것처럼 크게 실망할 수도 있다. 어쨌든 노년에 적적함을 향수로 달래며 술잔을 기울이는 노신사의 모습은 정서적으로 매우 인간적인 한 단면을 보여주는 아름다운 모습으로 그려지고는 한다.

주체나 자주란 언어가 가지는 매력은 고향을 그리는 향수와도 같다. 고향은 자신이 태어난 곳이며, 따라서 과거적 개념이다. 과거가 아름답게 느껴지는 것은 자신의 뿌리에 대한 애착과 일맥상통한다. 어떤 집단에 그런 사람들의 수가 많을수록 그 사회의 전체적인 조류는 서서히 보수적이고 폐쇄적인 방향으로 흘러가게 되어 있다. 새로운 것을 받아들이는 기능은 약화되고 과거에 대한 애착이 강해지기 때문이다. 굳게 닫힌 문이 열리고 외부의 바람을 맞게 되면 집단 내에 변화가 일게 되고, 따라서 기득권층은 당연히 불안에 휩싸이게 된다. 또 하나의 특성은 집단의 크기를 줄이는 것이다. 집단이 커지면 집단 내의 의견이 다양해지고 갈등 요소가 발생될 확률이 높아진다. 집단이 작을수록 결속력이 강화되는 것은 자명한 일이다. 물론 이 경우에도 집단 간의 갈등 요소가 생길 수 있는데 이를 흔히 지역주의라고 부른다.

한국의 지역주의는 남한 지역이 민주화의 길을 걷게 된 이래로 뿌리 깊게 박혀 있다. 국토 전체를 놓고 보면 중부와 남부로 나뉘고, 남부는 서부인 호남 지역과 동부인 영남 지역으로 나뉜다. 중부 지역은 특정 정당이 득세하는 경우가 없었지만, 영남과 호남은 항상 반대가 되는 정당이 절대적 지지를 받아왔다. 초기 개도국 시절 군사독재 기간 동안 20년 이상을 영남이 독식했고, 그 이후 민주화가 되자 호남 출신이 정권을 잡기도 했다. 인구수가 열세였던 호남 지역 출신의 김대중은 정권을 잡기 위해 중남부 지역인 충청도 지역을 이용했는데, 이 방법은 그 뒤 노무현도 유사하게 활용했다. 김대중은 충청도 출신의 김종필에게 국무총리직을 약속했고, 노무현은 수도를 충청도로 옮기겠다고 약속했다. 어쨌든 두 사람은 오랜 기간 유지된 영남 정권을 종식시키는 데 성공했다. 노무현은 영남이 고향이었지만 김대중의 정치적 후계자였고, 외견상 지역 통합이란 명분도 있었다. 이러한 지역주의는 민주화 이후 개선될 것이란 시각도 있었지만 갈수록 심화되기만 할 뿐 개선의 조짐은 전혀 보이지 않았다. 비근한 예로 영남을 기반으로 하는 새누리당(구 한나라당·신한국당·민자당)은 호남 지역에서 아예 출마를 포기하기도 하고, 영남 지역에서는 그 반대 현상이 벌어질 정도다. 한국에서 민주주의란 지역을 대표하는 정당이 중앙에 모여 첨예하게 대립하는 양상을 보이는 특성을 갖는다. 결국 한국에서 대의 민주주의란 국민을 대표한다기보다는 지역을 대표하는 것이 되고, 당연히 국회의원들은 국가의 의정을 살피기보다는 지역의 권익을 대표하는 정당의 이해관계에 따라 수시로 소신을 바꾸는 투쟁가나 선동가의 모습을 보이게 된다. 물론 대중들은 이런 국회의 파행을 자연스럽게 받아들이고 있다. 예컨대 정권을 잡으려는 수단으로 약속한 수도 이전 문제로 수년간 국회의원들은 정쟁을 벌였지만 각 당 의원들 중 국가의 미래와 국민의 권익을 위해 무엇이 옳다 하는 자기만의 소신을 가진 사람은 없었다. 요컨대 한국에서 국회란 국가와 국민을 대표하는 대의자의 집단이 아니라 지역 대표로 전락한 지 오래되었고, 이러한 양상이 이제는 한국적 민주주의로 굳어질 운명에 처하게 되었다.

당여의 한 형태인 지역주의는 과거에는 민족주의, 국가주의, 국수주의, 또는 제국주의 등의 모습으로 역사의 한 페이지를 장식했다. 물론 그런 이데올로기들은 적극적인 환영을 받지 못했다. 그 까닭은 집단 이기주의적 특성을 갖기 때문이다. 인류를 망가뜨리더라도 자신이 속한 국가나 민족에 이익이 된다면 거침없이 행동에 옮기므로 거시적 시각에서 볼 때 환영받지 못했고 역사에서 퇴출당할 수밖에 없었다. 한국의 지역주의도 비슷한 양상을 보이고 있다. 지역을 대표하는 정당들은 국가의 이익이나 국민 전체의 권익보다는 지역을 우선시했다. 자신들이 집권했던 당시 추진한 일을 정권이 교체되어 상대방이 계속 추진하려 하면 반대하기 예사이고, 선거 공약으로 내세운 일을 추진하려고 하면 이해 당사자들을 충동질해 거리 투쟁에 나섰다. 심지어 민간인 여성이 관광을 가서 해변에서 산책을 하다가 북한군의 총에 맞아 사망했는데도 군사적 대치국인 북한을 두둔하는 일조차 서슴지 않았다. 집에 강도가 들어 자녀가 다쳤는데 잘잘못을 가리며 부부 싸움을 하고 있는 꼴이다. 강도가 이것을 보면 얼마나 크게 비웃겠는가. 정권이 바뀌면 추진하는 측과 반대하는 측의 입장만 바뀔 것이다. 사람들은 진실이란 것이 매우 중요한 것처럼 떠들어대지만 그것은 자신에게 유리하고 편안한 진실이어야 한다는 것을 전제로 하는 것이다. 자신에게 불리한, 이른바 불편한 진실은 항상 외면당했다. 어떤 일이 부당하다며 법으로 진실을 가리자고 한 사람들 중 대부분은 자신에게 불리한 선고가 나오면 법이 진실을 밝히지 못했다고 하거나 억울하다고 항변한다. 그들은 진실이 자기편이 아닐 때 철저히 외면하는 데 익숙해져 있다. 법이 추구하는 정의란 잘잘못을 가르쳐주고 깨우쳐주는 것이다. 팥으로 된장을 만든다고 굳게 믿는 사람이 콩으로 된장을 만든다는 사람과 싸움이 붙었는데 된장을 만든 할머니가 진실을 말하자 다음부터는 팥으로 된장을 만들라고 억지를 부리는 식이다.

3

목표를 세우고 노력하면 안 될 일이 없다고?

인간이 어떤 행위를 하도록
만들기 위해 동기를 부여하는 수단으로써
능숙한 솜씨로 시범을 보이거나
온갖 어려움을 무릅쓰고 성공한 예를 보이는 것은
대단히 효과적인 방법임에 틀림없다.
물론 이런 동기 자극은 집단 전체의 성공을 의미하는 것이 아니라
집단 안에서 성공한 사람들의 수를 늘리는 데
긍정적으로 작용할 뿐이다.
개별적으로 봤을 때는 누구나 실패의 혹독한 대가를 치러야 한다.
성공한 사람들 가운데 서서 실패한 사람이 느껴야 할
뼈아픈 자괴감을 맛봐야 하는 것이다.

목표의 허구

목표는 경영학의 한 분야인 경영 전략에 있어 가장 중요한 키워드 가운데 하나다. 기업은 새로운 사업에 진출하려는 계획이 없더라도 창업 이래 시장이라는 전쟁터에서 살아남기 위해 끊임없는 경쟁에서 승리해야 하고 궁극적으로는 이익을 남기지 못하면 문을 닫아야 한다는 절박함 속에서 산다. 기업의 목표는 언제나 승리다. 자본주의 시장에서 독점이 보장될 리 없고 설사 보장되더라도 오래가지 않는다. 흔히 사람들은 살아남으려고 발버둥치는 기업의 모습을 꼴사납게 보고 비난이나 냉소도 하지만 거친 상대를 만난 격투기 선수처럼 그들은 이기기 위한 전략을 쉼 없이 짜내야 한다. 그들의 궁극적 목표는 오로지 시장의 법칙에 따라 전쟁을 치르고 살아남는 것이다.

이런 기업의 모습을 비웃던 수많은 사람들이 기업을 닮아가기 시작했다. 개개인이 기업이 시장에서 살아남기 위해 선택했던 다양한 방법들을 모방하기도 하고 응용도 하기 시작했다. 흔히 인생 전체의 장기적 목표를 세우고 그에 맞추어 향후 몇 년간의 단기적 목표를 세운다. 몇 개의 단기적 목표를 달성하다 보면 장기적 목표에 도달하도록 되어 있는 것이 일반적이다. 목표를 수립해야 하는 나이는 점점 더 낮아지고 있으며, 목표를 세워야 하는 사람들의 수도 갈수록 늘어나고 있다. 게다가 목표 수준은 갈수록 높아져가고 있다. 예컨대 대한민국에서 태어난 아이들이 명문 대학에 진학하려 한다면 출생신고와 함께 20년 목표를 세워야 한다. 단기적으로 누구보다도 먼저 한글을 깨우쳐야 하고, 취학 전에 그림이나 음악, 영어를 비롯한 외국어가 일정 수준에 도달하도록 준비해야 한다. 정규 학교에 입학함과 동시에 12년간 학교와 학원, 과외 교습소를 드나들며 더 나은 성적, 정확히 말하자면 1등을 향한 목표를 완수해야 하는 것이다. 대학의 문은 넓어진 데 반해 가정 형편으로 못 가는 사람은 거의 없어져서 위와 같은 빤한 프로그램에 합류하는 사람은 늘어만 갔다. 더불어 사교육 시장의 주체들은 상품을 더욱 다양화하고 소비자인 학부모들의 눈높이를 높여나감으로써 질적으로도 양적으로도 시장을 성장시키는 데 성공했다.

사교육 시장의 특성은 정확한 통계를 낼 수 없다는 것이다. 세금을 납부하는 관인 시설 이외의 교습 시설이나 개인들의 시장 규모를 파악할 수 없기 때문이다. 경제가 본격적으로 성장하고 1960년 전후에 태어난 베이비붐 세대가 취학 연령이 된 1970년대 이후 40여 년 동안 사교육 시장 성장률이 경제 성장률을 크게 웃돌았을 것이라는 것은 자명하다. 어쨌든 20년간의 동일 목표에 의한 프로그램은 당사자의 노력만 가지고 되는 것이 아니다. 미성년자인 만큼 부모의 노력과 능력, 최근에는 조부모의 재력까지 동원되고 있다. 다행스러운 것은 권력의 힘이 작용하는 부정적 측면은 상당 수준 사라졌다는 것이다. 속된 말로 힘 있는 아버지의 압력으로 명문대에 갈 수는 없다는 얘기다. 그러다 보니 누구나 노력만 한다면 그 꿈을 이룰 수 있다는 희망을 가지게 되었다. 열심히 노력만 하면 과거에는 쳐다볼 수도 없었던 명문대에 자녀를 입학시키고 가문의 영광을 찾을 수 있으리라는 희망이 생긴 것이다. 얼마나 아름다운 일인가. 땀의 결정체가 성취를 얻고 승리의 월계관을 쓰는 것 말이다. 그러나 누구나 잘 알다시피 현실은 그런 장밋빛 이야기와는 거리가 멀다.

여기에서 우리는 '노력'이라는 말과 목적을 달성하는 데 동원되는 '수단'이라는 두 가지 단어에 주목할 필요가 있다. 우리는 나태해지기 쉽고 게을러지기 좋아하는 인간의 본성을 다스리기 위한 교육 지침으로 노력이라는 단어를 끊임없이 사용해왔다. "노력하면 이룰 수 있다"고 끊임없이 독려하거나 성취하지 못한 대상자를 질타하고, 또 다른 한편으로 위로하기 위해 "노력이 부족해 안 된 것이니 노력하면 다음번에는 될 거야"라는 편리하고 달콤한 표현을 써왔다. 그러나 냉철하게 보면 대부분의 목표는 노력한다고 해서 달성되는 것이 아니라는 점을 누구나 알고 있다. 아마도 아들딸에게 노력을 재촉하는 당신도 알 것이다. 그런데도 왜 똑같은 말을 반복하는 것일까? 대답은 간단하다. 현실을 인정할 수 없기 때문이다. 제도권 교육의 특성은 뾰족한 대안이 없다는 것이다. 외국어는 일찌감치 가르쳐야 효과적이라는 근거 때문에 만든 외국어고등학교나 과학 영재를 기른다는 과학고등학교 같은 특수 목적 고등학교가 새로운 명문고로 변질된 것이 이런 현실을 너무나 절실하게 반영한다. 대한민국의 사법 고시 합격자 중 가장 많은 출신 학교가 외국어고등학교인 것을 보면 교육제도와 학부모들의 기대치가 얼마나 다른 것인지를 알 수 있다.

제도권 내의 대안인 특목고에 입학하기 어려울 때 택할 수 있는 대안은 외국으로 유학을 보내는 것이었다. 아내와 아이를 외국에 보내고 자신은 열심히 돈을 벌어 송금하는 이른바 '기러기 아빠'는 제도권 내의 또 다른 대안이었다. 그들은 공통적으로 한국 교육제도의 문제점을 신랄하게 비판하면서 자녀를 경쟁에서 격리시키겠노라고 외쳐댔지만 실상 해외에서 학원과 과외 공부를 찾는 이중성을 만든 가엾은 사람들이다. 그들은 부실한 자녀의 현실을 받아들일 수 없었고, 과거 경쟁에 밀려 조국을 등지고 이민을 떠난 사람들처럼 경쟁이 수월한 나라에서 일등을 만들고 싶었을 것이다. 아직 글로벌 사회에서 한국의 수준을 과소평가하고 있으며 영어를 못해 한 맺힌 기성세대들에 의해 사회적 공감대가 만들어지자 그들은 엄청난 희생을 감오하면서 어렵게 일군 가정을 해체하는 일을 제법 당당하게 저지르게 된 것이다. 그러나 세상은 그들의 인식보다 훨씬 더 빠르게 변화하고 있다. 자신의 자녀들이 주도할 미래에는 예측이 불가능할 정도의 변화된 가치가 지배할 것이라는 것이다.

우리가 착각하고 있는 것 가운데 하나는 기업의 경영처럼 인생에도 합리성이나 경제성의 원칙이 적용되리라고 보는 것이다. 매우 엄격하게 보자면 인생에 경제성의 원칙, 즉 최소의 노력으로 최대의 효과를 얻으려는 원칙이 적용되지 않는 것은 아니다. 그러나 투입물인 노력과 산출물인 효과에 경영의 차원과는 전혀 다른 것이 적용되어야 함을 모르는 것이 우리의 불행이다. 예컨대 수입의 상당 수준을 교육비로 지출하는 평범한 가장은 자신의 투자 금액인 교육비가 아이의 성적으로 반영되어야 만족할 것이다. 그러나 투자 금액과 성적은 절대로 비례하지 않는다. 또 하나의 예를 보자. 명문대 입학률이 높다는 강남 지역으로 막대한 돈을 투자해 이사를 갔다고 하자. 물론 서울의 강남 지역은 생활비도 비싼 데다가 교육비도 비싸다 보니 온 가족이 고생을 하면서 아이의 명문대 합격 가능성을 높이기 위해 노력할 것이고 거기에는 상당한 희생이 따른다. 아이가 명문대 입학에 성공했든 실패했든 그들이 지불한 비용에 대한 산출물 효과를 계산할 방법은 없다. 그 이유는 강남에서 학교를 다닐 경우 성공 가능성이 높다는 것은 매우 비과학적인 가설이며—성공률이 높은 집단에 내가 합류했다고 나의 성공률이 높아지는 것은 아니다. 내가 성공하면 그 집단의 성공률도 높아지고 실패하면 그 집단의 성공률도 낮아질 뿐이다—두 가지를 시험해볼 방법, 즉 강남으로 이사를 가지 않았을 경우의 결과를 알지 못하기 때문에 매우 합리적이고 계량적인 경제성의 원칙을 측정할 방법이 없다는 것이다.

그러나 정말 심각한 문제는 금전적 투자로 설명되는 화폐의 소비로 인생을 설명할 수 없다는 데 있다. 위의 두 가지 예를 다시 곰곰이 생각해보자. 내 아이에게 교육비를 투자한다고 결과물이 나온다는 확실한 보장이 없다는 것쯤은 누구나 다 알 것이다. 그러나 여기에 경제의 원칙이 적용되지 않는 데에는 그것 외에도 결정적인 다른 이유가 있다. 예컨대 아이가 기업의 종업원이거나 생산 설비라고 한다면 교체하면 그만이다. 무능한 직원이거나 불량 기계이기 때문이다. 그러나 당연한 말이지만 아이는 교체의 대상이 될 수 없다. 어떤 이유에서도 내칠 수 없다. 결국 투자를 해서 성과가 나오지 않아도 참고 인내해야 하는 것이다. 대부분의 부모는 여기서 감성적 미련에 의한 또 한 번의 착각을 한다. 내가 좀 더 희생해서라도 더 많은 투자를 하면 그나마 조금이라도 나은 결과를 얻으리라 기대하는 것이다. 또 다른 불행이 여기에서 시작된다. 희생의 크기와 결과의 크기는 비례하기는커녕 반비례하거나 전혀 예상치 않은 결과를 얻을 가능성이 훨씬 더 많다. 대부분의 경우 부모의 지나친 기대와 자녀의 심리적 압박감은 인간관계의 파국으로 연결된다. 결국 투자는 제로로 수렴되는 것이 아니라 제로 이하로 추락하게 되는 것이다.

두 번째 예를 보자. 강남으로 입성해 온 가족이 허리춤 졸라매며 분투한 결과 아이가 명문대 합격에 성공했다고 하자. 아마도 그 부모는 절대적으로 자신들의 고생에 대한 결과로 성공했다고 믿을 것이다. 인간은 자신의 희생이나 투자에 대한 결정이 옳다고 믿고 싶어 하며, 남들에게도 자신의 성공담을 떳떳하게 떠벌릴 것이다. 그러나 경제의 법칙은 최소한의 노력으로 최대한의 성과를 얻어내는 것이므로 온 가족이 지불한 희생의 대가에 대비해 성과 여부를 규명하기 전에는 설명이 되지 않는다. 게다가 쌓아놓은 돈을 투자한 것이 아니라 모두의 희생과 절제로 투자한 것이라면 그 비용은 훨씬 더 크다고 할 수 있다. 만약 실패했다면 어떻게 될까? 부모는 첫 번째 예처럼 투자가 적었기 때문이라고 자책하게 된다. 결과는 첫 번째 예와 유사할 것이다. 여기에서 추가할 사항은 실패 가능성이 성공 가능성에 비해 매우 높다는 데 있다. 명문대 입학률은 지역에 따라 편차가 있을 뿐 절대적 수치가 매우 낮기 때문이다.

그러면 상기의 설명 이외에도 경제적 논리로 설명할 수 없는 점이 따로 있을까? 분명히 있다. 그것은 다름 아닌 시간의 제한성이다. 흔히 기업에 몸담고 있는 사람들이 기업 입장에서 어떤 존재일까를 설명하면 낙심하고 말 것이다. 평생을 몸담았던 직장에서 퇴직하는 나에게 있어 직장은 내 인생의 전부로 보이겠지만, 기업의 입장에서 보면 종업원은 잠시 머물다 간 일꾼에 불과하다. 이는 대한민국을 대표하는 대기업 가운데 한 곳의 총수가 한 말이었다. 이 이야기를 듣던 기업의 공신들은 당시 총수의 말이 매우 원망스러웠다고 한다. 그러나 누구라도 수긍할 수 있는 부분이다. 기업의 수명은 무한하다. 잘만 운영하면 영원히 존재할 수도 있고 하루아침에 망할 수도 있다. 물론 망했다가도 하루아침에 부활하기도 한다. 그러나 인생은 그렇지 못하다. 언제 죽을지 모르는 한정된 삶을 하루하루 살아간다. 부활할 수도 없고, 나이에 따라 능력이나 누릴 수 있는 범주도 달라진다. 그만큼 현재가 중요하다는 것이다. 특정 목표를 달성하기 위해 현재를 희생하기에는 인생이 너무 짧다.

과거처럼 전쟁과 질병으로 인간의 수명이 짧고 생명에 대한 불확실성으로 인해 개별 수명의 편차가 크던 시절에는 나 자신의 개인적 인생 목표를 가지고 성취하기보다는 가문의 영광에 집착했다. 짧고 불분명한 자신의 수명으로는 꿈을 이룰 수 없었기 때문이다. 게다가 종족 보존의 본능은 척박한 현실과 불안한 미래를 타개할 만한 권력과 명예를 유지할 수 있는 가족공동체의 결속을 자연스럽게 강요했다. 그래서 제사를 지내고, 가부장적 문화에서 조상의 유지(遺志)가 상속된 것이다. 그렇게 상속된 유지를 받들어 가문이 빛나게 되면 성공한 삶으로 여겨져 부러움의 대상이 되었다. 그러나 지금은 상황이 크게 바뀌었다. 제2차 세계대전 이후 지구상에서 규모가 큰 전쟁은 종막을 고했다. 냉전 체제가 붕괴되었고, 급속도로 발전한 과학기술은 무기 개발의 속도만큼 빠르게 인간 수명을 연장시킬 수 있는 의술의 발전을 가져왔다. 의학의 목표가 단순하게 생명을 구하는 차원의 질병 치료에서 건강하게 오래 사는 방법을 연구하는 것으로 전환된 지는 이미 오래되었다. 앞으로도 인간의 수명은 마라톤 선수의 기록처럼 한계의 예측을 비웃으며 늘어날 것이다. 과거처럼 가문의 영광을 위해 나의 인생을 제물로 바치던 시대는 끝났다. 목표를 이루려거든 나의 인생 안에서 이루어야 하게 되었고, 자손들에게 희생을 강요할 만한 명분도 시들해졌다. 우물쭈물하다가는 쓸데없는 데 시간을 날리게 될 것이다. 수명은 길어졌지만 목표를 얻기 위한 인생의 길이는 훨씬 더 짧아졌다고 할 수 있다.

이 모 교수의 실제 이야기다. 이 교수는 전형적인 베이비붐 시대에 다섯 형제 중 삼남으로 농촌에서 태어났다. 청운의 꿈을 안고 열심히 공부했고, 서울의 명문 대학에 입성했다. 운과 노력이 따라주었고, 우여곡절 끝에 국내에서 학위를 취득한 뒤 수도권에서 교수직을 얻는 행운까지 얻었다. 전형적인 고속 성장 시대의 성공한 인생을 산 것이다. 처가 덕을 보고 사는 게 싫어 평범한 여자와 30대 초반에야 늦장가를 들었다. 어떻게 하다 보니 아이를 셋 낳았는데 자신의 월급만 가지고 사는 처지에 아이들 교육시키기가 여간 힘들지 않았다. 과거를 돌아보면 특별히 돈 들이지 않고 공부한 것 같은데 아내의 생각은 달랐다. 최소한 아이들이 아버지 정도는 되어야 본전인데, 그러기 위해서는 엄청난 비용이 투자되어야 한다는 것이었다. 설득도 해보고 달래도 봤지만 소용이 없었다. 아이들의 장래를 위해 그런다는데 뾰족한 수가 없었다. 결국 이 교수는 아내와 세 아이를 캐나다로 보냈다. 열심히 벌어 돈을 부쳐주었고, 아내도 현지에서 간간이 생활비를 벌며 아이들 뒷바라지를 했다. 그렇게 20년이 흘렀다. 세 아이가 모두 대학에 들어간 뒤 아내는 귀국하겠노라고 했다. 나름 소기의 목적이 달성된 것이다. 아내는 50대 초반이 되었고, 이 교수는 50대 후반의 나이가 되었다. 문제는 여기서 발생했다. 이 교수는 아내에게 오지 말고 거기서 아이들과 살라는 선언을 하고 말았다. 얼핏 듣기에는 일시적으로 화가 났거나 아내에 대한 원망이 있어서, 혹은 다른 여자가 생겨서 그랬나 하겠지만 원인은 다른 데 있었다. 이 교수는 처음 처자식을 보내고 난 뒤 외롭고 적적한 일상을 보내며 가족을 그리워했다. 그러나 이런 생활이 장기화되자 혼자만의 생활에 익숙해져갔다. 그렇게 젊었을 때부터 자취 생활에 익숙해져 있던 차에 이제 다시 다 늙은 아내와 함께 산다는 것이 거추장스럽게 느껴졌던 것이다.

냉철하게 이교수의 사례를 분석해보자. 그들은 무엇을 얻고 무엇을 잃었을까? 이 교수 가족은 세 아이를 훌륭하게 외국에서 길러낸 것을 제외하고는 아무것도 얻은 게 없다. 그나마 그 아이들은 아빠 얼굴도 자주 보지 못해 쉽게 그려지지가 않을 것이고, 아마도 남은 생애 동안 자주 보기도 힘들 것이다. 이 교수 부부는 이에 대한 대가로 30~40대 결혼 생활의 황금기를 잃고 말았다. 대부분의 가정에서 이 기간은 머리를 맞대고 열심히 살며 아이들을 양육하는 때인 동시에 정이 쌓여가는 인생의 황금기다. 아이들에게는 자신이 태어난 가정에서 양육되며 인격이 형성되고 가정의 소중함을 느끼는 기간이기도 하다. 50대 이후의 결혼 생활이란 이런 30~40대의 기간이 바탕이 되어야 의미가 있다. 전체를 놓고 볼 때 극단적으로 말하면 이 교수가 결혼해서 얻은 것은 외국에서 사는 자신의 핏줄이 생겼다는 것 말고는 의미를 부여할 것이 없다고까지 할 수 있다. 그나마 이 교수는 일에 대한 열정으로 살아왔을 것이다. 또한 총각 시절로 다시 돌아간 듯 경제적으로 절제하는 검소한 생활에 익숙해졌을 것이다. 만약 인생이 무한한 시간을 기약해준다면 결과는 달라진다. 이제라도 부인과 재결합해 정을 쌓고 새로운 삶을 살아갈 수 있을 것이다. 그러나 인간의 삶이란 해야 하고 즐길 수 있는 일들이 나이에 따라 결정된다. 종종 60대 노인이 20대처럼 차려입고 즐기는 모습을 보여주는 텔레비전 프로그램이 있다. 언뜻 보이게는 활기차 보이지만 외로움이나 고독을 이겨내려고 발버둥 치는 것에 불과하다. 인간은 나이가 들면서 취향도 달라지고 체력도 예전 같지 않다. 언제부터인가 쇼 프로그램보다 다큐멘터리가 좋아지고 밤늦도록 술 마시고 춤추는 것이 버거워질 것이다. 젊었을 때 즐기던 테니스는 무릎 관절에 무리가 가니 중단하라는 의사의 권고도 받게 될 것이다. 개인의 건강 수준이 나이에 비해 탁월하다 해도 대부분의 경우에

피해갈 수 없는 한계는 존재한다. 만약에 이 교수가 가정을 해체하지 않고 함께 이민을 갔거나 힘들더라도 국내에서 그대로 살았더라면 지금 잃어버린 것들, 그리고 다시는 회복할 수 없는 것들 중 그 어떤 것도 잃지 않았을 것이다.

사람들은 이런 참담한 결과를 목격하면서도 왜 아직도 가문의 영광이나 이세의 교육, 그리고 공허한 명예에 매달려서 소중한 시간들을 날리는 것일까? 이미 지적한 대로 변화된 현실을 직시하지 못하기 때문이다. 인생의 목표는 대개 철이 들면서 형성된다. 가정 형편이 곤궁하거나 주변 여건이 척박하면 그 나이는 더욱 앞당겨진다. 가정이 유복하면 철드는 나이가 늦어지거나 부모에 복종하는 대신 지나치게 의존적인 이세들이 양산된다. 철이 든다는 것이 자립적인 삶을 살아가려는 의식을 갖게 되는 것이라고 정의할 때 복종적이라고 해서 철들었다고는 볼 수 없기 때문이다. 지금의 40대 이상의 부모 세대들의 특성은 요즘 세대에 비해 철이 일찍 든 세대라는 것이다. 그러나 지금의 10~20대는 베이비붐 세대를 전후한 부모가 88년 올림픽 이후 출산한 세대다. 한국은 1970년대까지 군사정권하에 있었고, 당시는 성장과 함께 미래에 대한 꿈을 강요하는 분위기였다. 그러나 1980년대 후반 민주화 바람이 불고 올림픽을 개최한 이후 한국의 경제는 선진국에 근접하기 시작했다. 부모 세대와 자식 세대가 전혀 다른 환경에서 성장기를 보낸 것이다. 일찍 철이 든 부모 세대는 일찌감치 인생의 목표를 세우고 성장을 당연시하며 노력이 만병통치약이라는 신념을 공유하고 있었다. 실제로 그 세대는 치열한 경쟁 속에서 잠 덜 자고 먹고 싶은 것, 입고 싶은 것 참아가며 일한 덕분에 국가에 성장 동력을 제공했다고 평가받는다. 안으로는 내 집 마련과 자녀의 명문 대학 진학, 그리고 자신의 출세라는 어려운 목표들을 실현해나간 세대이기도 하다. 그러나 그들은 자신들이 부지런하고 바쁘게 살아온 결과에 따라 바뀌어버린 세상의 큰 그림을 읽지 못했다. 변화의 속도가 워낙 빨랐던 데다가 그런 것들을 생각할 겨를조차 없이 앞만 보고 달려가야 했기 때문일 것이다.

인류는 돌을 깎아 연장을 만드는 데 300만 년이란 시간을 투자했다. 그 후 변화의 속도가 제법 빨라져 청동을 만드는 데는 8000년밖에 소요되지 않았고, 최근 200년 동안에는 눈부신 과학 문명을 일구어냈다. 청동기시대 이후 변화의 속도에 기하급수적인 가속도가 붙었다면 인류의 수명 역시 산술급수적으로 증가했다. 결국 현대인들은 태어나서 죽을 때까지 인류가 300만 년 동안 겪은 변화보다 더 큰 변화를 겪어야 할지도 모른다. 흔히들 변화는 산업화나 서구화처럼 시대적 조류에 따라 무언가 바뀌는 현상이라고 생각한다. 1980년대 들어 세탁기의 보급이 한창이던 시절에는 늙은 시어머니와 젊은 며느리 간의 갈등이 적지 않았다. 세탁기로 빨래를 하면 깨끗이 되지 않고 전기와 물의 소비가 많으며 옷이 쉽게 해진다는 시어머니의 어깃장이 그 원인이었다. 물론 편해진 며느리에 대한 시샘도 있었을 것이다. 그 이후에도 세탁기의 등장처럼 가전제품으로 인한 가사 관리의 변화는 계속되었다. 1990년대 말부터 대중화되기 시작한 컴퓨터와 휴대전화의 보급 역시 많은 변화를 가져다주었다. 개인 간의 정보교환이 가능해지면서 정보가 홍수를 이루는 정보화 시대가 열린 것이다. 그러나 이런 식의 설명은 매우 피상적이고 부분적인 것에 불과하다. 단순하게 문명의 이기가 만들어진 덕분에 우리의 생활이 편리해졌다고 여기는 것은 단세포적인 생각이다.

고구려를 건국한 주몽(高朱蒙, BC58-BC19, 재위 BC37-BC19)은 활을 잘 쏘아 나라를 건설했다고 알려진 인물인데 그로부터 약 1400년 뒤에 태어난 이성계(李成桂, 1335-1408, 재위 1392-1398)도 활을 잘 쏘는 사람이었다. 기록의 정확성 문제나 주변 여건의 차이는 있겠지만 1400년간 활은 여전히 우리 민족의 주요 전쟁 도구였다. 그런데 그로부터 200여 년 뒤 사망한 이순신(李舜臣, 1545~1598)은 유탄에 목숨을 잃었다. 전쟁의 도구가 바뀌어간 것이다. 이는 단순한 비교이지만, 무기의 변화는 전쟁 도구의 변화만을 의미하지는 않는다. 부여족의 남하와 남방 세력의 결합으로 성립된 한반도의 왕조들은 무려 2000년의 역사 속에서 수없이 많은 전쟁을 치러야 했지만 식민지로 전락한 일은 없었다. 이기기도 지기도 했지만 통치에 간섭을 받고 비굴한 조공을 했을지언정 국가를 잃은 적은 없었으며 삼국시대 이래 동북아의 왕국으로 건재하게 자리 잡고 있었다. 그러나 당시만 해도 국가로 인정조차 할 수 없었던 일본은 임진왜란을 일으켜 조선을 초토화했고, 그로부터 300년 후 조선을 식민지로 만들었다. 조총을 들고 부산에 상륙한 일본군을 보면서 시대의 변화를 읽을 수 있었던 영향력 있는 지도자가 이 땅에 단 한 사람이라도 있었다면 어땠을까 하는 생각이 드는 것은 왜일까? 조선은 고작 500여 명의 군사를 앞세우고 제물포항으로 들어온 일본에게 나라를 내주었다. 싸움 한 번 변변히 해보지 못했음은 물론이다. 한국의 역사상 두 번째 국치였다.

첫 번째 국치였던 병자호란은 청이 마부대와 용골대를 앞세우고 조선을 침략한 전쟁이었다. 조선은 당시 청의 팔기군(八旗軍)이 지구상에서 가장 강한 군대라는 사실을 몰랐지만, 이는 전략적 개념에서 볼 때 정보의 부재로 적을 알지 못했다는 데 불과했다고 할 수 있다. 그러나 을사늑약과 경술국치의 의미는 군사적인 부분에 그치는 것이 아니라 조선이란 나라가 변해가는 세상을 파악하지 못함으로써 변화와 위기 관리에 있어 참담한 실패를 초래했다는 데 있다. 병자호란 이후 약 300년이란 기간 동안 조선은 수도 없는 기회를 놓치면서 지구상에서 어떤 변화가 일어나고 있는지도 모른 채 그저 버티고 굳히는 데 급급했다. 어느 한 군주나 지휘관의 실수로 치부되는 전략의 실패와 달리 변화 관리의 실패는 왕조가 갖는 한계에서 기인함을 주지할 필요가 있다. 이는 병자호란의 결과로 치른 대가와 한일 합방의 결과로 치른 대가를 비교해봐도 쉽게 알 수 있다. 병자호란의 경우에는 여느 전쟁들처럼 전쟁의 결과로 국토가 파괴되고 국민들이 살상되는 데 그쳤지만, 한일합방의 경우에는 해방 이후의 후유증으로 동족 간의 전쟁과 국토 분단이라는 치명적 오점을 역사에 남기고 말았다.

그러면 지금은 어떤가. 우리의 인생에는 그 결과가 나타날 사건들이 줄줄이 이어지고 있다. 현재의 가치관이나 눈높이로 미래를 위한 성장 목표를 세운다는 것이 얼마나 큰 불행을 낳을 것인지 생각해보라. 한 달 전 출시된 3D 텔레비전이, 2주 전부터 판매가 시작된 최신형 스마트폰이 과연 미래에 어떤 영향을 미칠지 생각해보라. 그리고 당신이 인생의 청사진을 그리고 목표를 세울 때 그런 발명품을 생각조차 할 수 있었을까 성찰해본다면 누구라도 고개를 절레절레 흔들 것이다. 왜군이 들고 온 조총이, 문익점이 들고 온 목화씨가, 미군이 들고 온 세탁기가 지금의 세상으로 바꾸어놓았다. 지금 우리가 세워야 할 목표가 나만의 목표라면 아예 멀리 보지도 말라. 만약 멀리 보고 싶다면 막연하게 전체의 그림을 봐야 한다. 자세히 보려고 한다면, 그리고 현재의 잣대로 해석하려고 한다면 엄청난 대가를 치르고 돌이킬 수 없는 실수를 저지르게 될 것이다. 글자 그대로 허황되고 의미 없는 공허한 목표가 될 것임에 틀림없다.

목표가 있어야 할 것과
목표가 없어야 할 것들

40대 중반의 가장인 조달수 씨는 여름휴가를 맞아 가족과 함께 제주도 여행을 계획했다. 아내와 고등학교 2학년 아들, 중학교 1학년 딸을 데리고 모처럼 비행기를 탈 생각이었다. 일주일 휴가 가운데 3박 4일을 제주도에서 보내기로 한 것이다. 그는 치밀하게 계획을 세웠다. 내년이면 아들이 고3이 되고 그 뒤에도 대학에 들어가면 가족 여행이 힘들어질 것이라는 생각에 오래전부터 작정한 일이었다. 지인들에게 물어보고 인터넷을 검색해 항공권과 펜션, 차량 렌트 등을 예약해놓았다. 비용을 아끼기 위해 먹을 것은 가져가기로 하고 관광과 해수욕, 한라산 등반 등으로 일정을 빽빽하게 짰다. 모두들 일찍 일어나 리무진버스를 타고 공항에 도착했다. 아이들은 비행기에 타고 내리는 과정 모두를 신기해했다.

가장으로서 보람을 느끼는 순간이었다. 도착한 첫날 오전 시간은 대부분 이동에 소요되었고, 오후에는 관광이 예정되어 있었다. 그러나 모처럼 간 휴가는 계획대로 순조롭게 진행되지 않았다. 도착한 날 저녁에 예고도 없이 상륙한 태풍이 순식간에 기상을 악화시켰다. 이틀간 강풍과 폭우로 펜션에서 옴짝달싹하지 못하는 신세가 되어버린 것이었다. 한라산과 해수욕장들은 통제에 들어갔다. 태풍은 사흘째 되던 날에야 물러갔고, 남은 시간은 너무 적었다. 결국 달수 씨는 무리해서 마지막 날 아침 일찍 한라산 등반을 강행했다. 첫날에만 둘러본 몇 군데 관광하자고 이 먼 길을 왔다는 것이 너무나도 억울하게 느껴졌다. 엄청난 비용을 들인 만큼 본전 생각이 간절했던 것이다. 평소 등산을 해본 경험이 없는 가족들은 등반 속도가 느렸다. 달수 씨는 끝까지 백록담이 있는 정상에 올라가야 한다고 우겼다. 그러다가 결국 비행기를 놓치게 되었고, 휴가철이라 표를 구할 수 없어 선편으로 하루 늦게 돌아오게 되었다. 여행 일정이 막대한 차질을 빚은 데다가 예상치 못한 비용까지 추가되어 달수 씨는 화가 치밀어 오를 데까지 올랐다. 평소 다혈질적인 성격인 달수 씨는 여행 내내 말끝마다 짜증을 부렸다. 이러는 과정에서 아내와 심하세 다투게 되었고, 아이들도 완전히 기분을 잡치게 되었다. 여행에서 돌아온 뒤에도 일주일이 넘도록 집안 분위기는 말이 아니었다. 결국 달수 씨는 망쳐버린 여름휴가를 심하게 후회하고 있다.

유사한 경험을 해본 사람들이 적지 않을 것이다. 현대인들이 즐기는 수많은 여행들은 항상 계획하에 시작되지만 당초 계획대로 진행되지 못하는 경우가 허다하다. 생활이 여유로워질수록 여행의 횟

수는 늘어나지만 실상 여행 당시 목표한 대로 진행되기가 쉽지만은 않다. 우리는 여기서 여행이란 말에 주목할 필요가 있다. 국어사전을 보면 여행은 "일이나 유람을 목적으로 다른 고장이나 외국에 가는 일"이라고 정의되어 있다. 그러면 영어로 'travel'은 어떻게 정의되어 있을까? 위키피디아에 따르면, "Travel is the movement of people between relatively distant geographical locations for any purpose and any duration, with or without any means of transport... (여행이란 인간이 특정한 교통수단을 이용하거나 이용하지 않고 어떤 목적하에 특정 기간 동안 지리적으로 비교적 먼 곳으로 이동하는 것으로……)"이라고 정의하고 있으니 국어사전과 큰 차이가 없다. 그러나 'travel'의 동의어인 'trip'을 찾아보면 다소 다른 정의가 눈에 띈다. 역시 위키피디아에 따르면 "Trip may refer to travel, a vacation, or a psychedelic experience. It is also an informal description for a circuit breaker or its action. (trip은 travel, 휴가, 또는 심리적 환각 상태와 관련지을 수도 있다……)고 정의하고 있다. 심리적 이동이나 일탈을 포함한다는 얘기다. 어쨌든 여행이란 어떤 방법으로든 현재 있는 곳에서 일정 기간 어떤 목적하에 벗어나는 것이다. 인류 기원설 중 하나인 아프리카 기원설에 따르면 인류는 특유의 방랑 근성으로 수만 년 동안 지구를 헤매다 마침내 지구의 거의 모든 곳을 뒤덮는 데 성공했다고 추론하고 있다. 그 후 교통수단의 발달은 여러 세대 거칠 것 없이 단시일 내에 세계 일주를 하게 만들었다. 그러면 인류는 왜 끊임없이 이동을 한 것일까? 여러 이유가 있었겠지만 현재 있는 곳에 만족하지 못했기 때문일 것이다. 사는 곳이 흉년이 들었거나, 폭정을 견디지 못했거나, 적응에 실패했거나, 막연히 더 나은 곳이 있다는 소문을 들었거나 등등 여러 이유가 있을 것이다. 떠날 때는 홀로 떠났을 수도 있고 집단이 함께 이동했을 수도 있을 것이다. 적어도 현재 사는 곳이 만족스럽고 풍족했다면 이동에서 겪게 되는 불편함과 미지의 장소에 있을지도 모를 위험을 무릅쓰고 떠나지는 않았을 것이다.

여행을 갔다가 돌아오지 않으면 이주가 된다. 또 이곳저곳 떠돌아다니는 시간이 길면 방랑이라고도 한다. 아예 처음 출발한 곳으로 돌아오지 못하고 중도에 사망하면 객사(客死)라고 한다. 오랜 시간 조상들의 객사가 반복되고 누적된 덕분에 인류는 수만 년을 이동했다. 일부는 도중에 정착하고 다른 일부는 계속 이동하면서 인간은 지구 전체를 정복하는 데 성공했다. 현재 지배적 이론인 아프리카 기원설에 따르면 인류는 4만~5만 년간 계속 이동한 것으로 추측되고 있다. 그들의 이주 목표는 무엇이었을까? 당연히 생존을 위한 것이 그 시초였을 것이다. 초기에는 자연재해가 가장 큰 이유였겠지만 점차 현재보다 나은 그 무엇을 위해 떠났을 것이다. 인류가 아프리카를 떠나 모든 대륙에서 기존의 경쟁자들을 물리치고 절대적 지배 종족으로 자리 잡게 된 후에도 대규모 이동은 계속되었다. 구약성서의 출애굽기, 게르만족의 이동, 훙노족의 이동, 미국의 서부 개척사 등 기억될 만한 사건들이 역사 속에서 계속 발견된다. 본래 인간에게는 정착 본능이 없었다. 스스로 생산을 하는 농경이나 목축이 가능해지면서 정착 문화가 자리 잡게 된 것이다. 이동을 감행한 종족들은 하나같이 자신들의 이동 경력에 자부심을 가지며 그들 자신을 미화하는 공통점이 있었다. 불굴의 투지로 이동을 감행했고, 그 결과 훨씬 더 탁월한 결과를 얻었다는 것이다. 가난한 농부의 아들로 태어나 아버지가 소를 판 돈을 훔쳐서 상경한 뒤 크게 성공한 현대그룹의 창업주 정주영 회장의 이야기와 유사하다.

삶이 버거워 박차고 떠난 집단이나 개인들의 공통점은 현 상황을 이겨내지 못했거나 생존 본능에 의지해 떠날 수밖에 없었다는 것이다. 경우에 따라서는 목적지가 없기도 했다. 그랬던 그들이 도착한 곳에서 피나는 노력 끝에 역경을 딛고 역사나 세인들이 이야기하는 성공을 거머쥐게 된 것이다. 어느 날 아침 깨어보니 유명해졌더라는 스타의 고백은 인구에 회자되는 매력을 갖기에 충분했다. 전쟁의 소용돌이 속에서 미국 이민을 선택한 유태인과 유럽인, 아시아인들은 '아메리칸 드림'이란 성공담에 현혹되었다. 가난한 농촌을 버리고 무작정 상경해 성공한 미담은 하나의 공식이 되었고, 지금도 맹모삼천(孟母三遷)에 매료되어 유학길에 오르기도 한다. 1960년대에 서울역을 가득 메우고는 했던, 보따리 하나 머리에 이고 무작정 상경한 10대들이 대표적인 예다. 어렵사리 구한 직장을 버리고 이직을 하는 사람들도 적지 않다. 환경의 영향이 나의 격을 상승시킨다는 것이다. 그러나 여기에는 엄연한 함정이 있다. 목숨을 위협받고 종족이 멸종당하느냐 마느냐 하는 상황에서 탈출이란 감옥의 탈출보다 더욱 의미 있는 일이 될 것이다. 잃을 것이 없기 때문이다. 탈출의 목표가 생사의 문제나 자유라고 한다면 떠나지 못했을 때 지불해야 하는 엄청난 고통보다는 나을 것이 자명하다. 그러나 그러한 인간이 선택할 수밖에 없는 절대적 가치와 명분이 존재하지 않는다면 확률 게임으로 전락하게 된다. 과연 그들 중 목적했거나 목표한 바를 이룬 사람들은 얼마나 될까?

세계적인 부자들은 대개 공통적으로 자신이 부자가 되겠다고 인생의 목표를 세우거나 노력한 적은 결코 없었다고들 말한다. 한꺼번에 많은 재물을 얻는 데 매료된 사람이 선택할 수 있는 합법적 수단은 복권이나 도박, 부동산 투기 등의 방법밖에 없다. 도덕적 죄책감에 나는 아니라고 항변하겠지만, 과정상 불법을 저지르지 않을 수 있음이 분명하다면 주저하지 말고 대차게 질러야 한다. 인간 스스로 규칙을 만들어서 한 사람에게 여러 사람들의 몫을 몰아주는 것이다. 한 사람의 부자를 만들기 위해 여러 사람들의 희생이 따르는 것은 물론이다. 액수가 커질수록 가능성은 희박해진다. 확률이 낮다고 여겨진다면 실패 확률과 위험도가 동시에 높은 범죄를 저지르는 방법밖에 없다. 그러나 범죄의 특성은 적발의 위험이 따른다는 것이다. 적발 시의 대가는 거의 모든 것을 앗아가는 특성이 있다. 그 밖의 방법들은 대단히 공식적인 방법이고, 나의 목표와는 무관할 정도로 의도와 다르게 귀결되는 경우가 훨씬 많다. '철혈재상'으로 알려진 비스마르크(Otto von Bismarck, 1815-1898)는 어릴 적 꿈이 지방의 하급관리가 되는 것이었는데 성실하고 꿋꿋이 자신의 일을 소신껏 처리하다 보니 황제보다 막강한 권력을 갖게 되었고 20년간 독재를 하며 독일의 통일을 이루었다. 당연히 자신을 포함한 어느 누구도 그가 역사에 남는 총리가 될 것을 몰랐다. 훗날 그의 전기를 본 수많은 청소년들은 비스마르크 같은 총리가 되겠노라 인생의 목표를 세웠을지 모른다. 그렇게 해서 그에 근접한 지위를 얻은 경우도 있을 것이고, 능력에 맞지 않는 과도한 목표 설정으로 무리가 따라 실패한 인생이 된 경우도 있을 것이다.

목표의 설정은 동전을 던져서 테이블 위에 수직으로 세우는 것과도 같다. 목표를 달성한다는 것은 우연히 동전이 수직으로 서게 되는 것을 의미한다. 그럴 가능성은 기대치가 클수록 낮은 만큼 동전의 앞면이 보이게 되거나 뒷면이 보이는 두 가지의 가능성을 갖는다고 보면 된다. 전자는 목표에 근접하는 경우로 목표의 추구가 긍정적 효과를 나타내는 것이고, 후자는 목표를 추구하다가 포기하거나 역효과를 얻게 되는 것을 말한다. 예컨대 내가 태권도 선수인데 국가 대표가 되어 올림픽에 나가 금메달을 획득하는 것을 목표로 세웠다 하자. 열심히 훈련도 받고 노력도 했지만 결국에는 국가 대표로 선발되지 못했다. 그러나 태권도 특기생으로 대학에 진학했고, 졸업 후에는 동네에 도장을 차려 성업 중이라면 원래의 목표와는 다르지만 목표 추구의 결과가 인생에 긍정적 효과를 미친 셈이 되었다고 할 수 있다. 엄격하게 말하자면 올림픽에서 은메달을 땄다 해도 목표를 달성한 것은 아니니 결과적으로 큰 차이라고 볼 수 없다. 사람들은 목표를 달성해 얻은 결과로 긍정적 효과를 얻게 되는 경우가 대부분이라고 생각한다. 그러나 놀랍게도 실상은 부정적 효과를 얻게 되는 경우가 많으며, 그 결과는 적지 않은 해악을 낳고 있다.

예컨대 어렸을 때 부모님이 의사에게 진료 한 번 받아보지 못하고 돌아가셔서 아픈 기억이 있거나 자신이 의사가 되고 싶었으나 목표를 이루지 못해 자신의 아들을 의사로 만들려는 목표를 가진 사람이 있다고 하자. 사회적 통념으로 볼 때 의사란 직업은 돈과 명예를 동시에 가질 수 있는 부러움의 대상인 만큼 이런 목표는 쉽게 주변의 공감을 얻을 수 있다. 당사자인 아들 녀석은 어릴 적부터 세뇌를 당하게 될 것이니 아이 엄마만 다행히 동조해주면 당연히 한 가족은 목표의 달성을 위해 열과 성을 다하게 될 것이다. 모든 것이 순조롭게 진행되어 아이의 성적도 따라주고, 아빠는 경제력을 보태고, 엄마는 가정 내에서 아이의 뒷바라지를 해준다고 해도 가능성이 그리 높은 것은 아니다. 이와 비슷한 가정이 많기 때문이다. 최근의 통계를 보면 한국에서 의대에 진학할 수 있는 성적은 계속 높아져서 전체 석차로 볼 때 0.5퍼센트 이내에 들어야 전국에 있는 의과대학 전체 정원 내에 들 수 있다. 평균적으로 200명 가운데 1등이 되어야 한다는 얘기다. 그러나 실제로 보면 일반적인 고등학교에서는 한 명도 배출하지 못하는 경우가 훨씬 더 많다. 거기에는 여러 이유가 있다. 학교가 외형상으로만 평준화된 이유도 있지만, 전교생이 400명 내외인 학교의 경우에 0.5퍼센트이면 두 명인 그 학생들이 반드시 의대로만 진학하는 것은 아니기 때문이다. 또 한 가지는 이유로는, 동일 학교 내의 석차가 아니라 전국 석차로 봐야 하기 때문에 성적이 우수한 경우 자기 학교 내의 석차는 별로 의미가 없을 수도 있기 때문이다. 많은 학부모들이 착각하는 부분이 여기에 있다. 그러나 우리 아이가 다니는 학교의 아이들이 성적이 좋다고 해서 최상위 그룹에 속한 우리 아이의 성적도 높으리란 법은 없다. 단지 자신의 경쟁자가 눈에 보이는 주위에 있으니 동기화에 유리할 뿐이다. 마치 국내 시장에서 경쟁사와 머리 깨지게 싸워서 이겨봤자 글로벌 시장에서는 별 볼 일 없을 수도 있는 것과 마찬가지다. 결국 결과적으로 실패하게 되면 가장의 근검과 절약, 물불 안 가리고 돈 벌기, 아이 엄마의 빠듯한 살림 유지와 정보 수집 등 모든 노력은 물거품이 된다. 아이의 상처도 클 것이다. 재수, 삼수를 해서라도 안 되면 이제까지의 희생과 투자가 억울해 필리핀 같은 후진국에 있는 의대에라도 보내겠다고 할 것이다.

또 다른 예다. 오기수 씨는 어릴 적에 가난을 뼈아프게 느꼈던, 대표적인 386세대의 가장이다. 오 씨의 부모는 비록 가난했지만 2남 1녀를 고등교육까지 가르치며 훌륭하게 키워냈다. 장녀인 오 씨의 누나는 여자상업고등학교를 나와 일찌감치 평범한 월급쟁이와 결혼한 가정주부이고, 남동생은 오 씨와 같은 길을 걷고 있는 구청 공무원이다. 비록 가난하기는 했어도 불우하지는 않았던 셈이다. 그러나 오 씨의 기억은 유년 시절이 아름다운 추억으로 남을 만큼 낭만적이지 않았다. 오 씨에게 지긋지긋한 가난에 대한 기억들은 남들에게 얘기하기 창피하고 다시 생각하고 싶지도 않은 과거였다. 오 씨는 가족이 가난했던 것은 부모가 운도 없고 무능했기 때문이라 여겼고, 그래서 그의 평생의 꿈이자 목표는 가난에서 벗어나 부자가 되는 것이었다. 돈에 구애받지 않고 실컷 쓰면서 한 세대가 그렇게 살아도 쓴 자리가 보이지 않을 만큼 부자가 되고 싶었고, 결코 자신의 자녀들에게는 자신의 부모가 해온 것처럼 근검과 절약을 강요해야 하는 가난을 물려주고 싶지 않았다. 하지만 이런 오 씨의 꿈은 직장에서 월급을 받아가며 저축해봤자 실현될 가망성이 거의 없었다. 게다가 젊은 시절 고생에 찌든 대가로 현재 부모님의 건강 상태는 말이 아니었다. 지금도 부모님에게 들어가는 적지 않은 생활비와 병원비, 약값을 형제가 각출해서 내고 있는 처지였다. 그러다 보니 지방 공무원 생활 10년이 지난 지금의 오 씨 살림 역시 결코 넉넉할 리 없었다. 그러나 평범한 서민 가장인 오 씨에게도 기회는 찾아 왔다. 관할 구에서 재개발 사업을 구상하게 되었는데 우연히 그 정보를 남보다 일찍 알게 된 것이다. 솔깃해진 오 씨는 돈을 끌어모아 딱지를 샀고, 몇 년 뒤 세 배 이상의 차익을 남길 수 있었다. 일단 재미를 본 오 씨는 박봉이지만 든든한 직장도 있겠다 싶어 더 큰 곳에 도전했다. 강남에 진출해 담보 융자를 받아 주상복합건물 투자에 매달렸다. 처음에는 그리 나쁘지 않았다. 10억 원 이상의 차익을 얻은 오 씨는 비록 빚은 있지만 곧 수십 억대 재산가의 반열에 진입할 것 같아 보였다. 하지만 그것이 마지막이었다. 정부의 규제 정책으로 빚을 갚지 않으면 세금 폭탄이 기다리게 되었다. 집값은 날개 없이 추락했다. 빚을 갚지 않고 버티다가는 신용 불량자가 될 위기에 처했고, 그렇게 되면 직장도 잃게 될 것이었다. 집이 팔리지도 않지만 설사 팔리더라도 그간 번 돈은 고사하고 이자를 내려고 졌던 빚을 갚기에도 빠듯했다. 신혼 초 어렵사리 마련한 변두리 아파트는 사라진 지 오래였다. 아이들은 대학에 갈 날이 얼마 안 남았고, 다들 눈은 높아져서 엄청난 사교육비를 들이고 수준 높은 생활을 하는 데 모두가 익숙해져 있었다. 앞이 캄캄했다. 입만 열면 세상이 원망스러워 욕만 나왔다.

위의 경우 '큰 집 가진 거지들'이라는 제목이나 그와 비슷한 제목의 기사로 자주 접할 수 있는 사례다. 무엇이 오 씨를 벼랑 끝으로 몰고 갔을까? 간단하게 보자면 오 씨는 지극히 평범한 사람이며 보통의 욕심을 낸 사람일 뿐이다. 어릴 적 가난을 대물려주고 싶지 않은 마음이란 얼마나 소박한 발상인가. 보통의 사람들도 현실에 만족하지 못하는 본능을 지녔으며, 이런 본능이 찬란한 인류 문화를 건설하는 원동력이 되었다는 데는 이견이 없다. 어느 순간에 내가 어쩌다 이 먼 곳까지 왔는지 후회하지만 만약 성공을 거두었다면 오 씨는 훗날 자손들로부터 가문의 중시조 정도로 추앙받게 될지도 모를 일이었다. 그러나 이 역시 성공 확률은 높지 않다. 복잡한 경제 원리를 내세우지 않더라도 결코 정상적인 방법이 아닌—사실 사업으로 성공한 사람들 가운데 상당수는 비정상적인 이익이 밑천이 된 경우가 허다하다—방법으로 부를 축적하고 그런 사람이 많을 경우 선순환을 위한 조정이 불가피하므로 타이밍이 중요하다고들 한다. 그러나 그 타이밍을 알기란 보통의 사람으로 결코 쉽지 않다. 간단하게 말하자면 오기수 씨 사례는 현실의 불만족이 부의 축적이란 목표를 세웠고 결과는 그와 정반대인 가난보다 더한 파멸로 몰리게 된 경우다. 이 경우 대부분 살아남기 위한 수단으로 양심이나 신뢰를 저버리게 된다. 결국 내가 가지고 있는 비금전적 자산을 잃게 되는 것이다.

처음의 예로 돌아가서 조달수 씨의 경우를 보자. 그는 가족과 치밀한 계획으로 제주도에 여행을 갔다. 그의 목표는 가족들과 즐거운 시간을 보내는 것이었다. 그러나 그 치밀한 일정 안에는 즐거움 이상의 목표가 자리 잡고 있었다. 어떤 이벤트적인 요소들, 관광지에 가서 사진을 찍고 증거를 남기는 일, 한라산 정상에 올랐다는 성취감, 눈에 보이지 않는 교육적 효과 등등 자신이 투자한 데 대한 대가를 기대하다 보니 여행은 점점 더 망가지게 된 것이다. 게다가 후유증으로 단란한 가족이라는 공동체여서 가능했던 여행의 정체성이 위협받기에 이르렀다. 여행의 정의에서 나타나듯 여행의 목적은 매우 다양하다. 회사에서 출장 여행을 갔다면 당연히 본래 목적인 과제가 완성되어야 한다. 예컨대 그것이 계약이었고 도장을 받아와야 한다면 기간을 연장하고 다른 어떤 대가를 치르고서라도 완수해야 하는 것이다. 그러나 흔히 휴가 때 떠나는 여행은 구체적인 목적이 없는 것이어야 맞다. 만약 있다면 즐거운 마음으로 가장 편한 사람과 편한 시간을 보내면 그만이다. 마치 코미디 쇼를 관람하는 관객처럼 웃기 위해 왔다면 조금이라도 더 웃어야 남는 것이다. 네가 나를 웃길 수 있는지 한번 보자고 억지로 이를 앙다문다면 취지와 맞지 않는다. 즐기려고 했는데 편하기만 했을 수도 있고, 그 반대가 될 수도 있다. 가족들과 먼 곳에서 지낸 것 외에는 얻은 것이 아무것도 없다 해도 짜증낼 일이 아니다. 만약 짜증을 낸다면 얻기는커녕 다시는 가족들이 여행에 참가하지 않겠다고 할 터이니 잃는 것이 훨씬 더 많을 수도 있다. 하물며 여행에 목표를 갖는다는 것은 허무하기 짝이 없는 일임에 틀림없다.

그러면 우리는 아무런 목표 없이 인생을 살아야 하는 것일까? 그저 성공 확률이 낮은 목표를 세워놓고 좌절하지 않기 위해 겁부터 내야 하는 것일까? 에릭 시걸(Erich W. Segal, 1937-2010)의 대중 소설 『러브 스토리』의 마지막 대사 "Love'll never have to say sorry(사랑은 미안하다고 얘기할 필요가 없다)"는 당시 대중의 심금을 울렸지만 나는 다소 다르게 번역하고는 했다. "사랑이란 후회스럽다고 말할 필요가 없다." 영어에서 'sorry'란 단어는 나의 잘못으로 인한 용서를 빈다는 의미가 아니라 유감이나 후회를 의미한다. 연루되지 않은 제삼자의 시각인 것이다. 이 말은 원래 결혼을 반대했던 주인공의 아버지가 불쌍한 아이 데려다 불행한 결과만 얻게 되지 않았냐고 한 질타에 대한 주인공의 대답이었다. 전자의 번역은 납득하기는 쉽다. 그러나 나는 한 여자를 사랑한다는 것은 어찌 계산하고 예측하는 합리적 판단에 따른 행위로 나타날 수 있겠는가 하는 데 작자의 의도가 있다고 해석했다. 소비자 행동 이론에 따르면 소비자가 상품을 구매할 때 필요를 인식하고 정보를 수집해 비교하고 선택하는 과정에는 인간이 매우 이성적이고 합리적이어야 한다는 단서가 달려 있다. 그러나 소득 수준이나 교육 정도, 가치 선호도와 같은 합리적 기준들은 충동적으로 구매하는 경우가 늘면서 사실상 설득력을 잃었다.

자동차나 집을 마련하고자 적금을 들던 시절에는 미래의 계획에 따른 구매 패턴이 바람직하다고 여겨졌다. 즉 소비의 개념에도 선악이 있었던 것이다. 그러나 시장에서 공급과 수요의 접점이 무너지고 수요자인 소비자가 절대적 우위를 차지하게 되면서 윤리적이고 합리적인 소비를 요구하던 시대는 종막을 고하게 되었다. 실상 비합리적이고 충동적인 소비는 경쟁에 찌든 공급자의 숨통을 트이게 하는 몇 안 되는 수단으로 현대 마케팅에 자리 잡고 있다. 산 지 일 년도 안 된 휴대전화를 갖고 있지만 새로운 디자인이나 기능이 추가된 신형 모델이 출시되면 소비자들은 유혹에 시달린다. 생산자는 끊임없이 소비자들에게 일 년 전 자신들이 유혹해 구매하도록 한 현재의 단말기를 과감하게 버리고 신제품을 사야 하며, 그렇게 하지 못하면 시대에 뒤떨어지거나 경제력이 없는 무능한 사회 구성원이 될 것처럼 위협한다. 그들의 집요함은 법이 허용하는 범위 내에서 수단과 방법을 가리지 않고 자행된다. 물론 소비자는 스스로 구매 여부를 결정짓고 자신만의 방식대로 자유롭게 살아갈 수도 있다. 그러나 그렇게 하려면 적지 않은 비용을 지불해야 한다. 예컨대 구형 단말기에는 데이터 이전이 되지 않거나 몇몇 서비스에 제한이 걸려 받지 못하거나 하는 식이다. 주위의 여건은 나만의 세계를 만들기 쉽지 않도록 조성된다. 결국 소비자는 전체적인 분위기에 휩쓸려 다니게 되어 있으며, 자신의 가치관이나 윤리적 판단에 따라 구매를 하며 줏대를 세우기는 쉽지 않다.

공주와 거지, 황태자와 하숙집 딸의 사랑이 케케묵은 소재가 된 이유도 거기에 있다. 고소득자라고 해서 명품만 선호하고 평균 소득에 못 미치는 급여 소득자라고 해서 명품을 사지 말라는 법도 없다. 독특한 취향은 적지 않은 희생을 감수해야 하지만 독특함이 일반화되면 희생이 다소의 비용 지불로 극복되어질 수 있도록 변화하게 되어 있다. 자신이 좋아서 한 일에 대해 결과가 미흡하다고 후회할 필요는 없다. 실패했다고 후회를 한다면 더 많은 시간과 노력, 그리고 고통이라는 비용을 추가적으로 지불해야 하기 때문이다. 후회를 하지 않으려고 시작을 포기할 필요는 더더욱 없다. 복구의 기회가 넉넉히 주어지기 때문이다. 인생이 짧아 시간이 없고 물질적으로 궁핍해 시장이 반찬이던 시절에는 실수가 용납되지 않으니 목표에 대한 몰입과 집중이 높아야 했다. 집념과 열정이 중요했고, 중도 포기는 죄악으로 여겨졌다. 포기란 곧 실패였고, 만회의 기회는 주어지지 않았다. 그러나 세상은 크게 변했다.

세 척으로 구성된 선단에 몸을 싣고서 자신의 추측을 입증하려고 대서양 망망대해로 떠난 콜럼버스(Christopher Columbus, 1451-1506)의 미래도 보장된 것이 아니었다. 배가 좌초할 수도 있었고, 인도로 가는 길이 얼마나 먼지도 몰랐으며, 실제로 항해가 가능한지에 대한 확신도 없었다. 죽는 날 까지 그렇게 믿고 싶었고 또 그렇게 하고자 네 번이나 항해를 떠났지만, 결과적으로 그는 당초 목표인 인도로의 항로를 개척하지도 못했고 금은보화 대신 노예상이라는 오명만 얻었다. 그의 도전에서 중요했던 것은 인도란 지명이 아니었다. 그의 원래 목표는 값비싼 자원인 금이나 은 같은 광물이나 향신료를 획득하는 데 있었다. 그가 사망했을 때 왕실의 조문객은 단 한 명도 오지 않았다. 병마에 시달리다 쓸쓸히 죽어 이국 타향에 묻힌 초라한 신세였던 것이다. 그러나 오늘날 그는 역사 속에 영웅으로 남아 있다. 역사는 그가 20세기 이후 세계 최강국으로 떠오른 미합중국이 속한 대륙에 첫발을 내딛은 최초의 백인이라는 사실에 주목했고 열광했다. 좀 더 앞선 문명을 내세워 개척이란 이름으로 인디언 약탈에 나섰던 백인들을 정당화하기 위해서라도 콜럼버스는 반드시 위대한 영웅으로 남아야 할 사람이었기 때문이다. 하물며 여행을 갔다 돌아올 수 있다는 보장만 주어진다면 특별히 얻은 것 없이 고통스럽고 고단한 여행이었다고 해서 상심할 필요는 전혀 없다. 목표한 바를 채우지 못했어도 콜럼버스처럼 영웅이 될 수도 있고, 차후에 기회가 있다면 다시 여행을 떠날 수도 있는 것이다.

우리는 인생의 여행길을 편안하고 느긋하게 떠날 수 있다. 공부에서 실패를 맛볼 수도 있고, 사업이나 결혼에 실패할 수도 있다. 그 어떤 것도 하기에 따라서는 몇 번의 기회가 주어진다. 그러나 인생 전체를 놓고 보면 연습이란 없다. 가장 중요한 가치로 여겨지는 명예나 돈 앞에 눈이 멀어 돌이킬 수 없는 실수를 저지르고 만다. 돈이나 명예, 혹은 둘 다를 얻기 위해 공부를 하고 창피당하지 않기 위해 아이들의 학습 욕구를 채근한다. 돈을 벌기 위해 직업이나 직장을 얻는다. 표면상 어떤 포장을 하고 그럴싸하게 만들지만 거기에는 분명히 뚜렷한 목표가 있다. 좀 더 많은 것을 가지는 것이다. 흔히들 얘기하는 보상이란 목표를 설정하고 수단과 방법을 가리지 않는 속물들의 행위를 철저하게 두둔한다. 돈보다는 명예가, 명예보다는 성취나 보람이 훨씬 더 아름다운 단어들로 보인다. 그러나 우리는 여기에서 정직이 얼마나 소중하고 필요한 덕목인지 환기할 필요가 있다. 목표는 자신이 추구하는 궁극적인 가치에 의해서 동기화된다. 예컨대 올림픽에 출전한 선수들 모두가 승리의 월계관을 머리에 얹기 위해 고된 훈련을 마다하지 않는다고 생각하면 오산이다. 그들이 원하는 것은 월계관을 머리에 쓰고 금메달을 목에 거는 순간 조국의 국가(國歌)가 퍼져 나오는 감동이라는 공통의 언어로 귀결된다. 당연히 그들의 목표는 글자 그대로 자신으로 인해 국가의 명예가 드높아지는 영광된 순간 그 자체여야 한다. 그러나 그 순간의 영광됨은 상징적이고도 고상한 표현의 주체일 뿐이다. 그 결과로 승리의 주인공은 다양한 부수적 획득물을 놓고 행복한 고민을 하게 될 것이다. 격려금과 명성, 광고 출연 제의, 프로 구단의 입단 제의, 병역 문제 해결 등 실로 다양한 전리품과 훈장들로 즐거운 비명을 지르게 될 것이다. 고상한 용어로 표현하자면 자본주의 체제에서 소유의 범위를 늘릴 수 있는 절대적 수단인 돈과 보너스를 동시에 얻게 되는 것이다. 그 모든 것들이 될 수도 있고, 그것 가운데 한두 가지가 목표일 수도 있다. 그러나 결론은 돈이다. 어린 나이에 최고에 도달한 선수는 은퇴가 빠르다. 명예가 동기가 되어 원하는 만큼의 부를 얻었고 또 얻을 수 있는데 그 고생을 하면서 재도전할 이유가 없기 때문이다. 재도전에 실패하는 위험을 무릅쓸 필요가 전혀 없는 것이다. 이런 사실은 인정하고 싶지 않거나 반감을 불러일으킬 소지가 분명하다. 그 이유는 간단하다. 사람들은 동일한 표현을 해도 고상하게 표현하고 싶어 하기 때문이다. 냉철하게 생각해보면 수긍할 일을 발가벗긴 채로 보니 창피할 뿐이다.

여러분이 추구하는 인생의 목표는 무엇인가? 무엇이 되고자 한다거나 무엇을 얻고자 한다거나 무엇을 이루고자 한다거나 무엇을 해보고자 한다거나 할 수 있다. 그도 아니면 특정한 목표가 없거나 상실했을 수도 있다. 그러나 인생의 목표를 목적의 달성 자체가 존재 이유인 기업이나 상점, 기구들처럼 설정한다면 한 번뿐인 인생은 황폐화될 수밖에 없다. 오늘이 가기 전에 목적지에 도달해야 하는 것은 다수의 승객을 태우고 목적지로 떠난 기사이지 나그네가 아니다. 막연하게 정처 없이 떠돌아다니는 떠돌이 나그네에게 안식처는 이동 끝에 우연히 도달한 어느 장소에 불과하다. 과연 얼마나 많은 사람들이 어릴 적부터 꿈꾸어왔던 이상형을 현재의 배우자로 만났을지 생각해보라. 그럼에도 대개는 아낌없이 애절한 사랑을 나누며 살아간다. 여러분 자녀들의 행동과 자질이 기대치에 얼마나 부합하는지 판단해보라. 자기최면에 빠져 그렇다고 우길 수도 있겠지만, 대부분의 아이들은 그저 평범한 보통 아이들일 뿐이다. 그럼에도 그들은 사랑받고 있으며 그럴 만한 자격이 충분하다. 좀 더 쉽게 설명하자면 인생의 목표를 설정할 때는 '무엇'이라는 것을 목표로 하기 보다 '어떻게'에 무게를 실어야 한다. 이를테면 "장관이 되겠다" 또는 "내 자식을 부자로 만들겠다"가 아니라 "긍정적 사고로 건강하게 살겠다"라든가 "성실한 태도로 직무에 임하겠다" 등 다소 막연해 보이지만 과정을 운영하는 방침으로 설명되어야 한다. 결과 지향적으로 무엇에 집착하는 목표에 매달리다 보면 가장 추상적인 개념인 행복의 함량은 크게 미달될 수밖에 없다.

정부가 내놓은 한국의 목표와 비전이 1인당 1000달러 소득과 100억 달러 수출이었던 적이 있었다. 내가 초등학교에 다니던 시절의 얘기다. 등·하굣길에 버스에서 바라본 어떤 은행 밖의 전광판은 경제에 대해 문외한이었던 어린 소년의 뇌리에도 박혔다. 나중에 안 사실인데 한국의 1인당 국민소득은 1977년에 1000달러를 조금 넘어섰다. 1964년에 100달러였으니 13년 만에 열 배가 되었고, 1995년에 1만 달러가 되었으니 18년 만에 또 열 배가 된 것이다. 골드먼 삭스는 2009년 보고서에서 한국의 1인당 국민소득이 2020년에 10만 달러가 넘을 것으로 예측하기도 했다. 국민소득의 증가는 구매력 기준으로 계산하지 않더라도 경제적 삶의 수준을 끌어올리는 역할을 한다. 그러나 국가의 목표와 개인의 인생 목표는 전혀 다르기 때문에 소득이 늘어난다고 해서 사람들이 행복해지지는 않는다. 국가는 개인들이 추구하는 제각기 다른 행복의 정체성과 관계없이 행복을 추구하기 위한 여건만 만들어주기 때문이다. 그 여건에는 의식주와 같은 기본적인 생활환경과 의료와 교육과 같은 인간다운 삶을 영위하기 위한 객관적 조건이 포함된다. 최근의 한 조사에 따르면 소득과 행복은 일정 수준까지는 비례하지만 그 이상이 되면 별반 관계가 없다고 한다. 여기에서 일정 수준이란 대부분 선진국들의 평균치 이하다.

소득 수준이 한국처럼 수직 상승하게 되면 사회주의적 시스템을 지향하는 정부에서는 세금을 늘려—세율도 올라간다—복지의 혜택 수준을 대폭 끌어올림으로써 분배를 평준화시키려하지만 자본주의적 색채가 강한 정부는 세율을 올리지 않아도 세수가 늘어나므로 복지의 수준을 어느 정도 끌어올린 뒤 성장 동력이나 경쟁력을 향상시키기 위해 투자를 하게 된다. 두 가지 다 장단점이 있다. 전자는 전체적으로 고르게 분배함으로써 소득과 혜택의 평준화를 가져와 상대적 빈곤감으로부터 어느 정도 자유로워질 수 있지만 운영상의 비용 부담과 근로 동기 저하로 하향 평준화가 일어날 우려가 있다. 후자는 반대로 경쟁력 강화와 성장이라는 국가 경제력의 우상향적 상승 효과를 볼 수 있지만 극심한 소득 격차로 인해 상대적 빈곤감과 박탈감을 유발하는 결과를 얻게 된다. 대부분 국가들의 경제정책은 단순히 정치적 선호에 따라 결정되는 것이 아니라 그 나라의 국민성과 문화, 보유 자원과 같은 기초 체력에 따라 결정되는 것이 일반적이다. 물론 한국의 경우에는 정권의 실세가 강약 조절을 하기는 했지만 이제까지 후자를 선택할 수밖에 없는 위치에 있었다. 부연하면 한국의 국민들은 성장률이 높아질수록 소득 격차를 느끼게 되었고, 복지 혜택의 확대에는 한계가 있을 수밖에 없었다.

한국 국민들이 경제적 고속 성장을 누리던 1960~70년대에는 부족한 복지보다 정치적 독재에 시달리는 것이 더 큰 불만이었다. 그러나 1980~90년대 들어 민주화가 이루어지자 자본주의적 체제로 인한 상대적 빈곤감을 느끼기 시작했고, 2000년대에 들어서는 이른바 경제적 선진국 대열에 진입하자 불만과 박탈감이 더 커졌다. 국민들의 행복 지수는 뒷걸음치게 되었다고 해도 과언이 아니다. 결국 국민소득이 100배가 되었어도 불만은 더 커졌으니 소득 수준과 행복 수준은 별 관계가 없거나 반비례한다는 얘기가 맞다. 그 이유는 간단하다. 앞서 설명한 대로 인생의 목표를 '무엇'이라고 한다면 사람들은 무엇인가 획득하려고 한다거나 무엇이 되려고 할 것임에 틀림없다. 소득이 증가하면 개별적 목표의 수준은 높아지는 것이 당연하다. 게다가 소득이 늘어나면 자본주의 체제하에서는 빈부의 격차가 더욱 커지게 되므로 상위 계층의 재산이나 소득 수준은 전체 소득 수준의 증가에 비해 훨씬 더 커진다. 미국 최대 부호의 재산 규모가 한국 최대 부호의 재산 규모보다 국민소득 수준에 비해 훨씬 더 큰 것과 같은 이치다. 그뿐 아니라 소득의 증가는 경쟁 욕구를 가질 수 있는 여건을 향상시킨다. 예컨대 소득 수준이 열 배가 되는 동안 대학 등록금 수준은 일곱 배가 되었다(1977년과 1995년 비교). 소득이 열 배가 되면 의식주를 위한 필수적 지출이 차지하는 비율이 작아지므로 결국 미래의 경쟁력 강화를 위한 대학 교육에 들어가는 지출은 누구나 감내할 수 있는 수준이 된다. 입학 정원을 묶거나 제한하지 않는 이상—실제로 한국의 교육부가 1982년에 사교육 시장을 없애기 위해 졸업정원제라는 제도를 도입한 뒤 대학의 입학 정원은 현재까지 세 배 이상 늘었다—대학 졸업생의 수는 기하급수적으로 늘어나고, 그렇게 되면 대졸자의 고용이 악화되고 소수의 명문 대학에 들어가기 위한 편법 시장인 사교육 시장은 활성화될 수밖에 없다. 결론적으로 말하자면 사교육 시장을 없애려는 정책이 사교육 시장을 활성화시키고, 학사 학위를 받아 눈만 높아진 고등실업자를 양산하는 꼴이 되었다. 결국 악순환의 고리가 생겨나게 된 것이다.

혹자는 악순환의 고리를 끊기 위해 국가 시스템의 기반인 자본주의적 복지를 포기하고 사회주의를 표방해야 한다거나 강제적 평준화를 통해 제한해야 한다고 역설하지만 근본적 문제는 개개인의 인생 목표가 '획득=더 많은 것을 가지려는 욕구가 열정적으로 유지되는 것'에 있는 한 어떤 방법도 효과적일 수 없다는 데 있다. 예컨대 유럽식 복지 정책을 표방한다면 자원도 없고 기업이 세수(稅收)의 대부분을 차지하는 나라에서 기업의 경쟁력이 유지되기를 기대하기란 지극히 어려울 것이 자명하다. 또한 강제적 평준화를 표방한다 해도 개인의 목표가 획득을 위한 우월한 지위 확보에 있는 한 '그들만의 리그'는 지속적으로 탄생할 것이다. 그리고 경쟁에 밀린 사람들의 신음은 범죄와 우울증, 패륜 등의 사회적 문제를 끊임없이 유발할 것이다. 국가의 경쟁력이 세계 최고 수준에 도달해가고 있는데도 사람들의 행복 지수는 추락에 추락을 거듭하고 있다. 마치 올림픽에서 받는 금메달 수는 세계 최고 수준인데도 국민들 가운데 비만증 환자 비율 역시 세계 최고 수준인 미국처럼 말이다. 결론적으로 말하자면 개개인의 의식이 획득보다는 과정을 운영하는 방법으로 전환되지 않는 이상 국민들의 행복 수준은 추락할 것이 분명하다. 국가의 정책이나 제도를 선택하고 운영하는 주체가 국민인 이상 국민들 각자 스스로 변해야 함을 인식해 의식이 개혁되기 전에는 불가능하다는 얘기다.

타고난 것과 노력해서 얻는 것

한국전쟁 때 남편 없이 단신의 몸으로 월남해 세 아이를 데리고 살아가는 과부 정 씨가 있었다. 아무것도 가진 것이 없었다. 홀로 농촌의 가난한 마을에 정착해 소작부터 시작했다. 한 아이는 등에 업고 양손에 두 아이를 데리고 마을로 와서는 쓰러져가는 빈 초가에 들어가 살며 억세게 10년을 고생했다. 그런 고생 끝에 비록 가난한 마을이었지만 그 마을에서 가장 많은 땅을 소유하게 되었다. 먹고살 만해진 것이다. 근검절약이 몸에 배어 있었고, 해마다 추수가 끝나면 쌀을 팔아 논밭을 늘려갔다. 큰아이가 중학교를 졸업할 때쯤 제안이 들어왔다. 아이가 운동을 잘해서 체육 특기생으로 장학금을 줄 테니 도시에 있는 고등학교로 보내라는 것이었다. 남편도 없이 농사지을 일이 막막했던 정 씨는 거절했다. 평생 대든 적이 없던 착한 맏아들이 울면서 가고 싶노라고 간청했지만 끝내 허락하지 않았다. 착한 아들은 힘들게 살아온 어머니의 뜻을 거역하지 못했다. 살림은 갈수록 나아졌지만 남은 동생들도 장남의 학력을 뛰어넘지는 못했다. 그리고 30년이란 세월이 흘렀다. 맏아들은 농촌에 남아서 농사를 지었고, 작은아들과 막내딸은 도시로 떠났다. 맏아들과 같이 운동을 했던 친구들은 스포츠계의 거물이 되어 있었다. 정 씨가 자신의 판단을 뼈저리게 후회한 것은 도시에 나가 고등학교에 다니는 큰손자에게 밥을 해주기 위해 같이 살면서였다. 대학에 보내기 위해 도시에 왔지만 손자 녀석은 마음을 잡지 못하고 방황했고, 그 아이의 마음을 잡으려고 밤마다 잠을 이루지 못했던 정씨는 자식을 가르치지 못한 것을 크게 뉘우치게 되었다. 그러나 때는 너무 늦었다. 농사짓던 곳이 개발에 들어가면서 맏아들 부부도 도시로 오게 되었다. 저학력에 농사 말고는 할 줄 아는 것이 없었던 맏아들이 할 수 있는 일이라고는 건설 현장에서 막노동하는 일뿐이었다.

정 씨의 이야기는 실제 있었던 일이다. 소 팔고 논 팔아서 자식들 공부를 시켰던 한국의 1960~70년대의 흔한 사연과는 사뭇 다른 이야기다. 사실 정 씨의 인생을 두고 과오나 후회를 논하기에는 억울하다. 오히려 어려움을 꿋꿋하게 이겨내고 세 아이를 키워놓았으니 최소한 지역에서 주는 '장한 어머니 상' 정도는 받아야 했다. 그러나 장한 어머니가 되기 위해서는 자식 가운데 하나가 판·검사나 의사, 혹은 교수 정도라도 나왔어야 했다. 정 씨가 후회할 수밖에 없었던 이유는 세상을 읽지 못했다는 것에 대한 자책 때문이었다. 초등학교도 마치지 못한 정씨가 할 수 있었던 건 자신과 아이들이 살아남기 위해 뼈가 으스러지도록 노력하는 것이었고, 소기의 목적은 생각보다 빨리 달성되었다. 그녀를 지켜준 건 앞만 보고 달리는 집념과 아집이었다. 환경의 변화에 대처하거나 다른 사람의 조언을 들을 만한 여유와 유연함을 그녀에게서 기대하기란 무리였다. 그러나 세월의 흐름은 그녀에게 변해버린 세상을 보여주면서 비웃기라도 하듯 그녀의 과오를 깨우쳐주었다. 결국 그녀는 자신의 자식이 아닌 손자의 모습을 통해 자신의 아들이 과거에 스스로 얻었던, 변화의 대열에 무임승차할 수 있는 기회를 놓쳤음을 깨닫게 된 것이다. 그녀는 분명히 참회의 눈물을 흘렸을 것이다. "논밭이 다 무슨 소용이야. 내가 아이들을 좀 더 가르쳤다면 이런 꼴은 보지 않았을 것을." 그리고 또 다시 20여 년이 흘렀다. 죽음을 목전에 둔 그녀에게서 어떤 회한을 들을 수 있을지는 아무도 모른다.

오늘을 사는 우리에게 정 씨의 이야기는 남의 이야기처럼 느껴질 수도 있다. 당시 대부분 사람들의 꿈은 자식, 특히 아들을 서울에 보내서 대학 교육을 시키는 것이었다. 지금의 시각에서 보면 정 씨의 판단은 한심하기 그지없다. 남들은 일자무식이라도 할 수만 있다면 다른 사람들 하는 대로 자식들을 보내서 삶의 돌파구를 마련했고, 그렇게 변화의 물결에 동승했다. 정 씨의 경우는 지금 시점에서도 우리 주변에서 찾아볼 수 없는, 이해하지 못할 사람처럼 보인다. 마을에서 정 씨보다 경제적 형편이 훨씬 못한 집에서도 자식들을 도시에 보냈고, 나름대로 고향을 떠나 자리 잡은 사람들도 적지 않았다. 그러나 흥미로운 것은 지금도 우리들은 50년 전의 잣대로 세상을 바라보고 있으며, 비슷한 일을 계속하고 있다는 것이다. 지금도 자식의 대학 진학은 각 가정에서 사활을 걸고 모진 희생을 감소해서라도 얻어내야 하는 절대적 목표로 여겨지고 있다. 변한 것이 있다면 서울의 명문 대학에 외국의 명문 대학이 합세했다는 것과 대학의 문이 넓어지고 국민소득 증가와 인구 감소로 인해 누구나 대학에 가는 세상이 되었다는 것이다. 경쟁이 치열해진 만큼 희생의 대가는 몸으로 때워서 얻는 것보다 훨씬 더 큰 정신적 고통을 감내할 것을 요구하고 있다. 정 씨가 극구 반대하며 맏아들을 도시로 진학시키지 않은 것은 태어나서 자라고 살아온 환경에서 발견된 최대의 가치가 땅이었으며, 어렵사리 획득한 땅을 잃게 될지도 모른다는 두려움 때문이었을 것이다. 그리고 자신이 힘들게 얻은 재산을 지키려는 욕망은 자연스럽게 변화나 모험을 거부하도록 만들었을 것이다.

지금 우리는 대다수가 정 씨의 인생을 살고 있는지도 모른다. 전통적 사고에 따라 자식들 앞에 떳떳하기 위해 재혼도 할 수 없었던 정 씨는 아들들과 열심히 땅을 일구면 다음 세대에는 떵떵거리며 세상을 호령할 수 있으리란 꿈을 꾸었을 것이다. 유난히 고집이 세고 독립심이 강했던 정 씨는 떳떳한 삶에 더 큰 가치를 두었을 것이다. 그러나 재산은 늘어났지만 농촌이 붕괴되고, 자녀들이 도시로 떠나고, 자식들의 혼인으로 이해관계자의 수가 늘어나자 재산 분할 과정에서 갈등이 커졌다. 결국 그 집안은 형제 간에도 왕래가 뜸해지는 지경에 이르게 되었다. 실제 결과는 정 씨의 꿈과 너무 동떨어진 곳으로 흘러갔다. 물론 정 씨의 인생에서 똑 떨어지는 인과관계를 논하기에는 무리가 따른다. 정 씨와 비슷한 인생을 살았더라도 얼마든지 해피엔드로 끝날 수도 있으며, 그렇게 살지 않았던 수많은 사람들도 불행해진 경우가 허다하기 때문이다. 그러나 우리는 여기서 짚고 넘어가야 할 것이 있다. 변화의 속도가 느릴 때에는 그저 남들이 가는 길을 따라가도 결과에 큰 무리가 없지만, 변화의 속도가 빠를 때에는 대다수가 걷는 길은 경쟁이 치열하므로 핑크빛 결과를 얻을 확률이 높지 않다는 것이다. 변화의 속도가 노력으로 채워질 수 있을 만큼 여유 있을 때에는 대다수가 노력하고 힘쓸 때 나도 노력을 열심히 한다면 그런 대로 중간이 될 수 있고 평탄한 길을 갈 수 있다. 특히 50년 전 한국의 경우 선진국들이 산업화한 과정을 속도 있게 따라가기만 하면 되었던 만큼 미래에 대한 예측이 어렵지 않았다. 누구라도 짧은 시간에 엄청난 노력을 쏟으면 현재보다는 훨씬 더 윤택한 미래가 보장되었다. 거기에 타고난 재능과 운까지 따라준다면 인생 역전의 신화가 탄생할 수도 있었다. 그러나 50년이라는 세월은 이런 상황을 크게 바꿔놓았다. 이제까지 학습되어온 방식이 더 이상 유효하지 않다는 기미가 보이기 시작했다. 별로 노력하지 않아도 두각을 나타내는 사람들이 눈에 띄게 늘기 시작했고, 상대적으로 그들은 운이 좋거나 재능이 있는 것으로 비추어지기 시작했다. 재능이나 운은 어찌할 수 있는 것이 아니다. 타고나야 하고 때가 와야 한다. 혹시 자신이 행운의 주인공이 될지도 모른다는 착각은 투기를 하는 사람들에게 기대를 선사하기도 하지만 그 역시 적지 않은 용기를 필요로 한다. 그래서 여전히 노력이라는 수단은 인기가 식을 줄 모르는 것이다.

노력한 결과는 대체적으로 단기적 성취감을 선사한다. 어릴 적에 체력을 단련하거나 기능적 요소가 포함된 자격증 같은 것을 따려고 훈련한 사람들이라면 노력한 시간과 결과는 비례한다는 것을 경험해봤을 것이다. 그러나 인생의 크고 작은 목표들은 자동차 운전면허를 취득하거나 초등학교 졸업장을 받는 것, 군에 입대해서 만기제대 하는 것처럼 '누구나' 또는 '시간이 흘러가면'이라는 조건에 의한 결과로 나타나는 경우가 그렇지 않은 경우보다 훨씬 더 적다. 대학 졸업 후 대기업에 입사해 임원 되기, 정계에 입문해 국회의원 되기, 돈푼깨나 있는 집안의 며느리 되기처럼 구체적이거나 큰돈 벌기, 출세하기, 효도하기처럼 추상적인 목표를 노력으로 얻어내기란 여간 어려운 일이 아니다. 그렇기 때문에 최선을 다해 살아간다는 말은 전략적으로 유효한 말이다. 어차피 다른 뾰족한 수가 없는 이상 항상 노력을 다하며 살자는 것이다. 그러다 보면 자신도 알지 못하는 재능이나 운이 따라주어 목표를 달성할 수 있는 확률이 늘어나는 효과를 볼 수도 있다. 그러나 이 전략의 최대 난제는 상당 수준의 인내를 요구한다는 것이다. 게다가 그 시간이 길어질 경우 내적 갈등을 불러일으켜 심각한 부작용이 일어나기도 한다. 특히 자신의 노력 수준이 타인에 의해 폄하될 때는 더욱 그러하다.

결과를 보면서 질타하는 일처럼 쉬운 일은 없다. 성적표를 놓고 얘기하는 교사나 학부모는 자신이 가르치고 뒷받침해준 것에 대한 반성을 할 필요가 없다. 학습의 주체인 아이의 부족함에 초점을 두고 자신의 목표치에 부족하다면 마음껏 꾸짖을 수 있다. 어떤 경우에는 칭찬을 하려고 마음먹었다가도 욕심이 치밀어 올라 속내를 드러내기도 한다. 아무리 일등을 했다 해도 반에서 일등이면 전교에서 일등을 하지 못했다고 질타할 수도 있다. 전교 일등을 했으면 서울 전체에서 일등 하라는 식이다. 하물며 반에서도 일등을 못했다면 얼마든지 큰소리칠 수 있다. 평가란 평가자의 입장에서 피평가자에게 절대적인 권력을 갖기 때문이다. 여러 이유를 대지만 얼마든지 변명이나 핑계라고 몰아붙일 수 있다. '노력의 부족'이라는 결정적 무기가 있기 때문이다. 과연 무지막지하게 노력을 한다면 안 되는 일이 없을까? 평가자의 어떤 공격도 막을 만한 확실한 방법이 될까? 가슴에 손을 대고 물어본다면 평가자 역시 확신할 수 없다는 것을 너무도 잘 알 것이다. 대부분의 학부모나 교사, 상사의 입장에서 자신도 피평가자의 결과에 따라 더 상위에 있는 사람에게 질타를 받아야 할 입장이라면 순간적으로 자신이 열심히 노력했던 순간을 되뇌면서 원망에 찬 소리를 할 것이다. 또한 노력을 한 것과 하지 않은 것에 대한 여부는 결과에 의해 좌우될 뿐이며 사실상 모호한 판단에 불과하다는 것을 모를 리가 없다.

학습을 통해서 어떤 일에 숙달이 된다거나 지식을 쌓는 데 시간과 노력이 필요하다는 것을 모르는 사람은 없다. 인류의 역사를 보면 수많은 사람들이 교육이라는 명목으로 학습에 정진했다. 그리고 그 결과로 진화와 발전이라는 놀라운 결과를 얻어냈다고 생각한다. 많이 노력한다는 것은 그만큼 시간을 투자하고 자신의 집중력을 한곳에 모아서 깊이 몰입해야 하는 것이다. 그러나 결과는 항상 같지 않다. 특정 분야에서 성공한 사람들을 보면 남다른 노력을 했다고 하지만 여러 요인이 복합적으로 작용했다는 것을 알 수 있다. 한 분야에서 최정상에 오르거나 최정상에 오른 집단의 한 사람이 되기 위해서는 성공을 만들기 위한 수없이 많은 요구 사항에 대해 불평하지 말고 만족해야 한다는 얘기다. 그 가운데 한두 가지가 부족하다면 도달하기 어렵다는 이치다. 노력을 하고 학습을 한다는 일은 성공을 구성하는 요소이기도 하지만 경우에 따라서는 모든 분야에서 그런 것은 아니다. 경우에 따라서는 그 무게가 차이가 나기도 한다.

찰스 브론슨(Charles Dennis Buchinsky, 1921-2003)이란 배우가 있었다. 1960~70년대에 꽤나 유명했던 배우로 당시에는 모르는 사람이 없었다. 험상궂은 외모, 독특한 표정, 잘 다듬어진 근육질 몸매로 독특한 범죄 영화 장르에서 빛을 봤지만, 그가 처음으로 주연을 맡은 것은 38세 때였고, 대중에게 인상을 심어준 영화는 43세가 되어서야 나왔다. 그는 무려 74세까지 영화에 출연했다. 그의 인상은 나이를 알아보기 어렵다는 장점이 있었다. 가난한 광부의 아들로 태어나 고등학교 졸업 후 광부 생활을 했던 것이 그의 사회 경력 전부였을 정도로 생활고에 시달렸지만 배우로 성공한 이후 한동안 그의 노화는 멈춘 듯 보였다. 그가 83세까지 장수를 누리는 동안 외모만 보고 실제 그의 나이를 알아내기란 쉽지 않았다. 그의 전성기는 그가 50대였던 1970년대였다. 그의 성공 비결은 무엇이었을까? 그의 인생을 속속들이 알 수도 없고, 그런 자료 역시 없다. 게다가 연예계라는 대중에게는 다소 거리가 느껴지는 분야를 예로 들다 보니 보통 사람의 인생과는 거리가 있어 보이겠지만 연예계만큼 환경 변화의 속도가 빠르고 종사하는 사람들의 생명이 짧은 곳도 없다.

1990년대 이후 '벤처'라는 단어가 인구에 회자되던 시절, 연예인은 '걸어 다니는 벤처 기업'이라 비유되고는 했다. 배우는 자신이 출연한 영화의 관객 수나 드라마의 시청률에 매달려야 한다. 가수는 자신이 내놓은 노래가 인기를 얻지 못하면 한두 번 정도는 용서가 되겠지만 실패가 반복되면 시장에서 잊혀지게 되어 있다. 기업으로 치면 파산인 것이다. 대중은 인기가 치솟으면 열광하지만 잊힌 광대에 대해서는 냉혹하기 짝이 없다. 이른바 '대박'이 터지면 수입도 명성도 함께 얻지만 실패하면 모든 것을 잃는다는 점과 성공의 확률이 지극히 낮다는 속성은 독특한 기술이나 지식을 바탕으로 시장의 지배력을 확보해야 하는 벤처기업과 매우 유사한 것이다. 가끔 보도되는 왕년의 스타들의 죽음을 보면, 전성기만은 못해도 그런대로 생활을 영위한 사람들도 있지만 가진 것 없이 쓸쓸히 최후를 맞이한 사람들이 적지 않다. 보통 사람들이 근접하기도 힘든 무언가 특별한 곳에서 살 것 같았던 사람들이 병마와 빈곤에 시달리다 천수도 누리지 못하고 죽거나 심지어는 스스로 목숨을 끊기도 하는 것을 보면 씁쓸한 마음을 금할 길이 없다. 간결하게 말하자면 인기나 직업의 생명만큼 그들의 육체적 명(命)의 길이도 굵고 짧게 나타나는 셈이다.

'대박'이 난 벤처기업의 창업주가 되었든 인기 절정의 연예인이 되었든 그들에게는 성공이란 꼬리표가 붙는다. 그리고 성공한 사람들은 부러움의 대상인 동시에 학습의 대상이 된다. 나도 그렇게 하면 될 것이라는 막연한 기대가 그리 길지는 않지만 대중에게 호소력 있게 다가온다. 베토벤(Ludwig van Beethoven, 1770-1827)의 아버지가 모차르트를 모델로 혹독한 훈련을 시켰다는 얘기는 유명하다. 그에게 자신의 아들이 모차르트 같은 신동인지 판단할 능력이 있었는지는 알 길이 없으나, 분명한 것은 자신이 이루지 못한 성공한 음악가라는 꿈을 아들이 이루어주기를 바라는 혈연 세습적 목표 의식이 뚜렷했다는 사실이다. 물론 그 과정에서 모차르트의 천재성과 동일시하기 위해 아들의 나이를 속이기도 했다. 어처구니없게도 그는 50세가 될 때까지 자신의 나이를 실제보다 두 살 어리게 알고 있었다. 그는 그의 음악만큼이나 고달픈 인생을 살았지만 근대 음악의 악성(樂聖)으로 불리게 되었다는 점에서 성공적인 삶을 산 사람으로 기억되고 있다. 모차르트도 어렸을 때 혹독한 훈련을 받았는지는 알 수 없다. 그러나 뼈를 깎는 노력과 농도 짙은 훈련 강도, 학습의 시간 수 등이 과연 베토벤을 음악의 전설로 만드는 가장 중요한 요인들이었을까 하는 점에는 의문이 따른다. 다양한 해석이 가능하겠지만 인간의 능력을 개발하는 영역 가운데 최상위에 있다고 하는 창작의 영역에서는 더욱 그럴 것이다.

역사적으로 수많은 천재들의 인생은 결과에 대해 나름대로 또는 제멋대로 해석을 달아주는 방식으로 후세의 교육을 위해 이용되어왔다. 진실에 대한 왜곡조차 서슴지 않는 경우도 허다했다. '꿈보다 해몽'이나 '장보다는 뚝배기 맛'이란 표현에 어울리는 경우가 허다했다. 인류의 발전이나 진화에 업적을 남겨놓은 영웅들도 예외는 아니었다. 경쟁을 통해 더 큰 권력이나 재산을 얻으려 고군분투했던 그들의 인생은 철저히 미화되었다. 그런 이야기 속에서는 그들이 인간 본연의 욕망 속에서 건져낸 목표를 얻기 위해 희생했다는 점이 생략되거나 회수가 불가능할 정도로 지불된 막대한 비용들이 고귀한 대가로 칭송되는 것이 하나의 공식이었다. 성공이란 항상 무언가를 쟁취했거나 보여줄 만한 가치가 있는 것을 소유함을 의미했다. 진실에 대한 평이한 서술은 대중의 관심을 끌지 못했으며 자기 자신의 보람을 찾거나 자신의 잣대에서 행복한 삶을 산 사람들의 생애는 결코 이야깃거리가 되지 못했다. 설사 이야기를 전한다고 할지라도 관심의 대상이 될 리 없기 때문에 그런 역할을 하는 기자들이나 제작자들은 외면할 수밖에 없었다. 개미는 철저하게 선한 동물, 베짱이는 악한 동물일 수밖에 없었던 것이다.

동양적 문화의 바탕이 되는 유불선(儒彿仙) 사상이나 공맹(孔孟)의 주장을 보면 본래 성취 지향적 요소가 빈약하다. 욕망의 절제나 예의 실천, 탈물질적 정신세계의 강조는 입신양명(立身揚名)보다는 깨우침의 목적이 강했다. 이런 사고가 동양의 발전을 저해하는 요소가 되어 15세기 이후 세계의 주도권이 서구로 넘어가 그들의 손아귀에 놀아나게 되었는지도 모른다. 그 이후 인류는 거의 500년 동안 물적 성장에 광분해 있었고, 그러한 목적을 달성하기 위해 가장 적합한 체계를 만들고 통일되게 적용하기 위해 피의 대가를 치렀다. 그리고 그 과정에서 치른 엄청난 대가는 화려하기만 한 인류의 번영 성과에 가려져 무시되었다. 사람들의 사고는 목적을 달성하기 위해 과정상 겪어야 하는 고난을 아름답게 여기도록 세뇌되어갔다. 마치 베토벤이 인류의 영혼을 달구어줄 전설적인 곡들을 남겼지만 홀로 하숙집에 살면서 쓸쓸히 눈을 감은 것처럼. 그러나 알려지지 않은 베토벤이 얼마나 많이 이 세상에 존재했으며 그들이 지불한 대가가 얼마나 혹독했는지를 기억해주는 사람들은 없다. 물론 알지도 못하며, 알려고 하지도 않는다. 베토벤은 그나마 찬란한 결과물을 남겨놓는 데 성공한 한 사람일 뿐이다. 알려진 베토벤의 인생은 더 많은 베토벤을 양산했을 것이다. 피카소(Pablo R. Picasso, 1881-1973)의 영역에도, 안데르센(Hans C. Andersen, 1805-1875)의 영역에도 그런 사람들은 무수할 것이다. 그들의 생애는 각고 끝에 자신이 신으로부터 부여받은 재능을 살려 성공한 것으로 묘사되었다. 너도나도 그렇게 되리라는 희망을 안고 예상치도 못한 고난을 겪었지만 아직까지 베토벤도 피카소도 안데르센도 역사에는 나타나지 않는다. 꿈꾸었던 사람들이 발버둥치며 노력한 강도나 투자한 시간이 얼마가 되었건 모델로 삼은 대상의 인생을 정확히 알지 못하는 이상 비교할 길도 없다. 재능이나 운이라는 것은 더욱더 측정할 길이 없다. 각자는 자신의 노력이 부족했다고 반성도 하고 운이나 재능이 부족했다고 탓을 하기도 할 것이다. 내적 유인(誘因)이 되었건 외적 유인이 되었건 분명한 사실은 자신이 목표한 바는 이루지 못했고, 한 번뿐인 인생은 그렇게 마감될 것이라는 것이 냉혹한 현실이다.

아마도 그들이 겪었던 고뇌와 진실의 실체를 정확히 안다면 그렇게 살아보겠노라고 나설 사람은 많지 않을 것이다. 그들이 원했건 그러지 않았건 그들은 인간으로 태어나서 누려야 할 기본적 행복을 철저히 박탈당했다. 전 국민을 향해 자신의 주장을 담은 연설을 하는 막강한 권한을 가진 대통령은 한가하게 공원을 산책하며 수다를 떨다가 소주를 마시고 급한 김에 방뇨를 할 수도 없고, 주중에 마음 맞는 친구들을 불러들여 골프를 칠 수도 없다. 선택은 자유다. 왕이나 귀족으로 태어나지 않는 이상 짐승과 다른 인간으로 대접받고 덜 고생하며 살기 위해 애써야 했던 시대는 지났다. 대다수의 인구가 목구멍에 먹을 것을 넣기 위해 대부분의 시간을 소비해야 했던 시대는 지나버린 것이다. 물론 아직도 그런 사람들이 지구상에 다수 존재하고 있지만 머지않아 사라질 것이다. 그러나 인간의 생각은 과거에 머문다. 그 이유는 자신의 경험을 바탕으로 후세를 교육하기 때문이다. 자신이 10대 때 겪었던 환경과 대처 방안을 자신의 자녀나 교육 대상자인 아이들이 10대일 때 똑같이 요구한다. 현재의 상황은 바뀌었는데도 교육의 목표는 과거에 수렴하며, 그 아이들이 살 미래에 대한 대비는 교육 내용에 없다. 그렇게 최고가 된다거나 투쟁에서 이기지 못하면 생명이나 존재가 위협받았던 경쟁적 시대의 사고가 수백 년을 유지해왔다. 자신의 선택으로 얼마든지 누릴 수 있는 것들을 착각에 빠져 스스로 걷어차게 된 것이다. 눈앞에 연못이 있고 무릎을 굽히면 마른 목을 축일 수 있는데 꾹 참고 수도 시설을 만드는 것이다. 정수 시설을 만들고 수도꼭지에서 나오는 물을 다시 정수해 끓여서 마실 수 있을 때까지 참는 것이다. 그러느라 목은 타들어가고, 도중에 쓰러지거나 죽을 수도 있다. 인간은 서서히 무엇을 위해 노력하고 학습하며 왜 살아가는지를 망각하게 된 것이다.

자신이 노력한 것들 가운데 어떤 것들이 얼마나 의미가 있었고 헛된 것이었는지 판단을 할 수 있는 것은 결코 개인의 몫이 아니다. 노력의 대가는 시간이 흘러가면 가시적으로 나타나지만 그로 인해 얻는 것은 대개 충족할 만하지 못하다. 우리는 긍정적 사고방식을 가지고 더 많은 노력을 통해 목표를 달성하려고 하기도 하고, 실망과 좌절감에 후회하기도 한다. 그러나 단기간이 아닌 긴 시간 동안 노력을 기울였을 경우 후회하는 사람은 많지 않다. 인생의 황혼기에 접어든 사람이 선택할 수 있는 것들은 지극히 제한적이다. 기회를 얻을 시간이 없는 상황에서 자신의 인생을 건 노력들이 한낱 물거품이 되어버려 헛된 것임을 인정하기란 쉽지 않은 일이다. 스스로 패배자임을 인정하는 꼴이 되기 때문이다. 만약 죽음을 목전에 둔 사람들에게 이런 질문을 던진다면 무엇이라 답할까? 한때 이에 대한 관심이 높아져 암이나 후천면역결핍증과 같은 시한부 인생을 찾아가 인터뷰를 한 내용을 소재로 책도 발간되고 방송도 만들어진 적이 있었다. 그 중 인상적인 내용 하나를 상기해본다.

폐암 판정을 받은 65세의 안 씨는 3개월 여의 시한부 인생을 남겨놓고 있었다. 그는 수술을 거부하고 시설 좋은 요양원에서 여생을 보내고 있었다. 질문은 '다시 태어난다면'이라는 주제로 나 자신의 인생에서 후회스럽거나 아쉬운 점은 없냐는 것이었다. 그녀는 아직 기력도 있고 또렷하게 대답할 만큼 정신도 온전해 보였다. 표정도 그리 어둡지 않았다. 옛날 같으면 65세란 나이는 천수를 누렸다고 여겨질 나이이지만 요즘은 평균수명에 15년이나 부족하다. 그녀는 이미 준비해놓은 것처럼 대답했다. "나는 평생 아파트 평수를 늘리기 위해 살아왔습니다. 처음에 내 집을 마련하고 수십 차례 평수를 늘려 이사했지요. 결국 80평대 아파트에 살게 되었는데 몹쓸 병에 걸렸습니다. 왜 나와 내 가족들이 왜 입을 것 못 입고 먹을 것 못 먹어가면서 그 짓을 했는지 후회가 됩니다." 그러고는 웃으면서 말을 이었다. "그렇지만 만약에 의사가 나에게 오진이었으니 곧 쾌차할 거라고 하면 퇴원해서 그 짓을 또 시작할 거예요. 하지 않을 거라고 약속하지 못해요." 나는 그녀의 표정 속에서 인간의 욕망을 진솔하게 표현하는 정직을 읽었다. 그녀는 자신이 저지른 과오를 전혀 수치스러워하지 않았고 대담하게 자신의 생각을 대중에게 밝혔다. 자신이 품었던 목표가 옳지 않았음을 솔직히 인정하고 후회스럽다고 자백한 것이다.

시한부 인생을 사는 사람들은 자신의 죽음을 준비하는 과정에서 인생을 돌아보고 후회한다. 언제 죽을지 모르는 노인들과는 상당히 다르다. 젊은이와 노인은 죽음에 얼마만큼 가까워졌는지가 다를 뿐이지 확정된 것은 아니라는 점에서 다를 바 없다. 당연히 삶에 대한 집착은 대체적으로 노인들이 강하다. 그러나 죽음이 확정되어 임박하거나 유언을 말할 정도의 시간만 주어진다면 후회하고 용서를 구하게 된다. 자신의 죽음이 결정된 경우와 그렇지 않은 경우의 차이는 사형이 확정된 죄수와 재판 중인 죄수의 차이와 유사하다. 판결 전에는 자신의 정당성을 강하게 주장하기도 하고 사정해보기도 하지만 형이 확정되면 입장이 달라져 모든 것을 한꺼번에 포기하게 된다. 대부분 자신의 죄를 뉘우치며 후회하는 것이다. 생명 줄을 놓으면 더 이상 욕망의 주도자도 노예도 되지 못한다. 살아 있다는 것은 어떤 방식으로라도 욕망을 추구하게 만드는 원인이 되는 것이다. 욕망의 과잉된 추구는 죽음이 결정된 사람들에게는 후회의 가장 중요한 원인이 된다. 욕망을 채우려고 세워놓은 수많은 목표를 달성하기 위해 치른 자신의 노력과 주변인들의 희생은 죽음을 목전에 둔 사람의 시각에서 볼 때 허무하기 짝이 없다. 그러나 그 죽음이 취소된다면 인간은 다시 제자리로 돌아간다. 남은 삶 동안 또 다른 목표를 세우고 얻어내기 위해 미래에 또다시 후회할 일들을 반복할 것이다. 안 씨는 끝내 숨을 거두었지만, 만약 그녀에게 회생의 기회가 주어졌다면 그녀 말대로 아파트 평수를 늘리기 위해 살지는 않았을 것이다. 그녀에게는 깨달음이라는 축복이 있었기 때문이다.

4

우리는 정말 가난한 것일까

사실 우리 가운데 가난한 사람은
아무도 없다.
누구도 우리를 가난하게 만들지 않았는데도
스스로 가난해진 것이다.
그러므로 우리는 가난의 멍에를
스스로 벗어던져야 한다.
다음 한 끼를 걱정하고
아이들의 학자금을 걱정하는 물질적 가난이든
시간을 쪼개도 정든 사람들을 찾지 못하는
마음속의 가난이든
가난의 굴레를 벗고 자유를 얻어야 한다.

가난의 정의

산업혁명의 다양한 결과 가운데 하나는 인간과 화물의 이동 시간을 단축시킨 교통수단의 발명이었다. 동력 기구의 개발은 인간이 만든 도구가 지구상의 창조물을 대신할 수 있다는 사실을 입증했다. 그 이후 지구의 표면은 인간이 만든 도구들로 뒤덮이기 시작했다. 다른 한편으로 지구상에 존재하는 모든 생명체들은 오로지 인간의 필요성에 따라 개조되거나 번성하게 되었고, 천연자원은 인간이 필요한 도구를 만들기 위해 쓰였다. 그뿐 아니라 자연의 섭리라 할 수 있는 먹이사슬의 최상단에 위치한 인간은 누구의 방해도 받지 않고 왕성하게 번식할 수 있었다. 인간들은 맹수로부터 안전해졌고, 병마로부터 어느 정도 자유로워졌으며, 거의 최근에 와서야 가능해졌지만 궁극적으로는 인간들 간의 싸움으로부터 보호받을 수 있게 되었고, 의학을 발달시켜 수명까지 연장함으로써 인간 존재의 지위를 부동의 지존으로 확고히 할 수 있었다. 인간들 스스로 산아제한을 하거나 아직까지는 상상의 산물이지만 예기치 못한 외계로부터의 침략이 있기 전까지는 짧은 시간 내에 지구는 인간의 포화 상태에 직면하게 될 것이다. 그리고 유일하게 개인적 자유를 구가할 수 있는 인류는 끝까지 자기중심적 사고를 버리지 못할 것이다.

인간을 망가뜨리는 원천이 인간의 욕망이라는 사실에 이의를 제기할 사람은 많지 않다. 또한 모순되게도 그러한 욕망이 인간의 진화와 개발, 그리고 인류 발전의 원동력이었다는 사실에 이의를 제기할 사람도 없을 것이다. 이렇듯 인간의 욕망은 동전의 양면과도 같기에 욕구를 충족하는 데 들이는 힘을 조절해야 한다는 생각, 즉 중용의 미덕이 강조되고 역설되었을 것 같아도 실상은 그렇지 않았다. 욕망의 억제는 언제나 미덕으로 간주되었고, 규율·법·규범 등에 광범위하게 적용되었다. 스토아학파를 비롯한 서양의 금욕주의 철학이나 동양의 불교 사상은 대표적인 금욕주의 사상이다. 물론 반동적 의미로 쾌락주의도 더러 등장했지만 실제 그 영향은 크지 않았다. 그뿐 아니라 유교를 비롯한 동양의 철학 사상 대부분은 절제와 겸양을 미덕으로 삼고 있다. 욕망이 철저하게 억제되도록 하는 데 초점이 맞추어진 이유는 여러 가지로 추론할 수 있다. 첫째는 인간의 본능이 근면보다 나태하기가, 검소보다 사치하기가, 절제보다 방종하기가 쉬운 경향이 강하다는 점이다. 역사적으로 인류가 교육의 목표를 본능의 억제에 둔 것이 인류의 발전에 상당히 긍정적으로 작용했다는 데는 이의가 없다. 이른바 성공이라는 세인의 인정을 획득한 사람들은 자신이 노력으로 인내하고 본능을 억제함으로써 그 자리에 섰다고 뽐내왔다. 둘째는 통치의 문제였다. 한 사람이나 소수가 다수를 통치하려면 지배자의 탁월함이 전제되어야 하는데, 자신을 더욱 탁월하게 만들고자 인간 본능의 추구는 죄악이라 세뇌함으로써 자신은 더욱 강하게 만들고 상대는 나약하게 만들어 지배의 수월성을 높인 것이다. 셋째는 욕망의 절제를 강조하는 것이 사회적 질서를 유지하는 데 결정적인 역할을 했다는 점이다. 제한된 자원을 좀 더 많이 차지하려면 항상 싸움이나 투쟁이 동반되게 마련이고, 그에 따라 질서는 불안해졌다. 그러나 욕망의 절제가 법이나 규범 위에 강조됨으로써 욕망을 추구하는 마음을 호되게 질타할 수 있었다.

동양의 문화가 금욕을 미덕으로 삼아 거대한 제국을 건설하고 있었을 때 서양을 지배했던 기독교 사상은 새로운 전기를 마련했다. 가난한 목수의 아들로 태어난 예수는 신분과 성별, 민족 등 인간의 차별을 유발하는 모든 조건들을 뛰어넘는 교리로 절대적 종교를 탄생시켰다. 이웃을 네 몸처럼 사랑하고 원수조차 사랑하라는 교리를 가진 기독교의 탄생은 서양 역사와 문화에 한 획을 긋는 결정적 사건이었다. 그러나 초기에 박해당하던 시절 기독교의 순수성은 로마제국에 의해 공인되고 국교로 선포된 이후 제국의 문화권 안으로 흡수되었다. 그러는 동안 기독교는 목숨을 바쳐야 했던 박해로부터 벗어나 섬김의 자유를 얻었지만, 내적으로는 평등과 사랑이라는 근본정신이 퇴색되어갔다. 그들은 금욕을 외치면서 자신은 사치했고, 교황의 권력은 정치적 절대 권력을 능가할 지경에 이르렀다. 게다가 기독교는 제국의 국교로 공인되면서 타 종교에 대한 박해를 서슴지 않는 모순에 빠졌다. 그들은 타 종교인들을 로마제국의 권위 아래 형장의 이슬로 사라진 초기 기독교의 순교자들처럼 만들었다. 11세기 말부터 13세기 말까지 계속된 십자군 원정이나 16세기부터 100년 이상 계속된 종교개혁운동은 그러한 모순의 증거들이다. 지난 세기 공산주의의 타락과 몰락의 과정은 당시 기독교의 타락과 실로 유사성이 많다. 종교개혁의 빌미는 널리 알려진 바와 같이 면죄부 판매에 있었지만, 부의 축적을 정당화하는 칼뱅(Jean Calvin, 1509-1564)의 종교개혁은 지금까지 자본주의를 지구상의 절대적 가치로 군림하게 하는 데 결정적인 역할을 했다.

유럽의 산업혁명이나 미국의 세계 정상 등극은 기독교라는 종교가 자본주의와 결합되어 나타난 결과물이었다. 이전의 철학자들이나 종교들이 인간의 욕망을 절제하라고 외치며 물질적 부의 축적을 죄악시한 것과는 대조적이었다. 인간의 욕망 추구를 노력과 결부시켰고, 신의 범주에서도 독려될 수 있는 행동으로 받아들여진다는 자신감을 누구나 가질 수 있게 했다. 여기에 인간의 의지로 원하는 바대로 생각하고 행동할 수 있다는 자유사상이 결합되면서 인류의 방향은 도덕과 윤리에 둔감해지기 시작했다. 금욕이나 절제란 개념은 인간의 자유를 방해하는 것이며, 욕망의 추구는 어떤 경우에라도 정당화될 수 있다고 믿기 시작했다. 인간은 충분히 그리고 일찌감치 자신의 기본 욕구 대상인 먹을 것과 입을 것, 그리고 잠잘 곳을 어렵지 않게 해결했다. 그리고 그런 것을 얻기 위해 크게 노력하거나 경쟁할 필요도 없어졌다. 자국 국민들이 인간의 경제적 기본권을 행사할 수 있도록 조치할 수 있을 만큼 여유가 있는 국가들의 수는 금

세기 들어 점점 늘어가고 있다. 결국 대중은 생활 속에서 충분한 시간적 여유를 가질 수 있게 되었다. 그리고 주어진 그 넉넉한 시간 속에서 매우 떳떳하게 자신의 개성에 맞는 욕망을 추구할 수 있게 되었다.

분배 시스템이 완벽하다고 가정할 때 인류의 생산 능력이 모두의 기본적 욕망을 충족할 수준이 된 것은 매우 오래전 일이었을 것으로 추정된다. 중국의 역사를 보면 300년이 멀다 하고 왕조가 교체되고 지역적으로는 전쟁을 치르지 않은 세대가 없을 정도였으니 백성들은 엄청난 불안에 시달려야 했다. 그러나 생산을 위한 핵심 노동력을 군사력 증강을 위해 빼돌리고 엄청난 양의 자원을 군비로 소비하는 전쟁의 소용돌이 속에서도 심한 흉년의 재앙이 오지 않는 한 먹고는 살았다. 중국의 비옥하고 넓은 땅은 현재 지구상에서 가장 인구가 많은 나라가 될 수 있었던 이유이기도 하다. 다만 신분 사회라는 시스템적 요소와 낙후된 물류의 문제가 분배를 방해했다. 그래서 지배 세력들은 통치의 차원에서도, 교육의 차원에서도 근검절약을 강조했다. 인간의 욕망을 죄악시하는 그럴싸한 식자들의 논리는 자연스럽게 대중 가운데에서 불만 세력이 고개를 들지 못하게 했다. 지배 세력의 의도와 교육 이념의 방향이 교묘하게 같은 방향으로 향하면서 이해관계가 맞아떨어진 셈이다.

그러나 산업혁명 후 대량생산과 대량소비, 급속한 소득 증가가 이루어지고 물류가 발달하면서 더 이상 근검절약을 강조할 수 없게 되었다. 양차 세계대전으로 다소 시간이 지체되기는 했지만 대량생산 시스템에서 절약이란 자본주의의 순환을 방해하는 치명적 요소였다. 아직도 사치나 허영이란 단어를 불량하게 여기는 이유는 전쟁을 경험한 세대들이 가지는 가치관에 대한 집착 때문이거나 자신이 아닌 낙후된 지역의 기아에 대한 미안한 감정 때문일 뿐이다. 20세기 후반 만약 미국이 세계의 소비 시장 역할을 하지 않았다면, 또 만약 향후 브릭스(BRICs)와 같은 신흥 시장에서 소비가 절제된다면 현재의 자본주의 시스템의 작동을 유지하기 위해 인류는 3차 대전을 일으켜야 하는 압력에 시달리게 될지도 모른다. 부연하면 대량생산의 확대는 대량소비를 유도할 것이고, 궁극적으로 이제까지 쌓아왔던 청렴을 바탕으로 한 윤리 의식은 혁신이나 개혁이라는 그럴싸한 가치 앞에 무너져내릴 수밖에 없는 지경에 이르렀다.

가난의 정의는 국가의 경제적 수준에 따라 천차만별이지만, 부자의 정의는 국가의 경제적 수준에 따라 별반 차이가 없다. 부자의 사전적 정의는 상당한 재산과 소득을 가지고 돈에 구애받지 않으면서 자신이 원하는 대로 넉넉하게 소비하며 살 수 있는 사람이다. 좀 더 구체적으로 설명하자면 고급 주택이나 자동차, 귀금속, 휴가의 방법, 먹을 것과 입을 옷 등 많은 비용을 지불해야 획득이 가능한 여러 가지 것들을 소유하고 소비하는 행태로 나타날 것이다. 물론 특정한 나라 안에서 대부분의 사람들과는 차별되는 모습으로 나타나기도 한다. 미국 부자들의 저택과 동남아 부자들의 저택, 중동 갑부들이나 아프리카 국가 부자들의 저택은 다소 모양은 달라도 유사한 형태를 보인다. 문화가 다르거나 개인적 취향이 다를 뿐 원한다면 더욱 유사할 수도 있을 것이다. 그러나 독일의 가난한 사람의 형태와 미국의 가난한 사람, 캄보디아의 가난한 사람들의 형태는 결코 같지 않으며 수적 비율도 결코 같다고 볼 수 없다는 점에 공감할 것이다. 독일의 경우에는 정부가 마련한 주택에 살면서 정부의 보조금을 받으며 생계를 유지하는 사람 정도가 될 것이다. 그들은 원하는 만큼의 소비생활을 할 수는 없겠지만 의식주와 의료 서비스를 제공받으므로 생계를 유지하는 데는 큰 지장이 없다. 미국의 경우에는 노숙자 신세로 전락해 무료 급식소에서 식사를 하고 실업수당을 받으며 살아야 할 정도면 가난한 사람에 속할 것이다. 그들은 교육과 기본적 의료 혜택을 받고 생계는 유지하지만 상대적 빈곤감과 패배 의식 때문에 몸과 마음이 건강하기를 기대할 수는 없다. 그러면 캄보디아의 가난한 사람들은 어떨까? 흔히 얘기하는 절대 빈곤에 처해 의료와 생계, 교육에 대한 혜택을 받지 못하고 있다. 경제활동을 할 수 없거나 하지 않으면 살아갈 수 없고 열악한 주거 환경으로 기본적인 생활조차 버거운 사람들로, 국민의 대다수가 여기에 속한다.

단순한 비교로 봤듯이, 캄보디아의 부자들이 미국에 간다면 극소수이기는 하지만 부자의 대열에 설 수 있을지 몰라도 미국의 가난한 사람이 캄보디아의 수준에서 본다면 단숨에 중산층 이상으로 격상된다. 즉 국가의 경제 수준을 올린다는 것이란 가난한 사람들의 수를 줄여나가고 부자들의 수를 늘려나가는 것이다. 물론 가난이 절대적 개념이 아니라 상대적 개념인 이상 아무리 가난한 사람들의 수를 줄여도 가난한 사람들의 수준을 올리는 것일 뿐 가난한 사람들은 어느 나라 어느 사회에서나 존재할 수밖에 없다. 그것은 경차를 타고 가는 사람이 벤츠 최상급 모델을 타고 가는 사람을 보고 느끼는 감정과 엄동설한에 출근을 위해 먼 길을 걸어가는 사람이 자기 소유의 경차를 타고 출근하는 사람을 보고 느끼는 감정의 차이를 의미한다. 순수 자본주의 국가인 미국이나 사회적 자본주의 국가들인 유럽 국가들은 목표와 방법에 차이가 있겠지만 국가의 번영이나 발전 단계에서 지향하는 바는 큰 차이가 없다.

소비가 미덕이 되고 사치나 허영이 정당화되면서 절대적 빈곤은 급격하게 줄어들었지만 상대적 빈곤감은 더욱 커져가고 있다. 과거에는 근검이나 절약이 사회를 지배하는 계층의 계략이었고, 대부분의 사람들은 무지로 인해 눈치채지 못하고 그럭저럭 살아갔다. 그러나 지금은 소비를 원하지만 그렇게 할 수 없는 영악한 대중들이 사치나 허영을 비난하는 행태로 바뀌어가고 있다. 한때 개도국 정부들은 경제의 고속 성장으로 부자들이 등장하자 그들의 소비 행태가 위화감을 조성하는 과소비라면서 과소비 퇴치 캠페인을 벌이는 등 소란을 피웠다. 휴가철에 골프채를 들고 공항을 나서는 사람들의 짐꾸러미를 뉴스 기사화하는 것이 단골 메뉴였다. 그들은 국가의 제한된 자원이나 글로벌 경제위기 등 그럴싸한 이유를 대가며 사치스러운 행위들을 단죄하는 척했다. 대부분의 국민들이 상대적 빈곤감 혹은 시기심의 발로로 고통스러웠던 마음 한구석에 위안을 받았음은 물론이다. 그러나 그들이 비난하는 대상은 사실 정부에 가장 많은 세금을 내는 고마운 사람들이며, 과소비야말로 불경기로 소비가 줄었을 때 과잉 생산으로 인한 재고를 줄여주는 몇 안 되는 탁월한 방법이라는 것을 눈치채기 시작했다. 과거 가난한 후진국 시절에 국가를 경영하는 수단 중 하나였던 구태를 슬그머니 벗기 시작한 것이다. 대신 사이버 공간을 누비는 불만에 가득한 상대적 빈곤자들의 입에서는 사치나 허영이 생활화된 부자들에 대한 비난이 거침없이 쏟아지기 시작했다. 그들은 과연 어떤 대상을 비난할 만큼의 권리를 가지고 있는 것일까? 그들은 과연 상대적으로 물질적 풍요를 누리는 사람들을 미워할 만큼 가난한 것일까?

매체가 아닌 개인의 힘으로 정보를 생성하고 유포할 수 있게 된 것은 개인의 정치적 자유가 허용되고 나서도 훨씬 뒤에야 기술의 발전에 힘입은 덕분이다. 대의 민주주의나 여론을 형성하는 언론은 기술적으로 대중의 의사나 의견을 한꺼번에 반영할 수 없다는 점 때문에, 그리고 대중 모두가 교육의 혜택을 받을 수 없을 만큼 사리 분별의 평준화가 더디게 진행되었기 때문에 생겨난 도구였다. 대중은 쉽게 선동되었고 쉽게 복종했다. 그들은 철저히 통치자나 지배 세력이 취사선택한 정보에만 노출되었고, 진실보다는 의도된 방향대로 믿도록 길들여졌다. 나름대로 의견을 가지고 토론을 할 수 있는 능력이 충분히 있는 개인들도 대중이라는 테두리 안에 들어가면 어처구니없게도 분별력을 잃게 된다. 이런 현상은 군중심리에 기인한다. 절대적 권력을 가진 계층이 장기적으로 자신의 지위를 유지하기 위해 반대 세력을 잠재울 때 군중심리는 매우 효과적으로 사용되었다. 대중이 장기 집권 욕망을 혐오해 일어나는 반발심보다 더 혐오스러운 혐의를 반대 세력에게 덮어씌우는 것은 매우 고전적이지만 효과적인 방법이었다. 예컨대 용공이나 부패, 패륜 등의 혐의를 조작하는 것이다.

그러나 권력의 장기 집권이 제도적으로 불가능해지고 이른바 민주화로 인해 언론의 자유가 어느 정도 보장되면 이야기는 달라진다. 권력을 차지하는 것이 궁극적 목표인 정치 집단은 차기 집권을 위해 대중을 향해 고전적인 방법을 사용한다. 집권을 위해 달콤한 약속을 했던 현재의 지배자들에 불만을 가지지 않을 수 없는 대중이 분개하더라도 절대적 권력 시대에 썼던 방법대로 거창하고 악랄한 혐의를 조작할 필요가 없다. 대다수의 사람들이 공정성이나 형평성에 위배된다고 여기는 주제면 충분한 것이다. 예컨대 탈세나 학력 위조, 병역 기피 같은 것들이 여기에 속한다. 대다수의 국민들이 세금을 내고 있고, 힘들게 공부했으며, 남자라면 병역을 필했기 때문이다. 게다가 누구나 할 수만 있다면 세금을 안 내고 공부 열심히 안 하고 다소 선천적 자질이 떨어져도 명문 학교를 졸업하고 병역 면제를 바라는 이상 선동에 성공할 수밖에 없다. 이 선동이 성공하면 차기 집권은 어느 정도 가능해지며, 똑같은 일은 반복에 반복을 거듭하게 될 것이다. 대중 스스로 가난하다고 여기게 되는 원인은 여기에서 출발한다.

선동의 출발은 인간의 크고 작은 내적 불만을 자극하는 데서 시작된다. 인간의 몇 가지 개별적 유형에 따라 심리적으로 분석해보면 재미있는 현상들이 발견된다. 첫 번째 유형은 물적 욕심이 남달리 많은 사람들이다. 그들은 남들이 자기보다 많이 가졌다고 생각할 때 참지 못한다. 나보다 많은 것을 가진 상대가 자신의 것을 앗아갔다고 생각해 분개하는 것이다. 예컨대 어떤 부자의 재산이 1조 원가량 된다는 사실만으로도 그들은 고통스러워한다. 만약 그 부자가 자신의 주변인이라면 그 정도는 더 심해진다. 흔히 이런 심리를 질투나 시기라고 하지만, 사실은 소유라는 그릇은 아무리 채워도 채워지지 않기 때문에 그런 것이다. 이런 사람은 부자의 재산이 부당한 방법으로 형성된 것이라는 사실이 밝혀지더라도 추가적으로 분개하지는 않는다. 정의의 심판으로 그 재산을 환수한다 해도 자신의 것이 되는 것은 아니기 때문이다. 오히려 비록 상상이지만 그런 부정한 방법으로라도 가질 수만 있다면 소유하고 싶다는 유혹을 받게 된다.

두 번째 유형은 자신이 가난하다고 여겨지는 것보다 불쌍하다고 여겨질 때 참지 못하는 사람들이다. 공교롭게도 영어에서 가난함과 불쌍함이 'poor'라는 하나의 단어로 표현되는 것을 보면 흥미롭다. 다들 자기가 자존심이 강하다고 하지만 사실은 이런 사람들이 자존심이 강한 것이다. 가난은 무시의 대상이 되지만 불쌍하다고 여겨져 동정받게 되는 것은 자존심에 상처를 입히는 것을 의미한다. 흔히 어떤 여성이 자신을 사랑한다고 생각한 남자가 동정심을 가진다면 참지 못하게 되는 이유와 유사한 심리다. 가엾게 여기는 마음인 측은지심(惻隱之心)은 수평적 관계에서는 발생하지 않는다. 당연히 기부를 하거나 성금을 내는 행위가 칭찬받게 되는 것은 불쌍한 사람들의 존재는 나의 우월을 의미하며 칭찬이나 공감으로 그 행위에 동참함으로써 쉽게 우월한 사람의 대열에 오르게 해주기 때문이다. 반면에 자신이 동정심의 대상이 되어 수혜자의 처지에 놓인 것을 괴롭게 여기는 사람은 대단한 자존심의 소유자인 동시에 부정한 방법에 의한 치부를 참지 못한다. 설사 내 것이 되지 못하더라도 그런 재산은 환수되어야 한다고 생각한다. '형평'이나 '공정'이란 개념을 나름대로 해석해 수평적 관계를 유지하는 중요한 논리로 무장하는 것이 특성이다.

세 번째 유형은 물적 욕심과 자존심을 동시에 가지는 경우다. 얼른 보면 물적 욕구와 자존심을 동시에 추구하니 선동과 같은 외부의 영향에 대해 왕성한 반응을 보일 것 같지만 결코 그렇지는 않다. 대부분 내성적이기 때문에 마음의 문을 열지 않고 나름대로 자신의 기준을 가지고 사는 경우가 많다. 그러나 회유나 설득, 혹은 선동의 한계를 넘어가게 되면 걷잡을 수가 없다. 이른바 골수분자가 되는 것이다. 자신이 물적 풍요를 가지게 되고 무시당하지 않으며 자존심을 상할 일이 많지 않아도 자신의 문제가 아닌 남의 일이나 사소한 문제까지도 결부시킨다. 환경의 변화나 부수적 상황이 달라져도 상당 시간 지속되는 것이 특징이다.

가난하다는 자각을 가지게 하는 방법이나 과정은 다양하지만 결과는 자신과 환경에 대한 분노나 부자들에 대한 증오심, 자포자기로 인한 도덕성의 상실 등 매우 부정적인 현상으로 나타난다. 물론 자극이 되어서 열정적으로 노력하는 경우도 있지만 목표에 매달려 수단과 방법을 가리지 않는 파렴치한이 되기도 한다. 어쨌든 가난하다는 사실을 자각시키려는 세력은 어떤 종류로든지 표출되는 반응 에너지를 자신의 또 다른 목표의 달성에 적절하게 이용해왔다. 당연하게도 스스로 가난하다고 생각하는 사람들은 소득의 증가와 같은 수치적 향상에도 불구하고 꾸준히 늘어날 것이다.

편안함과 불편함

지금은 상당히 나아졌지만, 동서고금을 막론하고 여성으로 태어난다는 것은 세상을 상당히 불편하게 살아야 한다는 것을 의미해왔다. 거창하게 남녀평등론의 결정체인 사회정치적 평등 따위를 논하지 않더라도 가부장제하에서 여성이란 지극히 수동적이고 복종적이어야 했다. 그뿐 아니라 앉은 자세로 소변을 봐야 하는 신체 구조나 월경 같은 생리적 현상만 봐도 남성에 비해 신체적으로도 불편하게 살도록 되어 있다는 사실을 부인할 수 없다. 사실 나는 이런 이야기를 논한다는 것에 대해 고민해야 했다. 어느 곳에서도 이런 이야기를 점잖게 논하는 것을 본 적이 없었고, 혹시나 페미니스트의 공격을 받을까 두렵기도 했기 때문이다. 그러나 20세기 후반부터 불기 시작한 시장 영역에서의 패러다임 변화와 몇몇 기업들의 괄목할 만한 성장을 지켜보며 이런 사소하고 일상적인 사실을 놓치지 않아야 한다는 깨달음을 얻었기에 용기를 내어 언급하게 되었다.

미래에 대한 예측으로 눈길을 끄는 사람들 중 상당수가 미래에는 생명공학처럼 생명체와 관련된 산업이 시장을 지배할 것이라고 예견하고 있음은 주지의 사실이다. 미국의 파이저(Pfizer) 사는 1990년대 초 협심증 치료를 목적으로 개발한 '비아그라'를 발기부전 치료제로 시판하기 시작했다. 결과는 엄청난 성공이었고, 파이저를 순식간에 세계 최대의 제약업체로 성장시켰다. 한국에서는 크게 성공하지 못했지만—파이저는 남성의 권위 의식이 강한 동양권 문화를 이해하지 못했다. 비아그라는 의사의 처방이 있어야 살 수 있으므로 제도권보다 암시장에서 거래되거나 가짜가 판치게 되는 부작용이 생겼다—, 전 세계의 비아그라 복용자는 3800만 명에 달하고 있으며 여전히 시장에서 높은 인기를 끌고 있다. 생명과 관련된, 특히 인간의 생활과 관련된 상품은 인체상의 불편을 직접적으로 해결해줌으로써 짧은 시간에 시장을 공략할 수 있다고 여겨지고 있다.

생명공학적 상품이 시장에서 압도적인 지위를 차지하려면 다음과 같은 요소들이 갖추어져야 한다. 1) 보통 사람들이 관심을 가질 만큼 누구나 느끼고 있는 불편을 해소해야 한다. 2) 한 번에 해결되어 필요가 없어지는 것이 아니라 꾸준히 소비가 이루어질 수 있어야 한다. 3) 사용법이 간편해야 한다. 4) 가격이 납득할 만큼 비싸지 않아야 한다. 5) 부작용이 크지 않아야 한다. 비아그라는 비록 성인 남성에 국한된 시장을 표적으로 하지만 세계적으로 수명이 연장되고 성의 개방 풍조가 확산되는 만큼 시장 성장 가능성이 충분했다. 비아그라는 필요할 때 먹는 일회성 약이었고 물만 마시면 되는 경구용 알약이었다. 가격은 다소 비싸지만 선진국 기준으로는 비싸지도 싸지도 않은 적정한 수준이었고, 의사의 처방을 조건으로 팔 수 있을 정도의 부작용 확률을 가지고 있었다. 이렇게 거의 모든 조건을 충족한 비아그라는 시장에서 열화와 같은 반응을 얻음으로써 미래의 제약사가 지향해야 하는 방향을 제시했다. 즉 기업 관점에서 제약사는 희귀병이나 난치병의 치료약을 세계 최초로 개발해 소수의 생명을 구하는 것보다 인간의 사소한 불편함을 해결하거나 불편함의 해소를 통해 대중적 소비를 이끌어내야 한다는 깨달음을 준 셈이다. 희귀병이나 난치병 약은 시장이 작은 만큼 높은 가격으로 연구비를 상쇄해야 하는데 문제는 발병률과 환자들의 경제력은 별 상관이 없다는 것이다. 예컨대 독감 예방 백신은 흔한 미래의 감기 환자가 보험적 의미에서 구매하는 만큼 시장의 크기가 엄청나게 크기 때문에 신종 플루 백신을 개발한 스위스의 로슈홀딩(Roche Holding) 사는 떼돈을 벌었다.

의도하지는 않았지만 파이저의 비아그라는 '1)'번 항목을 충족했다. 전 세계적으로 볼 때 남성은 여성의 절반이며, 그 가운데 절반은 중년 이상이다. 그리고 인류 역사에서 자주 등장하는 남성의 지배 욕구와 정력 증강에 대한 열망은 상당한 수준의 시장 크기를 보장해준다. 다른 무엇보다 누구나 불편해하거나 열망하는 조건을 충족시킬 수 있는 것을 찾아내야 한다. 그러면 맨 처음 언급한 여성의 월경 문제를 생각해보자. 생리에 대한 처리는 인류 역사의 드러나지 않은 골칫거리였을 것이다. 기록에 따르면 일찍이 천을 이용한 생리대를 썼다고 한다. 아직도 일부 건조한 지역에서는 그대로 내보내 건조시킨다고 하지만, 천 생리대는 여성의 활동에 엄청난 불편을 초래했을 것이다. 게다가 생리통으로 느끼는 고통뿐 아니라 몰래 처리해야 하는 생리대의 세탁과 건조 등의 문제로 이루 말할 수 없는 불편을 겪었을 것이라는 것쯤은 누구나 알 수 있다. 종이 생리대의 보급으로 세탁으로부터의 자유를 얻게 된 것은 최근의 일이었다. 진통제로 통증을 완화하고 생리 날짜를 연기하는 피임약의 보급 역시 최근에 와서야 이루어졌고, 그나마 지구상 대부분의 여성들은 아직도 이런 혜택을 받지 못하고 있다. 만약 생리의 처리를 획기적으로 편리하게 해결할 수 있는 약이나 요법이 개발된다면 어떨까? 만약 그렇게

만 된다면 전 세계 인구의 절반 이상을 차지하는 '여성'이라는 거대 고객을 확보할 수 있게 될 것이다. 가히 새로운 수요가 폭발적으로 발생하는 시장을 상상할 수 있다. 물론 현재의 생리대 제조업체는 거대 시장을 잃게 될 것이고, 장기적으로 볼 때 또 다른 의미의 여성 해방을 기대할 수도 있다. 또한 '2)'의 조건도 자동적으로 충족시킴으로써 시장의 지속성과 성장성 역시 자연스럽게 형성된다. 나머지 조건은 기술적으로 해결해야 할 문제들이다. 그 편리성 때문에 누구도 차마 제기하지 못했던, 생리대 사용으로 인한 환경오염 문제까지 상품광고의 수단으로 등장한다 하더라도 더 이상 아무도 토를 달지 못할 것이다.

다른 예를 들어보자. 현재 연구와 개발이 진행되고 있는 인공 안구(Artificial Eyeball)가 실용화된다면 어떻게 될까? 나는 예전부터 강연을 다닐 때마다 인류에게 가장 급박하고 바람직한 발명품은 우주선이나 미사일이 아니라 인공 안구라고 누차 역설해왔다. 빛을 잃었거나 없는 사람에게 광명을 찾게 해준다는 일의 바람직함은 아무리 강조해도 지나치지 않는다. 어느 것으로도 대체될 수 없는, 시각장애인의 불편함을 무엇에 비교할 수 있을까? 그러나 안타깝게도 시장에 주는 충격이나 영향력은 앞서 언급한 월경 처리 약 또는 요법의 개발과는 비교가 되지 않는다. 가치나 명분으로 볼 때 '다수의 불편함을 해소한다'는 명제는 '시각장애인에게 광명을 찾아준다'라는 명제에 비할 것이 못되지만, 시장의 크기가 워낙 압도적으로 다르기 때문이다. 게다가 빛을 얻게 해주는 것은 그 한 번으로 상품의 역할이 끝나는 것이므로 '2)'의 조건을 충족하지 못한다.

그러면 여성의 좌식 용변의 문제를 남성처럼 입식으로 바꿀 수 있는 방법이 개발된다면 어떨까? 결론부터 말하자면 이러한 도구는 시장에서 성장할 가능성이 희박하다. 전 인류의 반이 고객이 될 수 있다는 점에서 규모로 볼 때 엄청난 시장이 형성될 것처럼 보이지만 실제로는 그렇지 않다. 기술적으로 얼마나 본연의 목적을 충족할 것인가의 문제가 아니다. 문제는 대부분의 여성들이 좌식 용변에 불편함을 느끼지 않는다는 것이다. 대부분의 여성들은 입식 용변의 편리함을 경험하지 못했기 때문에 어렸을 적부터 익숙해진 좌식 용변에 아무런 불편함을 느끼지 않는다. 게다가 남성들의 신체적 특성을 모방한다는 것 자체가 이미 평등 의식이 강해진 여성들의 자존심을 건드릴 수도 있다. 마치 공중목욕탕에서 여탕은 완벽한 금남(禁男)의 영역이고 남탕은 완벽한 금녀(禁女)의 영역이기 때문에 완전하게 다른 문화가 형성되는 것과 같은 이치다. 얼마 전부터 실시되어 버스전용차선제만큼 성공적이라 평가받는, 여성용 화장실에서의 부스별이 아닌 전체로 한 줄 서기의 경우를 보자. 화장실 부스 안에서 용변을 보고 있는 사람이 대변을 보는지 소변을 보는지 몰라서 줄 한 번 잘못 섰다가 엄청난 고통을 받아본 사람이라면 당연히 이런 제도를 찬성할 것이다. 그러나 용변의 방법을 바꾼다는 것은 다른 얘기다. 남탕의 문화를 알지 못하는 여성들이 여탕에서 겪게 되는 불합리성이나 불편함을 알 리가 없다. 예컨대 대부분의 공중목욕탕에서는 여성들이 남성들처럼 수건을 쌓아놓고 쓸 수 없게 하며, 헤어드라이어의 사용 요금을 받는다. 물론 남탕의 경우에는 무료다. 여탕에서는 자신의 목욕 도구를 놓고 자리를 잡으면 잠시 자리를 떠도 아무도 그곳을 차지하지 못한다. 수돗가에서 상당 시간 머무는 여성들의 습관상 수돗가는 항상 붐빈다. 이런 현상을 아는 남성들은 거의 없을 것이다. 남탕에서는 자신의 자리란 없기 때문이다. 비어 있는 곳이면 누구나 앉으면 그만이다. 부연하면 아무도 남성이 되어보지 못한 이상 여성들이 비교 평가하기란 불가능하다. 물론 남성들 역시 여성들의 불편함을 알기란 불가능한 일이다. 제조업체는 체험 홍보를 통해서 확산에 힘쓰겠지만 결코 그 벽을 넘기란 쉽지 않을 것이다. 각 가정에서 입식 소변기가 자취를 감추고 좌식 양변기만 있기 시작한지 이미 오래되었고, 좌식 용변을 위한 뚜껑형 좌석을 올리지 않고 소변을 봤다가 잔소리를 듣는 가장들이 늘고 있는 상황에서 여성들의 자기중심적 주장은 더욱 강해질 것이다.

불편함이란 결국 자신이 느끼기 시작하면서 시작된다. 자신이 불편하다고 느껴지는 이유는 무지의 자각처럼 스스로 느끼는 경우와 의도적이든 아니든 외부의 영향으로 자각하기 시작하는 경우가 있다. 선교 목적이나 순수한 봉사 목적으로 척박한 오지나 빈민 지역을 방문하는 사람들은 그 지역 사람들의 삶을 연민의 시선으로 바라볼 것이다. 그러나 상대방은 그곳을 찾은 사람들이 대체적으로 누리고 있는 물적 풍요와 그로 인해 얻게 된 윤택한 삶을 경험한 적이 없다. 결국 그들은 여러 경로로 정보를 획득하게 됨으로써 가난이나 질병에서 해방될 수 있는 동기를 얻게 되는 것이다. 서구의 문명이 동양으로 침투하기 시작한 데는 선교를 목적으로 한 선교사들의 영향이 컸다. 과거 공산권이 붕괴될 당시 러시아의 개방 과정은 청바지와 팝 음악에서 시작되었다고도 한다. 결국 사람들은 사소한 것에서 불편함을 자각하기 시작하는 것이다.

한국인들이 한복을 벗어던지고 양복을 입고 커피와 샌드위치를 먹기 시작한 것은 식민지 시대와 한국전쟁의 영향이 컸다. 그러나 불편함의 해소는 결코 그것으로 끝나지 않았다. 식민지 시대에 시작된 의생활·식생활·교육과정의 서구화는 1960년대 들어 경제적 발전이 병행되면서 가전제품의 사용, 아파트 거주가 대세가 된 주생활, 각 세대별 자동차 보유에서 개인별 자동차 보유로 소유의 범위가 확대되는 양상을 보이며 심화되었다. 통신 역시 마을당 한 대 있던 전화가 개인별 휴대전화로, 그리고 휴대용 컴퓨터로 확산되면서 불편함을 덜기 위한 노력이 계속되었다. 물론 이 같은 불편함의 해소는 자신의 선택이라기보다는 경제적 목적에 혈안이 된 정부와 기업이 환경을 조성함으로써 자극을 받은 대중들이 반응했기 때문에 비롯된 것이라 할 수 있다. 자료를 찾기 위해 발품을 팔며 남산 도서관과 국회도서관을 찾아 비지땀을 흘려야했던 시절에는 인터넷 검색만으로 넘치는 자료를 얻어낸다는 것은 상상도 하지 못했을 것이다. 전국 어디라도 원한다면 하루 안에 다녀올 수 있다. 군에 간 아들에게 편지를 쓰던 일은 이제 책상 위 컴퓨터에서 카페에 글을 올리는 것으로 바뀌었다. 별도의 돈을 낼 필요도 없다. 정말 편리해진 것이다. 그런데 우리는 정말 편리해지는 세상에서 살고 있는 것일까?

인간이 아니라 할지라도 자신이 편안해지는 것을 마다할 생명체는 없을 것 같다. 인간과 유사한 유인원들은 물론이고, 방법을 몰라서 그렇지 할 수만 있다면 어떤 동물들이라도 편리한 방법을 모색할 것이다. 누구나 이기적이기 때문이다. 그것이 육체적인 것이든, 물질적인 이익이 약속되는 것이든 틀림없이 편하기를 원할 것이다. 그러나 거기에는 반드시 대가가 따르게 마련이다. 편리함이란 시간과 비용의 절약이라는 달콤한 유혹으로 다가오지만 자신도 모르는 사이에 엄청난 대가를 요구한다. 예컨대 걸어서 서울에서 부산까지 천 리 길을 간다고 하자. 버스나 승용차, 열차, 또는 항공을 이용한다면 힘도 덜 들고 엄청난 시간을 절약할 수 있다. 경제적인 관점에서 본다면 항공을 이용하는 것이 가장 비싸 보여도 시간 절약과 높은 안전성을 고려한다면 가장 저렴하다고 할 수 있다. 물론 걸어서 가는 경우가 가장 비싸다. 당장 지불하는 비용은 없는 것 같지만 숙박비와 체력적 낭비, 시간 소요 등을 고려한다면 기회비용까지 포함해 가장 비싼 것이 당연하다. 현대인이라면 편리함과 안락감 등을 종합적으로 고려할 때 가장 바람직한 교통수단을 택하는 문제를 경제적 관점에서 접근할 것이다. 그러나 인간의 욕심은 여기에서 멈추지 않는다. 좀 더 빨리, 좀 더 싸게, 그리고 좀 더 안전하고 편안하게 여행하기를 원할 것이다. 경제적 논리는 공급자에게도 그대로 적용된다. 매우 빠르게 이동하는 KTX는 과거의 새마을호 같은 열차에 비해 비싸다. 안전성이 다소 떨어지는 버스는 열차보다 싸다. 어떤 교통수단이 개발된다 해도 걸어갈 수도 있으며, 비용의 높고 낮음에 관계없이 교통수단의 선택은 자유다. 그러나 이용자라면 누구나 많은 비용이 들더라도 편리함으로 대변되는 좀 더 나은 방법을 선택하려 할 것이고, 공급자들은 더 많은 요금을 받고자 더 빠르고 편리한 수단을 개발하려 할 것이다. 결국 인류는 좀 더 짧은 시간 안에 이동할 수 있게 되고, 총체적으로 더 빠르게 발전할 수 있게 될 것이다. 문제는 그 속도에 편승하거나 앞서 나갈 수 있으면 다행이지만 그렇지 못할 경우 뒤처지게 된다는 것이다. 우리 가운데 대다수를 차지하는 그들은 가난한 사람으로 전락하기 시작했다. 그야말로 '가난'이라는 무섭고도 절박한 비용이 등장한 것이다.

너무나도 많은 가난한 사람들

경제가 급속도로 성장하자 개인들이 누릴 수 있는 것들의 수준이 한꺼번에 상승하기 시작했다. 한국인들이 가장 좋아하는 갈비집과 횟집은 그 수가 기하학적으로 늘어났다. 사람들은 그동안 먹어보고 싶었던 음식을 목구멍에 차도록 흡입했다. 태릉 근처를 지나노라면 숯불갈비 냄새가 진동했고, 지금은 금지되었지만 삼천리금수강산의 계곡들은 삼겹살을 구워먹는 장소가 되었다. 특별한 손님을 초대하거나 접대를 할 때에나 찾아가던 일식집이 아무나 가는 장소로 바뀌었다. 부자들 입장에서 차별된 장소를 찾으려면 갈비나 회를 먹는 일 가지고는 성에 차지 않게 되었다. 은밀하게 여종업원의 서비스를 받아가며 양주와 산해진미를 즐기는 룸살롱이나 요정이 대중화되었다. 먹고 싶은 것들의 종류를 가리지 않고 실컷 먹을 수 있는 뷔페식당이 호텔은 물론이고 동네 상가에도 진출하기 시작했다. 친인척은 물론이고 동네 사람들과 나그네의 배를 불리던 환갑잔치나 결혼식 피로연, 심지어는 아이들 백일이나 돌잔치까지 뷔페식당에서 하는 것이 일상화된 지는 이미 오래다. 가족과 친지와 함께 찍어 신혼집을 장식하던 신혼부부의 결혼사진은 이제 신랑까지 화장을 하고 별도로 찍어서 만든 문짝만 한 사진으로 바뀌어 어느 집을 가나 벽을 가득 채우고 있다. 나열하자면 끝이 없다. 황제나 귀족들이 즐기던 수준이 대중화되기 시작한 것이다. 아마도 현세대의 생활수준은 식생활 수준에서 보면 불과 100여 년 전 어느 나라의 귀족들보다도 높은 수준을 누리고 있다 해도 과언이 아니다. 식사하는 장소가 엄청나게 호화롭고 비싸거나 공연 따위를 보면서 식사를 하지 않는 이상 음식을 만드는 재료로 차별화하는 것은 한계에 도달했다. 끊임없이 기상천외한 방법을 동원하거나 여러 식품을 조합해 독특한 맛을 내기 전에는 소비자를 만족시키기란 어렵게 된 것이다. 게다가 고급스러운 인테리어와 서비스의 질까지 동원되어야 한다.

과거의 귀족들을 흉내 내는 작업은 먹는 것에만 그치지 않았다. 인간의 기초적 욕구인 주생활이나 의생활에도 파급되기 시작했다. 초기에는 단순하게 편리함에 대한 욕구로 아파트가 유행했지만 이제는 더욱 넓고 화려하며 고급스러운 공간을 요구하기 시작했다. 가족의 분산으로 핵가족화가 진행되었을 뿐 아니라 산아제한 정책으로 가구당 가족 수가 형편없이 줄어들었음에도 좀 더 넓은 공간을 요구하는 풍조는 계속되었다. 당연히 적어진 가족 수에 비해 넓어진 공간은 무엇인가로 채워져야만 했고, 그 공간은 덩치 큰 가전제품과 호화스러운 가구들이 차지하기 시작했다. 가짓수도 가짓수이지만 단위당 크기도 엄청나게 커지기 시작했다. 초기의 가정용 냉장고가 200리터 정도였다면 지금은 750리터 양문형 냉장고에 김치 냉장고는 별도로 있는 것이 일반적이다. 초기에 컬러텔레비전이 시판되기 시작했을 때는 14인치나 20인치가 주종을 이루었지만 지금은 40~60인치가 대세다. 집마다 화장실의 수는 이제 2개가 평균 수준이고, 거의 각 방마다 컴퓨터가 설치되어 있으며, 가족 수보다 많은 방이 있는 가구들도 늘어났다.

나열하자면 밑도 끝도 없는 팽창이 개인과 개인이 속한 각 가정에 빠른 속도로 전염되기 시작했다. 결국 전염이란 선택이나 거부의 문제로 해결되지 않는 것이었다. 유난히도 비교를 즐길 수밖에 없는 사회적 의식은 물질적 풍요의 증거들을 보여주는 것만으로는 만족하지 않았다. 가장의 사회적 지위는 물론 수입의 많고 적음, 아이들이 다니는 학교의 수준과 성적, 아이 엄마가 입고 다니는 옷의 브랜드나 다니는 헬스클럽의 질까지 모든 것이 비교의 대상이 되었다. 그 모든 것들이 기준을 만족할 때 어릴 적 평준화된 학교에서 성적과 키가 비슷한 아이들과 어울리는 것처럼 내가 속한 집단 속에서 자존심을 지켜나갈 수 있다는 절박한 무언의 법칙이 공유되기 시작했다.

결국은 돈이다. 애당초 신통치 않은 집안에서 태어나 공부도 신통치 않게 했고 되는 대로 살았더라도 앞서 얘기한 기준과 조건을 만족할 만한 경제력이 확보된다면 단숨에 그들의 일원이 되어 신분을 상승시킬 수 있다. 반대로 유복한 가정에 태어나 지원을 받을 만큼 받고 학교에 다닐 때 그런 집단에 속해 있었다면 반드시 사회에 나가서도 그 지위를 유지해야 하며 그렇지 못할 경우에는 패배자가 된다는 불안감에 사로잡히게 된다. 응당 자신의 자식 세대에도 그 지위는 유지되어야 하므로 다른 무엇보다도 아이들 교육을 위한 것이라면 수단과 방법을 가리지 않고 집착하게 된다. 그러나 그것은 어디까지나 우선순위에서 앞서는 여러 요소들 중 하나일 뿐 주거의 수준을 비롯한 다른 여건들도 쉽사리 포기할 수는 없다. 이른바 품위의 수준이 유지되어야 하는 것이다. 아이들 사교육비 때문에 쪼들린다는 것은 변명이 될 수 없다. 특히 이동 수단인 자동차는 외부에 노출되는 대표적 도구이기에 할부나 리스 등 어떤 방법을 써서라도 유지해야 한다는 것을 잊어서는 안 된다. 중년 이상의 세대가 집을 그리도 중하게 여기는 것에 비해 젊은 세대가 자동차를 더욱 선호하는 것도 사실 따지고 보면 집보다는 싸면서도 지내는 시간이 많으며 이동하면서 노출되는 시간이 많기 때문이다. 사실상 과거에 비해 남의 집을 방문하는 경우는 무척 줄어들었다. 생일잔치도 돌잔치도 집들이도 밖에서 한다. 초대할 일이 없는 것이다. 그나마 제사는 집에서 하지만 방문자가 가족이다 보니 체면 차릴 것이 없다. 오히려 사치하다가는 독이 될 수도 있다. 결국 소모성 재산이기는 해도 초기 투자비용이 적게 드는 자동차에 집착하는 것이다. 결국 자동차 산업은 이렇게 해서 무럭무럭 성장했다.

그리고 돈 많은 부자들과 돈 없는 부자들

일본 도요타의 흥망성쇠의 역사는 한 편의 드라마 같다. 요즘 세대는 도요타를 이미 고급 브랜드를 갖추고 있으며 세계 최대 생산량을 넘나드는 막강한 경쟁력을 지닌

회사로 인식하겠지만, 세계적인 자동차 제조사 가운데 문을 닫을 뻔한 적이 가장 많았던 기업들 중 하나다. 도요타가 설립된 1937년은 일본이 세계 정복의 야욕을 품고 무기 생산에 열을 올린 때였다. 자동차공업의 흥망은 자국의 국방비 지출이나 전쟁 발발에 따른 수요 급상승 같은 조건과 맥락을 같이한다. 독일의 벤츠나 BMW, 영국의 롤스로이스, 미국의 GM과 포드 등은 양차 세계대전 동안 비행기 엔진을 만들거나 전쟁용 차량을 생산해서 부를 축적한 기업들이다. 도요타도 예외는 아니었다. 그러나 패전 후 수요 감소로 위기를 맞이했고, 1980년대에는 내수보다 수출에 의존적인 매출 구조 탓에 극심한 엔고 현상의 영향으로 회사의 운명을 위협받았다. 내수 침체 때문에 1957년부터 대미 수출로 숨통을 틔웠지만 결국 그것이 족쇄가 되어 다른 경쟁 기업에 비해 몸살을 앓게 된 것이었다.

도요타가 1957년에 대미 수출을 시작했을 때 도요타의 존재는 미국 내 3대 자동차 제조사나 유럽 기업은 고사하고 다른 일본 기업에 비해서도 미미한 수준이었다. 1970년대 두 차례 석유 위기로 인해 고연비 저가격 차량이 인기를 끌었던 때, 일본 자동차 제조사들이 미국으로 진출해 발군의 성장을 이루었지만 그 수혜자는 경쟁사인 닛산이었지 1966년에 내놓은 코롤라(초기 1.6리터 4기통 소형 승용차)의 존재를 아는 미국인은 그리 많지 않았다. 1980년대 미국의 경기 침체와 무역 적자는 엔화의 고속 가치 상승을 부추겼고, 대미 의존도가 높았던 도요타는 또다시 위기를 맞이했다. 도요타는 위기를 극복할 두 가지 전략을 세웠다. 한 가지는 생산 단가를 철저히 낮추는 것이었고, 또 다른 한 가지는 프리미엄 브랜드를 만들어 가격을 올리는 것이었다. 도요타의 프리미엄 브랜드인 '렉서스'는 그렇게 1989년에 탄생했다.

혹자는 왜 도요타가 미국 시장 의존도가 높았는지 의아해할 것이다. 1960년 미국에 상륙한 도요타는 고장이 잘 나지 않는 견고성으로 미국 소비자들을 매료시켰다. 시간이 지나야 입증되는 견고성의 특성상 도요타는 초기에는 고전했지만 1980년대 들어서 세계 최대의 자동차 시장인 미국에서 고장 없는 자동차라는 이미지로 두각을 나타내기 시작했다. 한편 안락하고 큰 자동차를 만드는 데 매진해왔던 미국 자동차 제조사들은 1974년 오일쇼크 이후 연비라는 문제에 직면하게 되었다. 석유를 물보다 더 싸게 사서 쉽게 쓰던 시절에 연비는 별문제가 되지 않았다. 미국 하원이 미국 전역 고속도로의 최고 속도를 경제속도인 시속 55마일로 제한하고 미국의 자동차 제조사들은 연비를 높이고 공해를 줄이기 위해 노력해야 한다는 법안을 연방법으로 채택하자 급작스레 소형차 제조에 뛰어든 미국의 자동차 회사들은 큰 덩치에 엔진만 작은 차들을 양산했고, 미국의 소비자들은 완성도가 떨어져 고장이 잘 나는 자국 제품에 실망할 수밖에 없었다. 1960년대에 진출한 도요타는 단순한 디자인과 볼품 안 되는 모델로 시장에서 고전했지만, 10년 이상을 타도 끄떡없는 견고한 모습이 믿음직함으로 비춰지면서 70년대 미국 소비자들에게 신뢰할 수 있는 자동차의 상징으로 부상하게 된 것이다. 80년대 미국의 불황은 도요타가 원인을 제공한 동시에 수혜를 받는 행운의 순간으로 다가왔다. 그러나 시간이 지나고 찾아온 엔화 가치의 극심한 상승은 크나큰 걸림돌이 될 수밖에 없었다.

도요타는 극적으로 두 가지를 다 얻어냈다. 프리미엄 브랜드 렉서스는 미국 시장에서 도요타의 입지를 단숨에 굳혀주었다. 이제 도요타는 더 이상 싸구려 차가 아니었다. 다른 일본 회사들도 앞다투어 프리미엄 브랜드 전략을 썼고, 일제 차가 견고할 뿐 아니라 성능과 디자인도 뒤지지 않는다는 인식을 심어줬다. 게다가 'JIT(Just In Time, 철저한 재고 관리 시스템)'를 내세운 원가절감 노력은 극심한 엔고에도 수익성을 보장해주었다. 결국 도요타는 명실상부한 최고의 자동차 제조사로 올라서게 되었고, 2008년에는 미국의 GM을 제치고 세계 1위의 자동차 생산 기업으로 우뚝 서게 되었다. 높은 수익률 덕분에 자동차 개발에도 박차를 가할 수 있었고, 승용차뿐 아니라 상용차 시장과 하이브리드를 내세운 친환경 차량 개발에도 앞장설 수 있었다. 그러는 동안 일본 내의 경쟁사인 닛산과 마쓰다는 프랑스의 르노와 미국의 포드에게 소유권을 넘겨주는 신세가 되었다. 게다가 노동 집약적 특성 때문에 자동차 회사들이 갖는 일반적 특징인 강성 노조도 도요타에는 없었다. 시장을 보는 대부분의 시각들은 당분간 도요타가 세계 자동차 시장을 절대적으로 지배할 것이라 예상했다. 그러나 거기에는 조그마한 균열로 거대한 함정이 침몰할 수도 있다는 교훈이 도사리고 있었다.

도요타의 저력은 타 기업에 비해 일찌감치 혹독하게 겪은 위기와 그 위기를 극복하는 과정에서 얻은 값진 교훈들에서 학습된 것이었다. 이는 아시아의 문화 변방국이었던 일본이 척박한 기후 조건, 그리고 많은 인구라는 불리한 환경 조건을 딛고 20세기 들어 아시아의 최강국으로 자리매김하게 되는 과정과 비슷했다. 그러나 20세기 후반 미국의 석유 위기로 촉발된 세계의 경제위기를 기회 삼아 벌어들인 달러가 화근이 되어 1990년대부터 2000년대까지의 시간을 '잃어버린 20년'으로 간주하게 되었다. 도요타가 위기를 극복하게 한 원가절감과 프리미엄 브랜드의 개발은 모순되게도 정반대의 속성을 가지고 있었다. 고급 브랜드를 만들기 위해서는 품질과 재료, 디자인, 그리고 서비스가 차별화되어야 한다. 물론 소비자에게 마케팅을 통해 구매하게 만들고 그 네 가지를 인식시키고 만족시킨다면 시장에서는 성공의 길을 걷게 된다. 여기에서 경제 논리인 원가의 절감이란 동일한 수준으로 네 가지를 창출해나간다는 범주 아래 이루어져야 한다. 그러나 그러한 과정은 결코 쉽지 않다. 대량생산의 속성은 규모의 경제 원리를 활용한 표준형 생산에 기반을 두고 있다. 이른바 맞춤식 차별성을 요구하는 상품이나 용역은 규모의 경제를 거부한다. 시장에서 상위층 고소득자나 차별성을 강력하게 욕망하는 소비자들은 처음부터 끝까지 고급을 원하기 때문이다. 2009년에 발생한 도요타 렉서스의 사고는 원가절감과 차별성이 공존하기 어렵다는 점을 증명한 사건이었다. 렉서스의 가장 큰 시장인 미국에서 운전석 깔판이 접혀 가속페달이 원상 복귀되지 않아(매트와 가속페달의 간섭 현상) 일가족이 사망한 사고가 일어났다. 물론 이런 사고는 정치적 배경을 무기 삼아 저항하면 시간이 흘러감에 따라 단순하게 잊힐 수도 있다. 그러나 도요타는, 비록 시간이 좀 걸리기는 했지만, 결코 구렁이 담 넘어가듯 넘어갈 일이 아니라는 점을 알아차리기 시작했다.

미국의 자동차 생산 업체들 가운데 대표 주자인 GM이 수차례

의 위기 끝에 청산 절차를 밟게 된 이유 중에 내부적인 요인이 컸다는 것을 인정하지 않는 사람은 없다. 그러나 도요타의 약진은 미국 시장이 관대하게 개방을 해놓았기 때문인 것 또한 사실이었다. 감성적 요인이 강하게 지배하는 국민적 정서는 외부에서 원인을 찾게 만들 것이고, 결국 자동차 왕국이라는 자부심이 강한 미국인들의 시각에는 도요타가 원망스럽게 보일 수도 있었다. 이런 심리적 요인은 이를 정치적으로 이용하려는 사람들에게는 매우 적절한 재료가 될 수밖에 없다. 적어도 도요타는 이런 현상을 예측해야 했고, 그들이 극복해야 할 외부 환경 요인으로 주지했어야 했다. 이런 문제에서 선악을 구분하는 윤리적 잣대나 '진실 게임' 따위는 당연히 아무런 의미가 없다. 쉽게 얘기하자면 부자가 인색하다고 느껴지는 것은 어떤 객관적인 기준이나 냉철한 이성적 판단에 따른 것이 아니다. 사람들이 그렇다면 그런 것이다. 부자라고 여겨지는 사람의 입장에서는 억울하기 짝이 없을 것이다. 남들만큼 지불했는데 남들은 인색하다고 하며 돌아서서 흉을 보거나 원망한다. 무시하면 그만이지만 아무리 돈이 많은 부자라도 사회적 고립을 각오하지 않는다면 이는 헤쳐나가야 할 과제가 된다. 더욱이 개인이 아니라 기업이라면 대중을 고객으로 섬겨야 하니 이미지나 여론은 '각오'로 해결될 일이 아니라 생사가 걸려 있는 해결해야 할 '문제'인 것이다. 게다가 기업에 대한 부정적 의식이 강할 경우 이 문제는 쉽게 해결되지 않는다. 한국인들은 기업이 가진 부의 크기를 개인이 소유한 것으로 착각하기에 반기업 정서가 유난히 강하다. 도요타에게 공격을 가한 미국인들은 유별난 반기업 정서를 가진 것도 아니고, 제품 구매에 애국심을 내세울 때 생기는 자국 상품에 대한 편견도 없다. 세계적으로 둘째가라면 서러울 지경인 일본 국민들의 구매 편견에는 비할 것이 못된다.

미국인들의 이런 성향을 알기에 도요타는 여론을 주도하는 언론 매체들을 적절하게 활용해 자신들의 허물을 덮어 무마하면 된다는 유혹에서 쉽게 벗어나지 못했다. 오만에 의한 안주의 길을 택한 것이다. 이는 굶주리고 허기진 국민들 앞에서 자신의 근검을 내세워 군림할 수 있었던 막부 시대의 봉건 군주를 연상케 한다. 그러나 이런 식의 사고는 20세기 이데올로기 전쟁의 종막을 고하게 했던 자본주의의 매력에 동승하기에는 부족한 부분이 너무 많다. 욕망의 무한한 추구와 욕구의 지속적 충족을 정당화했던 자본주의적 사고는 원가절감이라는 절제된 모습을 부각시키며 최고의 품질을 앞세운 자동차 산업의 승리자에게 암울한 미래를 던져주었다. 결국 성난 소비자들은 막부 시대의 쇼군 격인 도요타 사장의 변명을 듣고 싶어 했다. 한 번 잘못을 인정하면 할복으로나 면죄부를 받을 수 있었던 일본의 전통은 궁색한 변명을 유도했다. 아마도 도요타가 GM이나 다임러 벤츠였다면 최고 경영진의 교체가 불가피했겠지만, 결코 가능한 일이 아니었다. 결국 도요타는 스스로 인정하면서도 공식적으로 인정할 수는 없다는 구조적 한계로 소니의 길을 걷게 될지도 모르는 위기에 처했다.

자본주의적 사고가 가지는 여러 모순 중 하나는 사회적 부를 축적하기 위한 대표적 수단인 기업이나, 궁극적으로 부의 축적으로 인해 수혜를 받아야 하는 소비자의 목표가 유사해지거나 동일해진다는 것이다. 예컨대 가장이 척박한 가계를 일으켜 세우려고 밤새워 부지런히 일하고 알뜰하게 아껴서 넉넉한 재산을 획득했다고 하자. 가장은 자신이 겪어야 했던 지긋지긋한 가난을 물려주고 싶지 않았기 때문에 온갖 고초를 무릅쓰고 희생을 각오하며 여기까지 왔을 것이다. 결국 '먹을 것 안 먹고 입을 것 안 입는' 희생의 세월로 축적된 부는 자신을 포함한 가족 구성원들에게 돌아가야 한다는 전제에서 출발한 것이다. 그러나 대부분의 가장들은 그렇게 하지 않는다. 여전히 지속적으로 부의 축적을 추구하며, 정도의 차이는 있겠지만 수혜를 받아야 할 대상들에게 인색한 혜택을 되돌려준다. 마치 작년에 재작년에 비해 두 배 이상의 경영 성과를 얻은 기업이 올해에는 작년 대비 두 배 이상의 성과를 얻지 못한다면 마이너스 성장률을 기록하게 되어 경영자들이 심한 추궁을 받게 되는 것처럼 말이다. 국가와 사회가 빈곤하거나 특정 개인의 태생 환경이 열악할 경우 그 정도는 더욱 심해질 수밖에 없다. 자칫 잘못하면 기억하고 싶지도 않은 과거로 돌아갈지도 모른다는 위기감이 앞서게 된다. 할 수 없는 것이 아니라 하지 않는 행위는 이렇게 해서 생겨난다. 어느 정도 지나면 일상이 되어버리는 것은 물론이다.

최고 속도 시속 200킬로미터로 달릴 수 있는 자동차와 시속 100킬로미터로 달릴 수 있는 자동차가 있다고 하자(이후부터는 편의상 '200'과 '100'으로 지칭한다). 두 차가 질적 차이는 물론이고 속도 면에서도 두 배의 차이가 나는 것은 아니다. 특정 속도에 도달하는 시간이 두 배 빠른 것은 더더욱 아니다. 다만 원한다면 '200'이라는 자동차는 시속 200킬로미터 범위 안에서 속도를 낼 수 있다는 것이고, '100'이라는 자동차는 시속 100킬로미터 범위 안에서 속도를 낼 수 있다는 것이 다를 뿐이다. 제한된 속도 안에서 어떤 속도를 낼 것인가의 선택은 운전자가 한다. 그러나 그러한 가정 역시 여건이 허락해야 가능하다. 도로 여건이나 제한속도, 동승자의 취향 등 여러 요소가 부합되어야 하며, 속도가 빨라질수록 더욱 많은 조건이 충족되어야 하는 것이다. 그럼에도, 용도가 같다는 전제하에 볼 때, '200'은 '100' 가격의 두 배 정도를 지불해서는 살 수가 없다. 개별적 차이는 있겠지만 가격 차이가 작게는 서너 배에서 크게는 수십 배에 이를 것이다. 고점으로 갈수록 약간의 속도나 질의 차이로 곱절 이상의 가격 차이가 만들어진다. 열 가지 재료를 넣은 요리에 두세 가지만 더 얹으면 가격이 두 배로 뛰는 식이다. 결국 시장은 인간의 욕망을 너무나도 잘 반영한다는 것을 알 수 있다. 그렇다면 효용을 놓고 비교해볼 때도 '100' 두 대의 가치가 '200' 한 대만 못할까? 생각하기 나름이지만 자동차로 얻게 되는 효용가치를 자동차의 성능 차이가 주는 효용가치와 비교할 수 없다는 것은 자명하다. 그러나 자동차를 구입하는 소비자의 구매력은 효용과 무관한 선택을 가능하게 만든다. 예컨대 자신의 소득이나 재산 수준이 '200'을 살 수 있는 정도 이상이 된다고 하면 몇 가지의 부가적 효용성과 자신의 이미지 관리 차원에서 당연히 '100'을 살 리가 없다. 여기에서 구매자가 관심을 가지는 부분을 '가치'라고 한다. 부가적 가치에 대한 논리는 현대 경영학에서 기업이 전략을 수립하거나 마케팅 활동 계획을 세우는 데 핵심 관심사가 되고 있다. 시장이 포화 상태에 이르고 공급이 과잉 상태에 이르거나 경기가 하강할 때 가치를 표적으로 해서 매출을 유지하고 수익률을 극대화할 수 있다는 매력 때문이다.

그러면 시장에서 소비 수요를 창출하는 일반 대중의 딜레마는 무엇일까? 자신의 능력으로 시장에서 공급하는 넘치는 가치에 대해 어떻게 반응하는 것이 가장 합리적일까? 결코 쉽지 않은 질문이다. 개개인마다 가치관이 다르며, 부의 크기도 같지 않다. 단순하게 동일한 품질의 상품이나 서비스의 가격은 쌀수록 좋다는 문제가 아닌 것이다. 사실 품질이란 것도 브랜드의 이미지에 묻히는 경우가 허다하다. 자신의 구매력을 평가하기란 결코 쉬운 일이 아니다. 재산과 정기적 수입을 고려해 공식을 만들 수도 있겠지만, '만족'이라는 지극히 감성적인 요소도 참작해야 한다. 회교도들은 이미 1000년 전에 이 문제를 고민했다. 자신이 번 만큼 쓰는 것과 평균 소득 수준만큼 쓰는 것, 아니면 극단적으로 의식주에 최소한 필요한 만큼만 쓰는 것 등 세 가지로 적절한 소비를 위한 척도를 만들었다. 빈부의 차이가 극심했던 계급사회에서 권력과 경제력은 항상 비례했다. 지배세력의 검소함은 권력의 정당성을 확보하는 데 중요한 도구였다. 그럴싸한 지침이 필요했던 것이다. 초창기에는 극단적인 방법이 우세했다. 정치 지도자들은 먹고 마시는 것조차 절제하며 수도자 같은 생활을 하는 것이 미덕으로 여겨졌다. 그러나 항상 그러하듯이 초심은 오래가지 않았다. 자신의 지위에 걸맞은 소비를 하는 쪽으로 변해갔다. 사치스러운 소비가 권력의 상징으로 받아들여져야 한다는 생각이 힘을 얻기 시작했다. 자본주의의 등장은 누구에게나 부를 축적할 수 있는 기회가 부여되는 동시에 소비를 할 수 있는 근거를 마련해주었다. 이런 사고는 무소유를 부르짖는 불가의 제자들이나 하느님의 종이라 불리는 목사들에게도 정당성을 안겨주었다. 회교적 논리에 따르면, 번 만큼 쓰는 것은 사치가 아니라는 척도에 해당된다.

자본주의적 논리에 따르면 소비란 거시 경제의 유동성을 확보하는 데 가장 중요한 행위에 해당된다. 소득이 적은 사람은 소비의 절제라는 불편함으로부터 자유로워지기 위해 부를 얻고자 노력해야 하니 노동의 동기화 유인책으로 손색이 없다. 소득이 많거나 그로 인해 부를 축적한 사람은 더 많이 소비해줌으로써 생산을 부추긴다는 경제 선순환의 논리다. 흔히 좀 더 많은 물적 소유를 한다는 것은 매우 달콤한 유혹이다. 그러나 소득의 규모가 일정 수준에 도달할 때까지는 누구나 소비에 비해 소득이 부족하다는 느낌을 받는다. 특히 소비 구조가 왜곡될 때 더욱 그렇다. 예컨대 의식주의 해결과 여가나 문화생활을 즐기며 각각의 수준을 높이게 될 때 삶의 질 수준은 자연스럽게 올라가므로 만족도가 높아진다. 보통 사람들이 여기까지 도달하는 것은 그리 어려운 일이 아니다. 그러나 대부분의 경우 이 시점에 도달하기를 전후해서 극심한 소비 왜곡 현상이 일어난다. 미래에 더 큰 부나 명예를 소유하기 위해 투자를 하게 되는데 이 과성에서 사신의 일상적이고 평범한 기본적 만족을 위한 소비를 희생하게 될 때 심각한 부작용이 생기게 되는 것이다. 이런 현상은 궁극적으로 시장 전체의 왜곡을 유발한다.

20세기를 마감하던 1998년에 발생한 미국발 금융위기는 위의 현상을 대표하는 사건이었다. 유사한 일들이 유럽의 변방국들로 연쇄적으로 번지면서 유럽발 금융위기가 발생했다. 미국발 금융위기는 1990년대 이후 싸구려 중국산 제품의 수입으로 물가가 안정되고 개별 소득이 높아지자 은행과 금융기관이 부동산을 담보로 과다한 대출을 조장해 부를 늘리려 한 데서 촉발되었다. 전통적으로 주택을 투자 수단이 아닌 주거 공간으로 여겼던 미국인들이 사치와 투기 목적으로 주택을 구입하기 시작한 것이다. 개발을 핑계로 부동산에 대한 투자가 과다하게 늘어났다. 장기적 경기 사이클의 변곡점에서 호황이 지나치게 길어지면서 경기 호황이 장기화될 것이라는 시각이 우세해지자 더 많은 이익을 얻으려는 금융기관들이 위험 자산에 대한 경계심을 풀기 시작했다. 소득과 소비의 균형이 깨지게 되면서 일어난 현상으로 볼 수 있다. 1980년대까지 경기의 사이클은 소득이 늘어 소비가 늘면 더 큰 가치의 상품이 개발되어 가격을 올려줌으로써 균형을 이루었지만, 자유무역의 확대는 이런 자동 조절 장치를 무력화시켰다. 중국을 비롯한 신흥 산업국들은 값싼 신개발 상품을 비교적 신속하게 시장에 공급하기 시작했다. 결국 소비의 한계치는 쉽게 찾아왔고, 총체적 소비 왜곡 현상이 시작되었다. 유럽발 금융위기가 선진 산업국인 영국, 프랑스, 독일 등이 아니라 최근 산업화로 소득이 급상승한 아이슬란드에서 촉발되었다는 점은 이런 논리를 그럴싸하게 입증한다. 산업화로 소득이 급격하게 늘자 소비도 늘었지만 낮은 가격으로 인해 잉여 소득분이 갈 곳을 잃었기 때문이다. 관광업과 어업으로 조용히 살던 북대서양의 섬나라 아이슬란드가 부동산 열풍에 휩싸였다는 사실은 쉽게 상상이 가지 않는 대목이지만, 이는 실제로 일어난 사건이었다.

경제적 관점에서 볼 때 개인의 경우도 크게 다르지 않다. 부모의 경제적 능력이 자녀에게 영향을 미치는 한국 사회의 특성을 고려하면 더욱 그렇다. 학교를 졸업하고 사회에 진출하면서 소득이 생기고, 곧바로 혼인을 기점으로 부양가족이 생기면서 소비의 규모가 늘어난다. 누구나 소득에 비해 지출이 늘어나기 때문에 좀 더 많은 소득을 얻으려 혈안이 된다. 소득이 산술급수적으로 늘 때 소비는 기하급수적으로 늘어난다고 보면 된다. 이 시점부터 개인의 능력차보다 부모의 경제적 능력이 소득의 격차에 더 큰 영향을 끼친다. 부모가 경제적으로 짐이 되느냐 보탬이 되느냐 하는 것은 차이가 크기 때문이다. 아무리 써도 부족한 이세 부양 기간에는 삶의 질이나 생활의 만족을 지향하기란 쉬운 일이 아니다. 그러나 이 시기가 끝나고 어느 정도 안정이 되면 실제 지출의 규모는 줄어드는데, 평균적으로 이 때쯤이면 부모가 세상을 뜨게 된다. 이때도 마찬가지로 유산을 남기는 부모가 있고 노년에 의료 및 생활고로 부담을 주는 경우가 있다. 결국 개별적 격차는 상당히 늘어나게 되는 셈이다. 흔히들 빈부의 격차가 개인적인 소득에 따른다고 보는 시각이 우세하지만 실제로는 그렇지 않다. 사회적 특성과 가족의 구조 등과 같은 다른 요인들이 빈부의 격차를 키우는 경우가 훨씬 많다. 상대적으로 재산이 많거나 소득 수준이 높은 사람들을 부자라고 정의한다면 특별한 전문지식이나 자격으로 인해 고소득을 올리거나 매우 낮은 확률인 사업으로 성공해 돈방석에 앉기 전에는 부자가 될 수 없다는 사실은 설득력이 없다. 겉으로 드러나지는 않지만 얼마든지 풍요를 누릴 수 있는 사람들이 적지 않다. 그럼에도 한꺼번에 찾아온 물적 여유를 즐기는 사람들은 많지 않다. 그런 사람들은 누구나 인정할 수 있을 정도의 절대적 재산 크기에 따라 '돈 많은 부자'로 인정되지는 않지만 틀림없는 부자들이다. '돈 없는 부자들'인 것이다. 그들은 어떻게 객관적으로 인정할 만한 크기의 부를 축적하지 않고도 부자라 할 수 있는 것일까?

'돈 많은 부자'들과 달리 '돈 없는 부자'들은 학습의 부족으로 인해 소비에 익숙하지 않다. 왜곡된 소비를 하거나 습관적으로 더 큰 재산을 얻으려고 시간을 낭비하기도 하지만 소비의 크기를 만족이나 행복의 척도로 여기지 않는다. 고속 성장을 구가한 한국 사회가 고질적으로 안고 있는 두 가지 문제인 사교육과 부동산 투기는 소비의 왜곡에서 비롯된 대표적인 현상들이다. 두 가지의 공통점은 자신이 부모에게 받은 혜택의 유무에 관계없이 자신의 노후와 이세의 부자 되기에 초점이 맞추어진 중요한 전략이라는 것이다. 그러나 정작 자신은 미래를 담보로 현재를 망치고 있다는 사실을 망각한다. 어떻게 보면 인간의 본능에 충실한 자연스러운 현상으로 볼 수 있겠지만, 지불해야 할 비용으로 인해 본말이 훼손되는 것이다. 과거의 가치를 현재를 희생하면서 미래에 획득하려는 노력은 돈 없이도 부자가 될 수 있는 길을 방해하는 독이다. 지금 이 행복한 순간에도 미래가 불행해질까 두려워 불안에 떤다면 세상을 다 가진다 해도 불안은 계속될 것이며, 부자가 되는 길은 요원할 것이다.

5

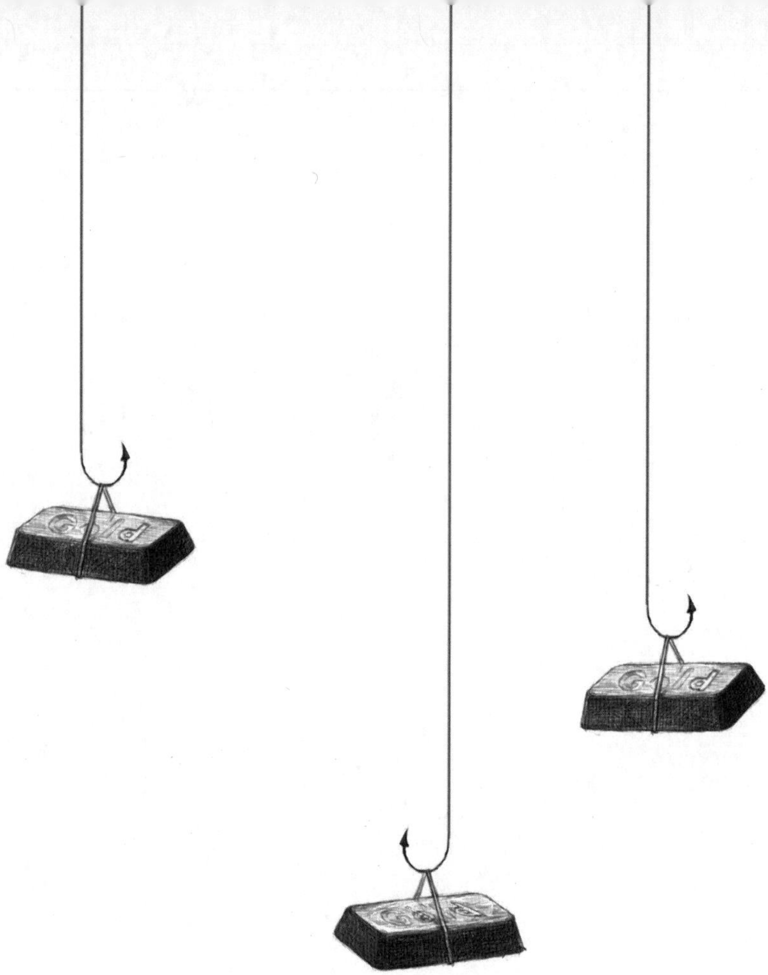
Gold
Gold
Gold

진화의 끝에 선 자본주의와 자유

자본주의야말로
인류가 진화해온 이래로
간절히 추구하던 바를 실현한
가장 만족할 만한 가치이자
제도임에 틀림없다.
그럼에도 인간은 이렇다 할 대안도 없이
불만을 끊임없이 퍼붓기 시작했다.
마치 배고픈 사람이 배를 채워주자
심심하다고 징징대는 것처럼 말이다.

시간과 공간 속에서 자본주의와 자유

마르크스와 레닌의 이론이 당시 민중들에게 적절한 대안이었음이 역사적으로 인정된 것은 최근의 일이다. 자본주의가 인간의 욕망과 타협하면서도 질서를 유지할 수 있다는 것이 입증됨으로써 지구상의 공동 언어로 자리 잡게 되면서 공산주의 사상은 역사 속의 필요악 정도로 인정받게 된 것이다. 당시 부와 권력을 독점한 소수 세력에 착취당해야 했던 절망적인 민중들에게 공산주의 사상이 추구하는 소유의 평등은 권력의 공유와 함께 얼마나 달콤한 유혹이었겠는가. 충분히 설득력을 갖게 하는 부분이었다. 결국 무산자들의 혁명으로 재화를 재분배하고 공동 생산과 균등 분배를 실현하자고 외쳤던 그들은 권력을 쟁취했고 한때는 지구의 절반 가까이를 지배하기도 했다.

그러나 얼마 뒤 그들의 후계자들은 변질되기 시작했다. 그들은 그들의 집단 안에서 서열화되기 시작했고, 권력의 서열은 분배의 서열을 낳았다. 형식적으로 소유권이나 사용권의 많고 적음에 따른 우열은 평준화된 것처럼 보였을지 몰라도 결과적으로 부와 권력의 점유를 이원화시키지는 못했다. 어렵게 쟁취한 권력을 유지하고 세습하려는 인간의 본능을 버리지 못했음은 물론이다. 그들은 왕조 말기에 백성들의 안위를 명분으로 내세우며 권력의 변방 세력을 규합해 역성혁명을 꾀하던 케케묵은 방식을 되풀이하고 말았다. 세습된 왕조의 자손들은 몇 대가 흘러가면서 또다시 그 전 왕조가 저질렀던 일을 되풀이했다. 20세기에 등장한 이데올로기인 공산주의는 100년도 버티지 못했다. 그들은 권력의 태생적 한계를 극복하지 못했고, 국가 경쟁력 제고라는 미명하에 자본주의와 결탁해 어정쩡한 체계를 만들어나가고 있다. 물론 그러한 체계가 결과에 의해 또 다른 정답처럼 여겨질지는 모를 일이지만 말이다.

신흥 국가들의 공통점 가운데 하나는 서구화의 길목에서 통과의례로 겪게 되는 군부 독재 기간 동안 국가 경제가 고속 성장하는 비용으로 억압과 핍박이 가해졌을 때 조국의 민주화와 자유의 쟁취가 모든 것을 해결할 것처럼 여긴다는 것이다. 마치 불면증 환자가 잠만 편히 자게 되면 모든 문제가 해결될 것으로 여기는 것처럼 말이다. 그러나 미국을 비롯한 서구 민주주의의 정체는 신흥 국가 국민들이 생각하는 만큼 무진장한 자유와 수평적 평등을 보장하지는 않는다. 국가를 유지하는 두 개의 축인 민주주의와 자본주의, 이 두 가지 가치가 결합해 적절하게 맞물려 작동해야 하기 때문이다. 시민의 권리는 철저하게 법으로 보장하고 있지만, 법을 만들고 유지하며 집행하는 것은 국가라는 절대적 권위가 주체가 되어야만 한다. 부연하면 법의 적용은 평등을 지향하지만 국가와 국민의 관계는 지극히 수직적이며, 자본주의하에서 능력과 보상의 공정성으로 대변되는 소유의 불평등이나 혜택의 불평등은 항시 존재한다.

대의 민주주의 체제하에서 국민이 선출한 미국 정부가 자국의 이익을 위해 선택한 베트남 참전을 예로 들면, 이를 비판하는 자유 정도야 용인했지만 반대를 위해 타인을 선동하는 것은 어느 누구라도 용인하지 않았던 것은 당연했다. 국가의 수반이 세습으로 자리에 오른 황제가 아니라 국민에게 선출되어 일정 기간 임무를 수행하는 대통령으로 바뀌었을 뿐 임기 동안 그에게 주어진 권력은 막강한 것이었다. 역사가 칭송하는 링컨은 남북전쟁이 발발하자 의회에 절대 권한을 요구했고, 제2차 세계대전 기간 동안 루즈벨트는 전무후무한 4선의 장기 집권 대통령이 되기도 했다. 걸프전 이후에도 미국은 이라크전을 발발시키며 세계의 비난을 독차지했다. 그들이 전쟁의 명분으로 내세운 9.11 테러의 용의자 빈 라덴(Osama Bin Laden, 1957-2011)도, 대량 살상 무기도 이라크에는 없었다. 전쟁의 명분은 없었지만 미국은 거침없이 후세인 대통령을 사형시키고 자기들 입맛에 맞는 새로운 정권을 세웠다. 미국의 실질적 목적은 석유였다고 이야기들 하지만, 그 역시 미국 국민들이 납득하기에는 설득력이 없는 것이었다. 산유국인 미국이 국가 구조상 석유 소비량이 세계 최고라는 이유로 자국민을 포함해 수천 명의 목숨을 희생시킨 전쟁을 치러야 했다고 정당화하는 것은 여전히 궁색했다. 그러나 전쟁을 일으키는 데 중심에 선 부시(George W. Bush, 1946-) 대통령은 내외적으로 엄청난 비난에 시달리면서도 재선에 성공했다. 미국 국민들은 전쟁의 부당성보다 실리적 이유였든 종교적 성전이었든 자국의 이익을 고려해 그를 지지한 셈이다. 이처럼 민주주의의 결과는 합리성이나 도덕성보다는 당여나 집단 이기적 논리에 지배될 수밖에 없다.

서구화의 물결 속에서 절대 왕조의 언저리에서 벗어난 나라들의 경우도 마찬가지였다. 핍박받던 평민이나 노비 혈통들에게 민주주의는 새 시대의 오아시스이자 중병을 앓던 환자의 만병통치약으로 보였을지 모르지만 어떤 사회에서도 가치 기준만 다를 뿐 수직적 서열은 늘 존재한다. 남아메리카 대부분의 국가들이 그러했듯, 아르헨티나는 200년 전 스페인으로부터 독립했다. 미국과 별반 차이가 없었다. 신흥국들이 50년 내외의 민주주의 역사를 가진 것과는 비교가 되지 않는다. 아르헨티나는 엄청나게 넓고 비옥한 영토를 갖고 있고 적극적으로 이민을 받아들인 결과로 4000만 이상의 인구가 살고 있지만, 국가가 보유한 천연자원에 비해 국제 시장에 내놓을 만한 세계적 기업 하나 없고 만성적인 실업률에 허덕이는 나라로 전락했다. 아르헨티나의 쇠락은 널리 알려진 대로 페론(Juan D. Peron, 1895-1974) 시대를 상징하는 민주화의 열망과 함께 찾아온 대중주의(populism)에 기인한다. 대중의 힘으로 바뀔 수 있었던 정권들은 대중에 영합해 '퍼주기'식 정책을 남발했다. 아무리 자원이 풍부한 나라라 할지라도 일보다는 여가를 즐기는 문화 속에서 빈부 격차에 따른 대책 없는 복지 정책을 시행하니 재정이 파탄에 이를 수밖에 없다. 결국 빚 얻어서 퍼주다가 채무 변제 불능 상태에 이르게 된 것이다. "부모에게 물려받은 재산이 아무리 많아도 자손이 방탕하면 삼대를 못 간다"는 말을 실감케 한다.

자본주의의 매력이자 한계는 불평등하지만 위치가 언제든지 바뀔 수 있다는 것이다. 대중주의가 갖는 속성은 민주주의가 지향하는 평등의 개념을 자본을 분배하는 데 적용해 자본의 소유에 열등한 다수에게 소수의 우월한 자(유산자)의 것을 정당하게 착취해 나누어준다는 데 있다. 누진제로 막대한 세금을 거두어들여 재정을 확보하고, 복지에 열을 올리고, 자선 구호 사업으로 선심을 쓴다는 공통점이 있다. 당연히 대중은 달콤한 유혹에 빠져들게 되어 있다. 마치 돈 많은 부자가 자신을 지지하면 자신의 재산을 나누어줄 것이라고 약속하는 것 같은 착각을 한다. 그러나 그들은 스스로 부자가 아니며, 그들은 기업이나 재산 보유자, 소득을 올리는 대부분의 국민들로부터 거두어들인 재원으로 먹고사는 정치나 행정 서비스 종사자일 뿐이다. 게다가 분배에 필요한 관리와 운영에는 천문학적인 재원이 필요하다. 다시 말해 자본주의 체제가 작동해 생산과 소득이 늘지 않는 한 재원은 마련할 수가 없다. 대중주의를 외치는 그들은 가만히 앉아서 자본주의의 한계를 이용해 권력을 얻어내는 무임승차자들인 셈이다. 그들은 자신이 위선적이거나 파렴치한이라고 여기지는 않을 것이다. 아마도 자본주의의 한계를 극복하고 가난한 자의 편에 선 정의의 사도라고 여길 것이다. 이 경우 자본주의는 작동을 멈추고 경제는 파탄에 이르게 되어 있다. 자본주의의 매력은 동기화에 따른 성과의 향상에 있는데, 동기 요인을 상실한 생산 주체자의 산출량은 단숨에 수직 하락하기 때문이다. 아르헨티나 국민들이 페론 시대 이후에도 에바 페론(Maria Eva Duarte de Peron, 1919-1952)에 대한 향수에 젖을 수밖에 없는 이유는 바로 거기에 있다. 소수의 부자와 다수의 평범한 사람들이 존재하는 한 누군가 나타나서 고단하고 부족한 나에게 일 덜하고 편히 살 수 있도록 보장해준다는 달콤한 유혹을 한다면 결코 떨쳐버릴 수 없는 것은 당연하기 때문이다.

부자들은 자신의 재산과 권력을 지키기 위해 무진 애를 쓴다. 그들은 변화를 반대하는 보수 세력을 지지하고 대중주의에 영합하는 진보 세력을 반대하거나 차단한다. 표면상 지금 당장 자본가를 보호하는 자본주의를 지지함은 물론이다. 그러나 그들이 재산을 축적하고 지금의 부자 대열에 합류하게 만든 것이 자본주의의 힘일지는 몰라도 그 자본주의가 결코 그들의 재산을 지켜주지는 않는다는 것을 아는 사람들은 많지 않다. 이 부분은 대부분 자본가들의 착각이기도 하다. 길지 않은 자본주의의 역사를 보면, 자본주의의 속성은 정치적 민주주의와 결합하면서 자본의 소유주를 항상 변화시키거나 부자와 가난한 사람의 비율을 탄력적으로 조정한다는 사실을 명백하게 알 수 있다. 예컨대 산업혁명 시대와 지금의 서유럽 또는 미국의 부의 분배를 비교해보거나 식민지 시대와 지금의 개발도상국의 부의 분배를 비교해보면 이런 사실은 좀 더 명백해진다. 절대적 수치인 평균 소득이 늘어남과 동시에 상위 그룹과 하위 그룹의 재산 차이는 크게 줄었다는 것쯤은 통계 수치를 제시하지 않더라도 누구나 알 수 있을 것이다. 그동안 자본가의 수는 기업의 번영과 더불어 기하급수적으로 늘어났고, 창업주의 자손이 기업의 주인으로 군림하고 있는 경우는 줄어들고 있다. 기업은 살아 있는데 창업주의 자손이 빈털터리가 된 경우도 허다하다. 소니가 건재함에도 소니의 창업주인 아키오 모리타(盛田昭夫, 1921-1999)의 아들이 파산선고를 당한 것이 좋은 예다. 흔히 중산층이 늘었다고 하지만 최근에는 중산층이 상류층으로 상승하고 있는 현상이 관측되고 있다. 물론 이 경우 상류층의 대열에 합류하지 못한 중산층은 불안함을 느끼게 된다. 대중주의자들은 이런 현상을 두고 빈부의 격차가 심해졌다고 치부하거나 거의 모두가 하류층으로 전락할 것이라는 비관적 전망으로 위협하면서 선동한다. 이런 선동은 대단히 효과적이다. 무지하거나 감정이 앞선 불안한 대중은 과학적 통계 수치를 바탕으로 냉철한 판단을 하기보다는 상대적 빈곤이라는 감성적 단어에 매료되어 거리로 나설 수밖에 없다. 그러나 적어도 현재 지구상의 절대적 공통 가치로 자리 잡은 자본주의를 부정하거나 포기한다는 말을 입 밖에 내지는 못한다. 대중주의가 겨냥하고 있는 공동의 적—그들은 부자들을 공공의 적이라 부르고는 한다—은 자본가이지만, 바로 그들로부터 재원을 확보해야 한다는 필연성이 내재하기 때문이다. 그래서 그들은 자본가나 자본가를 옹호하는 권력과의 투쟁을 주장하는 것이다.

그러면 투쟁에 성공한 대중주의자들에게 공산주의를 선택하라고 하면 그렇게 할까? 대답은 "절대 아니다"다. 자본가를 적으로 삼으면서 대중을 위해 재산을 내놓으라고 하는 논리는 볼셰비키 혁명을 연상시키지만 안타깝게도 그들은 공산주의를 선택할 수 없다. 세계적으로 빈부의 차이가 심하다고 하는 중남미나 중동 지역, 인도와 같은 나라들에서는 공산주의는커녕 좌파 정권이 들어서기도 쉽지 않다. 그 이유는 종교나 민족성, 문화 등으로 다양하게 설명될 수 있겠지만, 그들이 권력을 잡은 뒤에는 분명히 자본가와 결탁하게 되어 있기 때문이다. 자본가들은 그들에게 권력을 장기간 유지할 수 있는 자금을 공급하겠다고 제안할 것이고, 권력자들은 그 달콤한 유혹을 쉽게 뿌리치지 못할 것이다. 그러면 또다시 누군가 대중을 등에 업고 나서서 대중을 선동할 것이고, 궁극적으로는 끊임없는 비용 낭비 차원의 악순환이 반복될 것이다. 결국 자본주의는 인간의 욕망을 이해하고 적절하게 이용해 세계의 표준이 되는 데 성공했지만 결국 대중주의라는 배설물을 산출한 셈이다. 현 상태에서 해결책이란 없는 것일까?

정치권력
vs 부의 권력

인간이 부의 축적이나 부를 산출하기 위한 조직을 소유하는 데 매력을 느끼기 시작한 것은 정치권력과 부의 권력이 분산되기 시작하면서부터였다. 수천 년 동안 제사장과 정치 권력자가 동일하다가 제정(祭政)이 분리된 과정이나 중세에 팽창한 기독교의 위세로 교황의 권력이 절대 왕권을 능가하게 되었다가 결국 몰락한 과정과 매우 유사하다. 산업혁명 후 대자본가들이 등장하기 전까지는 사실상 부가 가진 권력의 크기는 보잘것없는 것이었다. 그 원천이 막강한 군대를 거느린 무력을 배경으로 하든 종교적 권력을 배경으로 하든, 정치적 권력은 원하면 언제든지 부를 축적할 수 있었다. 바꿔 말하면 경제적 부라는 것은 정치적 권력의 한 부분이거나 부산물로 얻어지는 대상이었다. 그러나 시민혁명으로 민주화가 정착되고 정치적 권력의 영속성이 담보되지 않게 되자 상황이 바뀌기 시작했다. 대중은 정치적 권력이 부의 집중을 가져다주는 동시에 세습되는 것을 용납하지 않았다. 정치권력은 법이 허용하는 범위 내에서 제한된 영역에서만 쓸 수 있도록 축소되었다. 정치권력은 이제 대를 이어 유지하는 것은 고사하고 정해진 임기를 채우면 교체되는 단기 권력으로 전락한 것이다. 반면에 부의 권력은 개인의 사유재산을 철저히 보호하는 자본주의 체제를 부정하지 않는 한 제한된 범위 내에서의 세습이 가능하다. 단순히 소유나 소비의 욕구를 채워줄 뿐 아니라 권력의 유지를 허용한다는 점에서 부의 축적은 사람들에게 매력적으로 느껴지기 시작했다. 결국 대중은 정치적 권력보다 경제적 권력을 차지하는 데 혈안이 되었다.

북한의 김일성 왕조(1948-)는 21세기 현재 지구상에서 유일하게 부와 정치적 권력을 동시에 소유한 절대 권력이다. 19세기까지만 해도 지구상의 대부분 국가들은 아무렇지도 않게 왕조를 유지했지만, 20세기 이후에는 견디지 못하고 거의 다 사라졌다. 설사 존재하더라도 입헌군주제처럼 무늬만 왕조인 경우가 대부분이다. 아직도 학계에서는 김일성 왕조라는 용어를 정식으로 사용하지 않고 있지만, 여전히 북한에서는 '백두 혈통'이라는 세습적 가치가 절대적으로 유지되고 있다는 점에 주목할 필요가 있다. 분단국인 대한민국이나 인접국, 그리고 여타 국가들의 국가 체제는 다소 차이가 있지만 세습이 불가능하고 부와 정치권력이 철저하게 분리되어 있다는 점에서 유사하다. 21세기의 세계 질서는 이런 토대 위에서 만들어졌다. 중국의 경우 정치권력의 중심이 국민이 아니라 당(공산당)에 있다는 점이 조금 다를 뿐이다. 21세기를 사는 다른 나라들이 북한의 왕조 체계를 이해하기란 결코 쉬운 일이 아니다. 인식의 시계를 1000년 정도는 뒤로 돌려야 한다. 특히 분단국인 대한민국이 그들을 이해하는 것은 어려운 일이다. 1960년대 이후 절대 권력을 가지고 30여 년 동안 이어진 군부 절대 권력하에서는 그나마 가능했을지 몰라도, 1990년대 이후의 민주화와 급속한 경제 성장으로 국민들 대부분의 의식이 세계 선진국 수준으로 상향된 오늘날에는 거의 불가능한 일이 되었다. 폐쇄적 사회에서 동일한 국가 노선을 유지하고 있는 북한을 이해하기란 평범한 현대인이 1000년 정도 전에 살던 사람과 대화를 나누는 것만큼 어려운 일이다. 단순히 격세지감 때문만이 아니라 가치와 세계관, 사회 인식 등 전반적인 인식의 차이가 크기 때문이다. 간단히 얘기하자면 북한을 하나의 국가로 간주하고 보는 것 자체가 난센스라는 얘기다. 그렇다면 왕조란 무엇인가?

왕조가 바뀌는 것은 국가의 주인이 바뀌는 것이었다. 농경 사회에서 왕은 절대적 권력을 기반으로 가장 커다란 가치인 국토를 소유한 주인이었다. 왕은 필요에 따라 지배 세력에게 식읍을 나누어주었고, 그 주인들은 귀족이나 양반이라는 이름으로 계급의 상부를 차지하며 또 다른 권력을 손에 쥐었다. 보통 사람은 땅을 소유하거나 재물을 가질 수 없었으며, 설사 갖고 있더라도 왕이나 귀족이 원하면 언제라도 돌려줘야 했다. 반역이 일어나거나 정쟁의 희생물이 되기 전에는 그들의 권력은 신분과 함께 안전하게 세습되었다. 국가가 백성을 위하고 백성의 소리를 듣는 것은 국가를 통치하는 데 중요한 수단이어서 국가의 체제와 왕권을 안정시키기 위해 그런 행동을 보여주기도 했지만, 소수의 왕족과 귀족 계급이 국가를 소유하고 유지한다는 개념이 바뀔 수는 없었다. 현대적 시각으로 보면 국가 체제가 그럴 필요는 없으며 더 합리적인 방법으로 존립할 수도 있다고 주장하겠지만, 이는 당시의 사고로는 불가능했다. 김일성 왕조의 특성 역시 왕조의 생리를 벗어나지 못한다. 명칭만 다를 뿐 국가는 김일성을 시조로 한 자손들인 왕가의 소유이며, 소수의 열성 당원들(귀족들)과 그 자손들에게 부가 집중된다. 나머지 인민들은 일개미와 같은 존재다. 체제에 대한 비판은 물론 반역이다. 모든 의사결정은 오로지 한 사람에게 의존한다. 그런 의미에서 김일성 왕조는 조선의 양반 사회나 고려의 귀족 사회보다 그 이전 사회에 훨씬 가깝다. 그들에게 가장 중요한 것은 대를 이어 왕권을 수호하는 것이며, 이는 어떤 경우에도 차선이 될 수 없다. 과거 귀족들이 왕도에 몰려 살았던 것처럼 평양 시민이 되려면 성분이 좋아야 한다는 점도 왕조와 닮아 있다. 고려 이전 왕조 시대의 성공적인 왕의 특성은 내치에 힘쓰기보다 외침을 방어하고 더 나아가서는 주변 국가를 정복했다는 데 있다. 적어도 역사에 위대한 군주로 남으려면 그 시대에 백성의 희생을 무릅쓰고라도 강한 군대를 양성해 정복한 땅의 넓이를 늘려야 했다. 역사적으로 위대한 군주는 내치를 잘했거나 외침을 잘 막은 군주가 아니었다. 현대적 시각에서는 세종대왕이 위대한 군주였던 이유로 문화와 과학 기술의 발전을 꼽지만 조선 역사가들의 시각에서는 영토 확장을 들 것임이 분명하다. 칭기즈칸, 나폴레옹, 광개

토대왕, 당태종 등은 두말할 나위 없이 당대의 영웅이자 위대한 군주로 기록되어 있다. 그들은 정복 전쟁 후 전리품을 신하에게 나누어주며 덕을 쌓았을 것이다.

김일성 왕조를 바라보는 세계의 시각은 하나같이 자신들의 잣대에 따른 것이다. 대한민국을 포함한 서방이 아직도 그들을 현대국가로 보고 인권이나 개방, 민주화와 같은 것을 요구하며 자신들의 사고로 대하고 있다는 것은 흥미로운 일이다. 중국 또한 미국에 대한 견제 수단으로 북한을 멀리하지는 못하고 있지만 적어도 부와 정치권력의 분리를 지향하는 자신들의 확고한 노선으로 볼 때 권력의 세습을 이해하기란 결코 쉽지 않을 것이다. 한 가지 공유하는 것은 공산주의로 포장된 일당독재 노선이라는 유사성뿐이다. 중국이 북한과의 회담에서 국가의 목표를 경제성장에 두고 이를 위해 개방을 할 것을 주문하는 것은 중국 역시 왕조의 생리를 받아들이는 것이 불가능하기 때문이다. 거듭 부연하지만 왕조의 첫 번째 목표는 권력의 영원한 세습—흔히 체제 유지라고 표현한다—을 위해 강력한 왕권을 유지하는 것이다. 그들의 사고에서 국가의 경제력이나 국민들의 복지 등은 왕권을 유지하기 위한 수단일 뿐이다. 따라서 정복욕에 불타는 그들을 잠재우려면 왕조에 굴복해 조공을 바치거나 무력으로든 첩보전으로든 왕조를 무너뜨리는 수밖에 없다. 역사적으로 볼 때 왕조가 붕괴되는 것은 외부의 침입이나 내부의 혁명에 의한 경우가 대부분이었다는 점을 유념할 필요가 있다. 한국이 1980년대까지의 극한 대립을 피하고 1990년대 들어 유화책을 썼을 때 남북은 화해 무드 속에 있었다. 관광이 가능해지고 경제협력이 이루어졌지만 그들이 자국민이 자유롭게 외부를 방문하도록 허용한 적은 단 한 번도 없다. 일방적으로 방문하고 금단의 지역을 관광하는 대가로 시장의 논리와 무관한 터무니없는 금액을 지불해주었을 뿐이다. 이는 중국이 개방 초기에 외국인들에게 선진국 수준으로 여행비를 요구했던 것과는 근본적으로 다르다. 기업 논리와는 거리가 먼, 한국의 일방적인 투자이자 대금 결제였으며, 이를 통해 왕실은 왕조를 유지하는 데 필요한 막대한 달러를 벌어들였다. 사업의 주체는 어떤 개인도 범접할 수 없는 왕실이었기 때문에 막대한 수입은 체제 유지에 보탬이 되었을 것이다. 외형상 남북 교류나 협력 사업들은 수평적 거래로 포장되었지만 그들의 왕은 핵무기를 앞세운 강력한 군사력을 바탕으로 조공을 받았다고 여길 것이다.

2007년 이후 조공은 막을 내렸다. 시장적 사고로 무장한 새로운 한국 정부는 자본주의의 기초라 할 수 있는 거래를 요구하기 시작했다. 핵과 같은 강력한 무기를 포기한다면 시장에 나올 수 있는 기회를 줄 것이고 필요에 따라서는 안전 보장의 대가로 조공을 바치겠다는 조건부 상납을 표방한 것이다. 국방비로 국가 예산의 20퍼센트 이상인 50조 원 이상을 쓰는 한국 정부로서는 손해 볼 것 없다는 계산을 했을 것이다. 그러나 한국 정부는 왕조의 생리를 전혀 이해하지 못하고 있었다. 아니 이해하고 있다고 하더라도 여타의 시각들처럼 자신의 잣대로 상대를 재단하는 방법을 택했다. 협상의 기본은 상대방의 목표와 차선책을 가늠하는 것이다. 왕조의 입장에서 조공을 받는 데 필요한 그들만의 우위 요소인 무기를 포기한다면 그 다음부터는 시장의 냉엄한 규칙이 적용되는 거래가 있을 뿐이라는 것을 모를 리 없었다. 강도에게 칼을 내려놓으면 지갑을 열어주겠다는 이치와 같다. 그들은 무력시위를 벌이기 시작했다. 마치 깡패가 자신의 무력을 과시하기 위해 집기를 부수는 것처럼 소란을 떨기 시작했다. 비제도권 세계에서 살아남는 게 지상 목표인 거지나 깡패의 특성은 자신의 부하들 앞에서가 아니라면 구겨질 자존심이 없다는 것이다. 큰 무리가 되지 않는다면 상대의 약점을 이용해 조공을 바치게끔 유도해야 할 필요성을 느꼈을 것이다. 2010년 상반기와 하반기에 한 번씩 저지른 천안함 침몰이나 연평도 포격은 이런 맥락에서 일어난 사건이었다. 왕조는 결코 경쟁이 지배하는 시장으로 나와서 거래에 임하지 않는다. 북한이 거래를 위한 시장에 나오려면 국가의 정체성이 바뀌어 왕조의 뿌리가 없어지거나 교체되어야 한다. 그들은 여전히 왕실이 부와 정치권력을 동시에 독점하고 있는 지구상의 유일한 왕조다. 다른 나라들이 계속적으로 제도권으로 나와서 장사를 하라고 설득하고 유혹해도 나오지 않을 것이 확실하다. 제도권에 나와서 적응하기에는 이미 너무 늦은 감이 있다. 아니, 능력을 상실했다. 제도권 내의 시각이 자신들의 이해관계에 따라 하나가 되지 않는 이상 소말리아 해적들처럼 당분간 그들의 존재는 건재할 것이다.

21세기를 사는 보통 나라의 보통 국민들에게 있어 절대 권력을 누릴 수 있는 것은 흔한 일이 아니다. 노력을 하거나 물려받거나 운이 억세게 좋아 줄을 잘 탔거나 하더라도 부와 명예를 한꺼번에 얻기란 그리 쉬운 일이 아니다. 돈의 위력으로 별 볼일 없는 감투 하나 쓴다고 해도 얻을 수 있는 것은 존경이 바탕에 깔린 명예가 아니라 가식적인 아부뿐이다. 획득된 부의 매력은 언급한 대로 세습이 가능하다는 것이며, 잘만 이용하면 부를 유지할 수 있는 교육의 혜택까지도 나누어줄 수 있다는 데 있다. 특히 자기 스스로 일군 것이 아니라 앞선 세대로부터 물려받은 부는 '나의 아버지가 그랬던 것처럼……'이라는 중독에 가까운 집착으로 나타나고는 한다. 왕조 시대의 정치권력 세습과 상당 수준 닮은 것이다. 김일성 왕조의 2대 군주인 김정일은 개방과 세습이라는 선택의 기로에서 세습을 택했다. 처음에는 개방에 의한 경제성장을 하면서 내적 통제를 통해 체제 유지를 할 수 있다고 생각했다. 그러나 늙고 병약해지자 두 마리의 토끼를 잡기란 어차피 불가능하다는 것을 깨닫고 3대 세습으로 기울었다. 아버지에게서 알토란 같은 그룹의 가운데 토막을 물려받은 삼성의 이건희 회장도 '나의 아버지가 그랬던 것처럼……'을 실천하기 위해 온갖 고초를 감내했다. 불법 증여 문제로 수년간 환자 행세를 하며 국외로 도피해 혹독한 사회적 비난에 시달려야 했지만 결코 세습을 포기하지는 않았다. 그리고 각고 끝에 부가 동반된 경영권의 세습에 성공했다. 상당 부분이 닮아 있다. 두 사람은 말띠 동갑내기이기도 하다. 세습에 대한 집착은 정도의 차이나 크기의 차이로 인해 알려지지 않았을 뿐 누구에게나 잠재되어 있는 절대적 욕망이다. 그리고 자본주의가 사유재산의 인정을 포기하지 않는 이상 인간의 본능적 욕구는 계속될 것이다.

정치적 권력이나 경제적 권력을 가진 사람이 세습에 성공하는 모습을 보면 누구나 질투에 사로잡힌다. 왜 나는 할 수 없을까 해서, 또는 더 하고 싶은데 못 해서 괴로워한다. 물론 가진 것이 없어서 하고 싶어도 못하는 사람들이 대다수다. 그들은 하나같이 많이 가진

자들을 맹비난하지만 자신도 그 위치에 간다면 똑같은 일을 저지를 것이 거의 확실하다는 것은 인정하지 않는다. 살인이나 강도, 절도, 성폭행과 같은 범죄와는 근본적으로 다르다. 그런 범죄들의 경우에는 그 입장이 된다고 해도 저지를 수 있는 사람이 매우 제한적이기 때문이다. 따라서 세습 욕구는 차라리 장발장의 빵 훔치기에 가깝다. 이미 정치적 권력의 세습은 민주주의라는 제도로 인해 지구상에서 원천적으로 봉쇄되었다. 정치적 권력의 세습은 한 국가에서 한 가족만이 절대 권력을 소유하는 왕가가 되는 것이니 당연한 귀결인지도 모른다. 그러나 경제적 권력은 산업자본주의의 발전과 함께 누구나 가질 수 있는 대상이 되었으며, 다수의 주체가 공존할 수 있다는 매력이 있다. 일단 한 번 부를 가지면 세습의 유혹에서 결코 자유로울 수 없었다. 재벌 간의 혼인이 횡행하는 것은 경제적 부의 생리도 과거 정치적 권력의 세습과 다를 바 없음을 보여준다. 국가의 경제성장이 가속화될수록 그들이 소유하는 부의 크기와 소유 주체의 수도 점점 늘어나면서 새로운 그들만의 문화와 영역이 생성될 것이다. 눈에 띄게 드러나는 큰 부자들의 세습 관례는 그렇게 하지 못하는 보통 사람들에게 좌절감이나 시기심을 주는 것이 당연한 귀결이다. 과거 정치권력을 쥔 왕가와 주변의 귀족이 존재했을 때는 신분제라는 운명적 결정이 인도나 부탄의 국민들처럼 쉽게 포기하게 만들었다. 그러나 주변의 사람들이 별반 노력도 없이—노력을 했다 하더라도 그렇게 비친다—신분이 상승하는 것을 보면 불안감이 엄습하기 시작하게 된다. 사실 현대 자본주의 사회에서 부의 세습은 불법행위가 아니며, 앞으로도 그럴 것이다. 사람들은 자신에게 불리한 법에 대해서 불평하지만, 사실 법이란 다수의 공감에 의해서 만들어지는 것이다. 부의 세습과 같은 인간의 욕구가 불법이란 원천 봉쇄의 대상이 될 수 없을 것은 자명하다. 세습의 과정에서 좀 더 확실하고 더 많은 양을 주고 싶은 심정에서 무리수를 두다 보니 불법적 행위가 발생하기도 한다. 만약 보통 사람이 몇 푼 안 되는 재산을 상속하기 위해 탈세를 하려고 변칙적인 방법을 썼다거나 다른 무리수를 두었다면 사회적으로 비판을 받거나 관심을 끌지는 못할 것이다. 얼른 보면 큰 부자들을 옹호하는 것처럼 보이지만, 냉철하게 보자면 공히 불법행위를 저지른 것이고 벌을 받아 마땅한 일들이다. 그러나 적어도 내가 물려주는 토지와 집, 그리고 약간의 현금 정도는 누구나 떳떳하게 여길 뿐 아니라 오히려 자랑으로 삼는다. 아마도 여기에 상속세와 증여세를 냉철하게 물린다면 펄쩍 뛸 것이다. 그러나 탈세나 횡령, 변칙적인 행위를 하지 않았다고 자신할 수 있는 사람이 얼마나 될 것인가 생각해보라.

예상외로 많은 사람들이 적발되지만 않으면 자신이 불법행위를 저지르지 않은 것처럼 착각한다. 여기에는 자신이 몰라서 무지의 소치로 저지른 불법행위도 포함된다. 예컨대 자동차를 몰면서 담배를 피운다거나 길거리에 침을 뱉는 일, 터널 입구에서 끼어드는 일, 맥주를 마시고 자전거를 타는 일 등으로 적발된 경험이 있는 사람은 거의 없을 것이다. 그러나 이런 행위들은 사소해 보일지언정 전부가 불법행위들이다. 다만 누구의 관심도 끌지 못하는 사소한 일들일 뿐이다. 그러나 동일한 행위라 할지라도 상대가 부의 권력이나 정치권력을 가진 사람일 경우는 얘기가 달라진다. 그들은 흔히 공인(公人)

이라 불린다. 심지어 요즘에는 이 공인의 부류에 연예인이나 운동선수처럼 대중매체에 흔히 나오는 이른바 스타들까지 합류했다. 그들은 대중의 사냥에서 자유롭지 못한 사냥감이다. 거꾸로 얘기하자면 사냥감에 끼지 못한다면 별 볼일 없는 사람이라고 볼 수도 있다. 반면에 별 볼일 없는 보통 사람들이야말로 권력이 없다는 이유로 대중의 시선으로부터 자유롭게 살 수 있는 특권을 가졌다고 스스로 위안할 수도 있다. 그들은 당당하게 공인들을 감시하며, 자신도 이미 저질러봤던 행동을 두고 떳떳하게 비난을 퍼부을 수 있다. 그리고 그들의 비난에는 가진 자들의 소유물은 갖지 못한 자들로부터 빼앗은 것인 만큼 당연히 돌려줘야 하는데 그러지 않으니 죄책감을 가져야 한다는 생각, 그러니 기회가 되면 나누어주고 베풀어야 한다는 생각이 내재되어 있다.

정치적 권력은 대중 앞에서 나약해질 수밖에 없다. 개인이나 기업의 경제력은 정치권력을 획득하는 데 직·간접적으로 상당한 영향을 미치지만, 대중은 여론을 만들고 궁극적으로 선거에서 표의 수로 나타난다. 정치권력을 유지하고 더 나아가서 선거에서 표를 획득하기 위해서는 대다수가 상류층이 아닌 다수의 대중에게 아부할 수밖에 없다. 적어도 겉으로는 그래야 하지만, 그렇다고 비록 소수이나 경제적 권력을 보유한 이들을 무시할 수도 없는 딜레마에 빠진다. 결국 결코 영리하지 못한 다수의 대중을 위하는 척 기만하고 비교적 똑똑한 소수의 부자들에게 더 큰 이익을 주기 위해서는 부의 세습이 가능하도록 조치를 취해야 한다. 당연히 다수의 대중은 이런 사실을 모르게 말이다. '정경유착'이란 말은 이러한 배경에서 태어났다. 장기적으로 권력 유지가 보장된 독재 권력이나 선거가 끝나면 다음 선거를 걱정해야 하는 민주적 절차로 선출된 정치권력이나 관계없이 장기적 세습이 보장된 소수의 부자들과 이해관계가 맞아떨어지면 정경유착이 성립되며, 이는 지속적으로 재차 생성되어왔다. 보통의 대중들은 기업의 대주주가 상당수 포함된 소수의 부자들과 그 기업 자체를 동일한 대상으로 이해한다. 기업은 자신의 이익을 최대화하기 위해 정치적 환경이나 법적 환경이 적대적이든 우호적이든 상관없이 다른 요소들과 함께 극복해야 하는 외부 환경 요소의 하나로 간주할 뿐이다. 우호적일 경우에는 활용할 것이고, 적대적일 경우에는 극복하기 위해 정부나 정치권에 로비도 하고 여론을 형성해 법을 만드는 대중들에게 기부를 하거나 광고를 통해 이미지를 향상시키기도 한다. 장기적 권력의 세습이나 유지를 위해 노력할 필요는 없다. 어차피 기업이란 법적 생명체는 수명이 있는 것이 아닌 만큼 세습을 필요로 하지 않으며 오로지 생존을 위해 끊임없이 이익을 추구할 뿐이기 때문이다. 한국의 경우 아직 기업의 역사가 짧아서 그렇지만, 미국이나 유럽의 긴 역사를 가진 기업들을 보면 기업의 대주주 구성은 끊임없이 변해왔으며, 한국도 앞으로 그럴 것이다.

반기업 정서는 소수의 부자들에 대한 시기심을 기업 대주주의 이해관계와 동일시하면서 발생한 일종의 촌극이다. 쿠란을 읽을 수 없는 다수의 문맹자들을 기만하는 이슬람 지도자들처럼, 경영학이나 경제학 학위를 보유한 다수의 정치인들조차도 거침없이 기업에 대한 감세 정책을 서민들을 착취하는 방안으로 호도하고는 했다. 기업이 세금을 덜 내면 개인이 세금을 더 내야 한다는 논리였다. 그러나 기업의 감세안은 경기가 부진해 생산과 소비가 둔화될 때 기업의 부담을 덜게 함으로써 기업의 도산으로 인한 고용 악화나 물가 상승을 막기 위한 부양책의 하나일 뿐이지 사회의 일부 계층을 착취해 다른 계층을 배부르게 하는 것이 아니라는 것쯤은 원론 수준의 지식이다. 경제란 하나의 범위나 영역 안에서 순환되는 것이지 서로 다른 이해관계자 간의 투쟁이 아니라는 얘기다. 예컨대 온 국민이 근검절약으로 저축을 열심히 해 상당 수준의 금융 자산을 보유하고 있다고 하자. 국민들이 부자이니 그 나라도 부자가 될까? 대답은 "결코 아니다"다. 이런 나라는 소득에 비해 소비가 적고 생산이 부진하니 성장할 수 없다. 전쟁으로 인해 사회 인프라가 파괴되었거나 자연재해로 자원이 고갈되었다면 소비를 줄이고 저축을 늘려야 하겠지만, 사회적 인프라가 안정되어 있고 경제가 성장할수록 고소득과 대량소비는 필수 조건이 된다. 옆집 아저씨가 돈 좀 벌었다고 사치스럽게 소비를 하면 눈살을 찌푸리겠지만 전체의 성장을 위해 이런 감성적 시기심은 금물이란 얘기다. 정치나 언론에서 대중에게 메시지를 던지는 사람들이 이런 사실을 모를 리 없다. 만약 몰랐다면 그들은 우리가 살고 있는 자본주의의 기본 원리를 모를 만큼 무지한 것이니 그런 자리에 있을 자격이 없다.

부의 권력을 세습하고자 하는 본능적 욕구는 부를 얻고자 하는 다수의 대중들로부터 기회와 희망을 빼앗는다는 것이 정설로 되어 있다. 어렵사리 입사한 직장에서 20~30년을 일해야 승진할까 말까 하는 자리를 대주주의 자녀들은 몇 년이면 올라간다. 아무리 큰 기업이라고 해도 대주주의 2세라면 아버지가 살아 있어도 40대면 총

수 자리에 오르는 것이 일반적이다. 그들은 그럴싸한 외국의 학위와 프로그램화된 경력 관리를 통해 비난을 잠재울 만한 실력까지 겸비하고 있다. 다소 잘못이 있더라도 용서된다. 기회는 여러 차례 주어지며 실패가 두렵지 않으니 한 번 성공을 하면 표가 날 정도로 부각된다. 1960년대 한국의 고속 성장 속에서 태어난 기업들 가운데 인수당하거나 파산한 기업들 대부분은 창업주나 2세들이 저지른 과오로 인한 경우들이었다. 기업이 파산한 경우 주주들과 종업원들은 자신의 과오도 아닌데 막대한 피해를 보게 되었지만, 누구에게도 그 책임을 물어볼 방법이 없었다. 최악의 경우에는 더 큰 피해를 막고자 국민의 세금으로 각출한 돈인 공적 자금으로 구제해주기도 했다. 모순되게도 국민들은 종업원들이 안쓰러워 이를 지지하기도 한다. 자본주의 사회에서 흔히 등장하는 경제 권력의 횡포를 그대로 보여주는 단면이다.

대자본가의 횡포를 막기 위한 법적·사회적 장치는 꾸준히 만들어지고 시도되었다. 소유 구조와 지배 구조의 쏠림 현상을 방지하고 투명한 경영이 되게 하기 위한 법들은 무수히 만들어졌다. 물론 그들은 그런 가운데에서도 지분을 유지하고 자신과 가족의 경영권을 사수하고 상속세와 증여세를 감수하면서 버티고 있지만, 대중의 시선이 그들에게 머무는 이상 오래 버티기는 쉽지 않을 것이다. 그러나 그것은 어디까지나 대자본가가 기업의 대주주로 군림하는 경우에 국한되는 이야기다. 상대적으로 많은 자산을 소유하고 있는 사람들이 반드시 기업을 가지고 있는 것은 아니며, 기업에 투자를 하고 있다면 금전적 권력의 횡포라고 볼 수는 없기 때문이다.

소유와 경영을 분리하고 기업의 소유를 상장이라는 절차를 통해 분산시키게 되어 있는 이른바 주식회사라는 시스템은 절대적으로 큰 덩치로 인해 부의 상징으로 여겨져 항상 대중의 표적이 되고 있지만, 사실 권력의 남용은 부의 크기와 관계없이 대중의 감시로부터 사각지대에 있는 곳에서 더 많이 발생한다. 예컨대 임대인과 임차인의 관계, 중소 상인들의 폐업 시 해고나 급여 미지급, 아무런 절차도 없이 경영권을 자손에게 물려주는 자영업자 등은 그 어떤 비난도 받지 않고 자신의 의지를 관철시킬 수 있다. 세금 한 푼 내지 않는 노점상이나 정책적 혜택이 세금보다 큰 농어민들은 자신들이 축적하는 부의 크기에 관계없이 사회적 약자로 인식되고 있을 뿐 아니라, 막대한 세금을 내고 고용을 창출하며 국가 경쟁력에 기여하고 있는 대다수의 대기업들에게 착취당하는 사람들 정도로 여겨진다. 대중은 전체 시스템을 보지 못할 정도로 무지하거나, 아니면 알면서도 새롭게 부각되는 자본주의의 권력을 견제하기 위해 그런 논리를 펴는 것임에 틀림없다. 그런 의미에서 대중은 책임 소재를 전혀 파악할 수 없는 하나의 비이성적 주체로 존재하는 셈이다. 자본주의 경제하에서의 권력이란 영속적일 수 없는 동시에 권력을 가지는 순간부터 대중의 감시에서 자유롭지 못한 제한적 권력임에 틀림없다.

21세기의 새로운 권력, 네트워크

앨빈 토플러는 일찌감치 권력 이동의 종착역은 지식이 될 것이라고 예견했다. 무력이 활개 치던 시대에서 산업혁명의 결과로 얻어진 화폐경제의 활성화를 부(富)로의 권력 이동으로 본 것이다. 그의 관점에서 보면 1980년대 이후 새로운 산업이 고도의 부가가치를 만들어나가기 시작한 시점이 지식사회의 도래였다. 그러나 돈은 21세기에도 여전히 매력적이다. 아직까지도 너무나 많은 사람들이 돈을 벌기 위해 막대한 비용을 지불하고 있다. 무력의 가치 역시 건재하다. 여전히 세계의 각 국가들은 막강한 경제력을 앞세워 무기를 만들거나 개발하는 데 열을 올리고 있다. 내가 토플러의 주장에 매우 공감하면서도 '권력의 이동'보다는 '권력의 다양화'라는 표현이 맞다고 보는 이유가 여기에 있다. 권력의 다양화 현상은 인류를 구성하는 주체나 개별적 선호, 환경의 요구에 따라 달라지며, 또 다른 가치의 창출에 따라 미래에도 좀 더 다양화될 수 있다고 보는 것도 동일한 이유에서 출발한다. 간결하게 설명하자면 21세기에도 대부분의 국가들은 여전히 경제력을 도구로 무력을 확대하고 있으며, 기업들은 지식을 수단으로 경제력을 창출하고 있다. 물론 각 개인도 경제력을 수단으로 자신의 욕망을 채우며 행복해지려 애쓰고 있다는 것을 부정할 수 없다. 개별적 차이나 상황적 특성 등을 고려한다면 좀 더 복잡하게 설명할 수도 있는 것이다. 그러나 분명한 사실은 주체 개념으로서 국가도 기업도 개인도 수단이나 목표냐 차이만 있을 뿐 자신의 관심 대상에서 경제력을 공통분

모로 하고 있으며, 돈을 결코 배제할 수 없는 매력적인 대상으로 여기고 있다는 것이다.

그렇게도 모두가 가지고 싶어 하고 필요로 하는 돈을 만들기 위한 수단은 또 다시 새로운 방향으로 서서히 변화하고 있다. 그래서 부를 획득하기가 어렵다고 생각할지도 모른다. 부를 획득하기 위한 수단은 인류의 역사만큼이나 긴 역사를 가지고 있다. 개별적 능력 차가 크지 않다면 열심히 일하고 노력하는 것이야말로 최상의 수단이 된다. 남들 자고 놀 때 일하면 그만큼 더 버는 것이다. 그러나 개별적 능력 차이가 크다면 얘기는 달라진다. 동일한 시간을 일할 경우 능력 차에 의해 소득 차가 나기 때문에 능력을 노동시간으로 대체해야 하는데, 능력의 차이가 너무 커지면 노동시간의 양적 팽창은 한계치에 다다른다. 결국 능력의 가치가 노력의 가치를 일찌감치 앞지르게 되는 것이다. 결국 노력의 가치는 능력을 키우기 위한 수단이라는 개념이 아니라 수입을 늘리기 위한 수단으로 인식될 경우 별 의미가 없다. 대량생산이나 규모의 경제가 가지는 매력은 집단의 효율성을 늘려줌으로써 개별적 노력의 대가를 극대화시키지만 집단 내에서 개별적 능력 차를 없애주지는 못한다. 산업혁명 초기에는 생산 공동체의 효율성이 별 볼일 없는 단순 개인의 작업 능력을 조직화에 의해 상승시켜주는 효과를 발휘했지만, 시장에서 그런 조직들의 수가 늘어나면서 경쟁이 치열해지면 조직 내 구성원들 간의 능력 차가 조직 전체의 경쟁력을 판가름하게 된다. 즉 유사해 보이는 능력이라도 성과를 낼 수 있고 경쟁력을 갖춘 능력인 '역량'이 중요한 평가 대상이 되고, 결국 조직은 구성원간의 보상 차를 통해 조직 전체의 역량을 극대화하려 하게 된다. 여기서부터 수입을 늘려 좀 더 행복해지려는 개인이 추구하는 개별적 희망은 상당한 어려움에 봉착한다. 사회 체계가 확연하게 안정성을 확보할 경우 개인의 인생 설계는 그 체계 안에서 최적 과정(optimal process)을 찾도록 설계하게 된다. 즉 전체의 산출량이 극대화되는 효율적 생산 체계를 갖춘 조직에 입성해서—즉 취업을 해서—그저 남들만큼 일만 하면 자동적으로 수입이 늘고 정당한 복지의 혜택도 받고 행복해지리라고 생각하게 만드는 것이다. 그래서 현대사회에서 살아가는 대부분의 부모들이 자녀의 양육을 거의 유사하게 설계하도록 유혹당하지만, 진행 과정에서 현실은 그렇지 못하다는 것을 꾸준히 깨닫게 된다. 조직 생활을 해본 이들이라면 대번에 공감할 것이다.

흔히 기업 조직의 역량 강화 훈련은 현재 환경에 적합한 조직이 필요로 하는 능력을 극대화하는 데 목적을 두고 있다. 역량이란 '경쟁력을 갖춘 능력'을 의미하므로 기업 입장에서 개별적 역량이 향상되는 것은 전체의 역량을 늘리는 수단이 된다. 더 나아가서 시장에서 절대적으로 경쟁에서 살아남게 할 수 있는 '핵심 역량'을 획득해 유지시켜나감으로써 궁극적으로 성과를 얻을 수 있다. 개별적 입장에서 역량이란 조직 내에서도 끊임없이 경쟁에 노출되어야 한다는 것을 전제로 하기 때문에 매우 부담을 안게 되는 것이 현실이다. 결국 개별적 입장에서 자신이 소속되어 있는 곳이 기업 조직이라면 그 조직에서 요구하는 역량 수준은 기업 전체의 경쟁력 강화를 위해 정의되어 있는 것이고, 그 직장에서 내가 획득하고자 하는 것을 얻으려면 조직에서 요구하는 합당한 수준 이상을 만족시켜야 한다. 물론 기업 조직은 성장을 전제로 하기 때문에 기업이 구성원들에게 요구하는 수준은 끊임없이 우상향적으로 이동한다. 따라서 이를 만족시키는 것이 불가능하거나 부담스럽다면 직장을 떠나야 한다. 최근 들어 급여가 비교적 낮은데도 불구하고 이러한 우상향적 경향이 약한 공기업이나 공무원 시험이 인기 있는 것은 경쟁에 노출되지 않고 안정을 추구하는 개인들이 늘어나고 있음을 방증한다. 직장에서 쫓겨나든 스스로 그만두든 직장을 떠날 때 우리는 자신의 적성에 맞지 않는다거나 부당한 요구를 당했다고 성토하고는 한다. 이런 성토는 무의미하다. 어차피 현대인들은 어떤 특정한 일터에서 일을 하든 그렇지 않든 국가나 사회에서 삶을 영위하고 있으며, 개별적 취향에 따라 적극적이거나 소극적으로 사회 활동에 참여하고 있다. 사회 안에서 자신이 원하는 바를 획득하려면 그 사회가 원하는 바를 충족시켜야 하는 것은 매우 자명하다. 그러면 현대 사회가 요구하는 바는 무엇일까?

앞에서는 가장 보편적인 경제활동을 위해 소속되어야 하는 직장의 예를 들어 능력과 역량에 관해 논했지만, 현대를 살아가는 평범한 시민의 입장에서 소속되어 있거나 평가받아야 하는 집단의 종류는 매우 다양하다. 개인마다 차이는 있겠지만 태어나서 자동적으로 소속되는 가정을 비롯해 학교, 학원, 동아리, 종교 단체, 사회단체, 지역사회, 친목 단체, 직장, 군대 등 수도 없이 많다. 모든 집단들은 내가 왜 거기에 소속되었는지 목적이 있는 한 공식화 수준이나 정교함의 차이가 있을 뿐 반드시 평가하게 되어 있으며, 집단의 구성원들은 부지불식간에 평가받게 되어 있다. 시험을 보지 않는다고 평가가 없는 것이 아니라는 것쯤은 누구나 알 것이다. 그 평가의 결과는 내가 목적하는 바가 물질적 수입을 보장하는 경제적 보상이 되었든, 존경심을 바탕으로 하는 명예가 되었든 획득하고자 하는 것을 갖게 해주는 권력의 기준이 된다. 예컨대 대학에 다니는 목적이 좋은 직장에 가기 위해 필요한 졸업장과 성적증명서를 얻기 위한 것이라고 하자. 대학이 평가하는 기준에 부합하는 학점을 따고 높은 성적을 얻는다면 당당하게 졸업장과 높은 성적을 입증하는 서류를 요구할 수 있는 권리가 부여된다. 만약 내가 원하는 직장에서 그것들을 채용 조건으로 요구한다면 당당하게 제시할 수 있는 권한이 부여됨은 물론이다. 조기 축구회에 가입하는 목적은 새벽에 일어나 동네 사람들과 운동을 함으로써 개인의 건강을 증진시키는 것이 될 수 있겠지만, 사람들과의 교제를 통해 정치 활동을 위한 발판을 마련하는 것이 될 수도 있다. 이럴 경우에 평소 다른 회원들에게 비친 자신의 이미지와 운동 이외에 투자한 시간과 노력은 중요한 평가 기준이 되어 궁극적 목적을 달성하는 데 나름대로의 성과에 상응하는 효과를 얻게 할 것이다.

언급한 바와 같이 권력을 얻는 방법은 매우 다양하며 계속 변화되어왔다. 힘깨나 쓰고 전투에 능한 사람이 권력을 잡는 시대에서 생산을 통해 부를 창출하는 사람이 권력을 잡는 시대, 그리고 시장에서 몇 배의 가치를 창출하는 지식이 권력을 창출하는 시대로 바뀌어왔다는 것이 토플러의 주장이었다. 분명한 사실은 이제 21세기의 사회에서는 권력이 과거처럼 매우 제한된 극소수의 전유물이 아니어서 누구라도 권력을 획득할 수 있다는 것이다. 그러므로 내가 권력을 가지지 못했다고 한다면, 과거에는 권력이 없는 것이 당연한 다수 중 하나로서 받아들일 수 있었지만 이제는 권력을 가지는 것이 당연한 대다수 중 하나가 될 수 있다는 것이다. 이런 맥락에서 보면 앞으로 다가올 시대에 권력을 잡을 수 있는 수단은 무엇일까를 생각할 만한 가치가 있음을 알 수 있다. 새로운 권력 획득의 수단은 과거에 비해 훨씬 더 다양하게 열려 있다. 적어도 자신이 남다르게 특별한 재능을 갖고 있지 못하다고 한다면 변화하는 시대에 가치의 이동을 예측하고 준비해야 하는 것이다. 흔히 이러한 역량을 '변화 적응 역량'이라 한다.

남다른 능력과 자산의 보유는 상당한 시간 동안 권력을 향유하는 수단으로 인정받았다. 부모님에게서 넉넉한 재산을 물려받고 신체가 건강하며 공부도 잘해서 명문 학교 출신이라면 최상이었다는 얘기다. 이는 시대를 초월해 역사시대 이래로 상당 기간 동안 개인이 집단 안에서 권력을 획득하는 데 결정적 역할을 해온 우위 요소였다. 그러나 변화의 속도가 빨라지면서 권력을 가질 수 있는 수단도, 그 수단을 획득할 수 있는 요소에도 근본적인 변화가 일어났다. 이른바 협상 능력(Negotiation Power)이나 교섭 능력(Bargaining Power)이 새롭게 대두된 것이다. 경쟁의 차원에서 절대적 강자가 없는 한 시장에서 유사한 조건을 가진 주체들이 차별화를 이루고 우위를 확보하는 데 필요한 새로운 요소로 자신에게 주어진 현실이나 마주하고 대응해야 할 대상과 어떻게 타협해 헤쳐 나가느냐 하는 점이 부상한 것이다. 당연히 변화에 대한 적응력이나 관계 관리 능력은 협상이나 교섭의 결과를 극대화하거나 최적화하기 위한 필수 요소가 된다. 인간 네트워크(human network)는 이러한 시대적 필요와 발상에 따라 관심을 끌게 된 것이다.

네트워크란 개념이 인류의 일상에 오르내리기 시작한 것은 이동의 수단인 교통수단들과 소통의 수단인 통신수단들이 개발되면서부터다. 물론 네트워크의 어원은 '그물망'이다. 문화의 교류는 인류의 업적이라 할 수 있는 교통수단의 발달에 힘입어 이루어졌지만, 정보의 교류가 활발해진 단초는 통신수단의 발명이었다. 전화의 발명으로 인적 네트워크는 상당한 속도를 내며 발달하기 시작했다. 전화 한 통이면 수십 수백 명의 사람을 모을 수 있게 되었고, 전쟁에서는 대규모 작전을 시간적 오차 없이 수행할 수 있는 수단으로 사용되었다. 1990년 걸프전에서 사용된 다국적군의 융단폭격은 네트워크 이론의 개가였고, 80년대부터 예고된 '네트워크 조직'은 90년대 이후 기업 조직의 일반적 형태로 자리 잡았다. 이탈리아의 가내 수공업을 네트워크화 해 패션 산업에서 세계적인 경쟁력을 확보한 예처럼, 네트워크는 나이키나 애플 같은 변화에 발 빠르게 적응하는 거대 기업 조직의 필수적 구조 조건으로 자리 잡고 있다. 공교롭게도 1980년대 들어 인터넷과 무선전화가 보급되기 시작되면서 통신의 개념은 한 단계 업그레이드되었다. 휴대전화의 '누구든지(whoever), 어디에서든(wherever)'라는 혁신적 발상과 인터넷의 '무엇이라도(whatever)'라는 개념은 개인의 정보 교환 사용 빈도를 기하급수적으로 증가시켰고, 첨단의 통신 도구들은 만만치 않은 가격과 사용 요금에도 불구하고 개개인 모두의 일상으로 파고들었다. 1988년에 모토로라가 들고 다니는 전화기를 출시한 뒤 20여 년이 지난 지금, 작고 가벼운 모바일

전화에 80년대부터 민간에 보급된 인터넷이 결합된 스마트폰과 태블릿 PC는 전성기를 구가하고 있다. 휴대전화와 컴퓨터의 결합으로 이제까지 개발된 양대 통신 장비를 누구나 하루 종일 손바닥 위에 올려놓을 수 있는 시대가 된 것이다. 이런 가운데 등장해 수직 성장한 사회적 네트워크 서비스(SNS, Social Network Service)들은 관계 관리 역량을 향상시킬 수 있는 도구로 각광받을 만한 확실한 이유를 제공하게 되었다.

사실 컴퓨터의 개인 휴대 단말기화 가능성은 이미 예고된 일이었다. 집채만 했던 컴퓨터가 개인용 컴퓨터로 가정에 침투하기 시작한 이래 컴퓨터의 크기는 계속 소형화되었다. 이미 노트북과 넷북의 형태로 휴대가 가능해졌고, 이제는 휴대전화 크기로 축소되었다. 휴대전화에 컴퓨터 기능을 얹은 것이냐, 아니면 컴퓨터에 통신 기능을 넣은 것이냐 따지는 것은 별 의미가 없다. 이제는 각 개인이 실시간으로 새로운 정보를 저장하고 교환할 수 있는 시대에 살게 되었다는 사실이 중요하다. 이처럼 통신수단이 광속으로 발전하는 동안 교통수단은 크게 발달하지 못했다. 봉화(烽火)나 매를 통신수단으로 이용하던 시절에 존재했던 배라는 교통수단은 아직도 건재하게 오대양을 누비고 있으며, 말을 타는 대신 자동차를 이용하고 항공기를 이용해 하늘을 날아가는 것이 여전히 교통 분야의 가장 획기적인 혁신으로 여겨질 정도로 그 발달 속도가 느렸다. 정보는 실시간으로 이동이 가능하지만, 인간과 화물은 시간이 단축되었을 뿐 실시간으로 이동하기는 불가능하다. 달리 표현하자면 통신은 디지털인데 교통과 물류는 아날로그인 것이다. 결국 성질 급한 인류는 실제 공간에서의 만남보다는 가상공간(Cyber Space)에서의 교제를 통해 정보 교환의 양적 확대를 모색하게 되었고, 궁극적으로는 새로운 권력 획득 수단으로 변화된 통신수단을 고안하게 되었다.

휴대전화와 인터넷을 가리지 않고 마치 비밀 결사대나 다단계 판매처럼 개인 간의 교제를 위해 퍼져 나가고 있는 트위터나 페이스북은 전 세계에서 열풍을 일으켰다. 온라인이나 모바일 상에서의 교제는 아주 빠른 시간 안에 한꺼번에 자신이 속한 커뮤니티의 영역을 확장시킨다. 이전에 이런 서비스가 없었던 것은 아니다. 주로 인터넷상에서 메신저를 통해 교류가 가능했던 싸이월드나 네이트온 같은 서비스는 무료로 채팅이 가능하다는 장점으로 인해 인터넷 세대인 젊은 층을 중심으로 퍼져 나갔다. 정액제로 제공되는 한국의 광통신 서비스의 빠른 보급이 메신저의 활성화에 우호적인 환경을 제공했음은 물론이다. 그러나 SNS는 모바일과 인터넷의 장벽을 허물고 최대 시장인 미국에서 출발하면서 빠른 속도로 확산되었다. 중동의 튀니지에서 시작되어 '재스민혁명'이라는 이름으로 확산된 민주화 운동은 SNS가 역사를 바꿀 수 있음을 입증하는 기념비적 사건이었다. 수십 년간 정보를 왜곡하거나 제한하며 반대 세력을 탄압한 독재 정권들은 무력이나 물질에 의한 권력을 앞세워 철권통치를 할 수 있었다. 그러나 새로운 시대의 인간 네트워크는 새로운 방향으로 권력의 이동을 유도함으로써 구세대의 몰락을 이끌어내고 있다. 시민들은 모바일로 사진과 동영상을 찍어 트위터에 올렸고, 이런 방식은 과거 어떤 언론 매체보다 재빠르게 실시간으로 사건을 여과 없이 확산시켰다. 페이스북 역시 온라인상의 친구들에게 생생한 뉴스와

화보를 제한받지 않고 퍼뜨릴 수 있는 장점으로 한몫했다. 다급해진 독재자들은 군경의 총칼을 동원했고, 급기야는 탱크와 전투기까지 동원했지만, 자국의 국민들을 탄압할수록 반감만 키우고 말았다. SNS의 특성상 가상공간에서는 몇 단계만 거치면 거의 모든 사람들이 아는 사람 또는 친구가 된다. 결국 군경이나 정치적 반대 세력 중 일부도 SNS 내에서는 친구들이다 보니 시위대에 발사하기를 어려워하고 오히려 시위대에 가담하게 되는 일까지 비일비재하게 벌어졌다. SNS가 지구상의 어떤 권력보다 강한 힘으로 등장하기 시작한 것이다.

SNS라는 도구는 결국 어설프게 무늬만 민주국가이면서 시장경제를 지향하는 적지 않은 나라의 지도자들에게 고통스러운 환경 요소가 되었다. 중동의 석유 자원 부국이나 저개발 독재국가들 이외에 경제성장을 위해 시장경제 체제를 선택한 나라들도 예외일 수는 없었다. 그 가운데 중국은 산업 경제의 급속한 발전으로 정보 기술 산업이 붐을 이루고 있어 SNS의 보급을 피할 수 없음에도 이를 원천적으로 금지시키고 있다. 20세기 후반의 시장경제 체제하에서 표현의 자유는 당연한 것으로 받아들여지고 있기에 체제 비판을 용납하지 않는 그들의 구조에는 부담이 될 수밖에 없었을 것이다. 그러나 변화라는 것이 항상 그러하듯 세계적 조류가 어떤 이데올로기나 소수의 권력에 의해 좌지우지되는 시대는 지났다. 이미 미디어의 주체가 기관이 아닌 개인으로 넘어간 상황에서 언론을 탄압한다고 해도 통제는 결코 쉽지 않기 때문이다.

수단과 방법을 가리지 않고 부를 축적한 중국은 산업혁명 당시

단시간에 벼락부자들이 된 초기 산업자본가들을 연상케 한다. 새로운 가치 체계인 자본의 획득에 오로지 몰입한 사람들이 세상의 어떤 가치들도 금전으로 교환할 수 있다고 한순간 착각하는 현상은 흔치 않게 나타났다. 앞서 언급했듯이 국가 차원에서 돈은 무기를 개발하고 사들이며 군사력을 유지하는 중요한 수단인 동시에 국민들을 먹여 살릴 재원이기도 하다. 국가의 경제력은 글자 그대로 국력이라는 국가의 질적 수준을 의미하는 것 같지만 반드시 그렇지만은 않다. 국가의 경제적인 수준이 일정 기준에 도달하면 국가나 국민의 수준은 도덕성이나 준법정신, 가치관의 수준 등에 따라 결정된다는 것이 훨씬 더 설득력 있다. 개인의 차원에서도 재산 정도나 소득 수준 같은 경제력은 삶의 수준을 올릴 수 있는 중요한 수단이다. 그러나 법이나 질서를 어기고 보편적 정의에 위배되는 행동을 했을 경우에 돈이 속죄의 수단이 될 수는 없다. 그뿐 아니라 지식이 물질적 가치를 창출할 수 있을지는 몰라도 돈으로 지식을 살수는 없다. 다만 사용할 수 있을 뿐이다. 돈을 투자하면 자녀가 우등생이 될 수 있다는 착각은 지식을 돈으로 살 수 있다고 여기는 대표적 사례다. 네트워크가 가지는 권력 역시 마찬가지다. 막강한 사회적 네트워크를 구축한 장본인이 막대한 수입을 올릴 수 있을지는 모르나 돈으로 원하는 수준의 네트워크를 단숨에 구축하는 것은 불가능하다. 향후에도 지식이나 네트워크와 같은 새로운 권력들은 끊임없이 새로이 창출될 것이다. 중국이 비록 국민총생산이나 교역량, 군사력 보유 수준 등으로 세계 최고의 경제 대국이 될 수 있을지는 몰라도 세계가 보편적으로 인정하는 노벨 평화상 수상자를 범죄자로 몰고 주변 국가들과 영토 분쟁이나 역사 왜곡 문제 등으로 연루되는 것을 보면 그들은 아직도 졸부 근성을 벗어나지 못하고 있는 것 같다.

일본은 제2차 세계대전 후 복구에 소요된 기간이 20년도 채 걸리지 않았다. 30년이 지난 1970년대 후반에는 세계 2위의 경제 대국으로 부상했다. 다시 30년이 지난 지금, 그들의 국가 경제력은 여전히 세계 3위 수준을 유지하고 있지만 그들의 미래를 장밋빛으로 보는 시각은 어디에서도 찾을 수 없다. 그들이 그렇게도 목매던 경제성장은 멈춘 지 오래되었고 상품 경쟁력의 약화, 늘어만 가는 만성적 정부 재정 적자, 무기력한 정치 등으로 그들의 국가신용 등급은 끊임없이 추락하고 있다. 지금의 일본을 보면 25년 전 유학 시절에 만난 일본인 동료 학생이 들려준 이야기가 생각나고는 한다. 농촌 출신인 그는 일본의 명문대를 졸업하고 당시 일본의 잘나가는 대기업에 입사한 엘리트 사원이었다. 그가 바라본 일본의 미래는 매우 비관적이었다. 당시 나는 그와 비슷한 배경을 가진 사람들을 만나 의견을 나눌 기회가 꽤 있었는데 그처럼 일본의 미래를 비관적으로 본 사람은 없었다. 그가 일본의 미래를 비관적으로 본 이유는 간단했다. 일본은 나누어줄 줄을 모른다는 것이었다. 그가 볼 때 경제란 순환해야 하는 것인데 이기적인 일본은 세계경제의 순환에 걸림돌이라는 것이었다. 그는 미국이 제2차 세계대전 이후 승전국이자 가장 막강한 국력을 가진 국가로 부상했을 때 패전국과 후진국들에게 시장을 내주고 퍼부어주었다는 사실을 상기했다. 그때가 1984년이었는데 미국은 당시 심각한 경제위기를 맞이하고 있었다. 일본은 부자 나라의 대명사가 되었지만 여전히 미국의 역할을 떠맡을 생각은 하지 못한 채 나누어줄 생각을 전혀 하지 않았던 것이 사실이다. 당시 일본은 미국의 무역역조에 의한 환율 조절(엔화 절상) 압력에 반응하지 않았고, 벌어들인 달러를 소화하지 못해 해외 부동산이나 사들이는 전형적 졸부 놀음에 열을 올리고 있었다. 미국의 경영대학원에서 일본의 경영 방식을 학습하는 붐이 일어날 정도였으니 일본의 오만이 하늘에 닿던 시절이었다. 그러나 세계경제는 일본의 경제가 성장할수록 유동성 위기에 빠지고 있었다. 마치 부자가 돈을 쓰지는 않고 단지 속에 넣어 자기 집 뜰에 묻어둔 꼴이었다. 당시 나는 그의 의견을 듣고 기억은 했으나 정확히 이해하지는 못했다. 그러나 그의 예견은 10년도 되지 않아 1990년대에 현실화되었고, 2000년대를 지나면서도 회복의 기미를 보이지 않았다. 제2차 세계대전이 끝난 지 70년 가까이 되어가고 있지만 그들은 여전히 과거사에 대한 사과와 반성조차 하지 않고 있으며, 이웃 나라와 영토 분쟁에 연루되어 있다. 국가 규모로 볼 때 엄청난 시장이 있으면서도 그들의 시장은 여전히 닫혀 있다. 그들과 국제시장에서 경쟁관계에 있는 한국이나 다른 개도국의 제품들, 저개발국의 농수산물은 일본 시장에서 외면당하거나 수입 규제로 판매가 쉽지 않다.

2000년대 후반 세계시장에 등장한 중국을 비롯한 거대 산업국들은 일본의 전철을 밟게 될지도 모른다. 중국은 값싼 인적 자원을 내세워 세계의 공장임을 자처하고 나섰다. 그러나 그들의 가치 체계는 권력을 쟁취하고자 하는 공산당 혁명의 수단을 무력에서 경제력으로 전환했을 뿐이다. 아직도 그들은 가짜와 불법 복제가 지식산업을 뿌리째 흔들 것이며 네트워크 권력의 힘이 그 어떤 것보다 강력하게 사람들을 지배할 것임을 전혀 인식하지 못하고 있는 것 같다. 중국과 유사한 정치체제를 가지고 있는 러시아나 고질적 신분 사회가 유지되고 있는 인도, 아직도 원시생활을 하고 있는 부족이 아마존 지역에 존재하는 브라질 역시 왕성한 산업 활동으로 경제 부국으로 부상하고 있지만, 사회에서 공유되는 보편적 가치나 규범, 지배 계층과 국민들의 준법 의식을 보면 권력의 발상이 공권력에 있는 것이 아니어서 이미 다양화된 신종 가치로 이동하기에는 그 수준이 크게 미흡한 것으로 보인다.

6

마지막 진화를 위하여

앞으로 나아가기만 하는 진화란
끝이 있을 수 없다.
그러나 끊임없이 커져오기만 했던 인류의 집단화도
이제 마지막을 향해 가고 있다.
가족에서 씨족으로, 부족에서 부족 연맹체나 국가로,
그리고 마지막으로 지역공동체에서
세계 연맹체로 진화하려 하는 것이다.
이렇게 인류는 인간 스스로의 선택에 의해
전체의 균형을 위해 필연적으로 진행되어온
집단화라는 진화의 종착역을 향해 나아가고 있다.

오는 변화에 떼쓰기

미래에 대해 과학적이고 합리적으로 예견하는 지식인들의 시각은 좀 더 거시적인 시각에서 인간 중심의 변화에 대해 설명하고 있다. 그들은 과거에 일어났던 변화의 패턴과 현재 진행되고 있는 트렌드를 바탕으로 미래에 대해 얘기한다. 그 가운데 과거의 예측이 맞았거나—미래에 대한 예측은 틀리지만 않아도 충분히 관심을 끌 만한 희소성 있는 가치가 있다—다른 이유로 영향력이 있는 사람의 솔깃한 의견이라면 높은 타당성이 있을 것으로 여겨지기도 한다. 개인적인 차이는 있겠지만 불확실성이란 극도의 불안감을 안겨주거나 설령 불확실에 의한 모험을 즐긴다 해도 궁금하기만 한 흥미로운 대상이 될 수만은 없다. 그야말로 시장의 높은 수요를 예측할 수 있는 소재이므로 '부자 되기 전략'만큼이나 대중의 관심을 받지만, 결과를 모르는 이상 반드시 작자의 권위만이 대량판매의 선행조건이 된다. 쉽게 설명하자면 '용한' 점쟁이의 말이어야 관심을 끌지 아무나 미래를 예측한다고 대중이 반응하지는 않는 것이다. 이 용한 사람들은 인류의 평균수명이 늘어나면서, 또 한편으로는 변화의 속도가 빨라지면서 그들이 살아 있을 때 결과를 증명할 수 있게 되기에 이르렀다. 갈릴레오(Galilei Galileo, 1564-1642)나 노스트라다무스(Nostradamus, 1503-1566)처럼 사후 수백 년 뒤에나 입증이 되거나 입증 가능해 생존했을 당시에 인정받을 수 없었던 불운을 이제는 겪지 않게 된 것이다. 지식 시대의 도래를 예측한 토플러(Alvin Toffler, 1928-)나 드러커(Peter F. Drucker, 1909-2005), 마이크로칩의 집적도와 정보량의 기하급수적 증가를 예견한 무어(Gordon E. Moor, 1929-)등은 공히 장수했거나 장수하고 있으며, 그들의 예측이 일찌감치 생전에 입증된 덕분에 그들은 당대의 과학적 예언가로 각광받았다.

1945년 제2차 세계대전의 종결 이후 세계에는 일정 기간 평화가 지속되었다. 물론 한국전쟁이나 베트남 전쟁, 중동의 여러 전쟁들이 있었지만, 이들 전쟁은 이전의 전쟁과는 달리 이데올로기의 잔재나 종교나 자원이 매개가 된 것들로 국지전의 성격이 강했다. 그 전까지의 인류 역사에서 가장 큰 변화의 원인을 제공한 사건은 전쟁이었다. 그러나 20세기 후반부터는 변화의 속도는 빨라졌어도 본인의 의지와 관계없이 변화를 강요받는 큰 사건은 일어나지 않았다. 이제는 변화도 자신이 속한 집단이나 개인의 선택이 가능한 대상이 되기 시작한 것이다. 20세기를 마무리하면서 대두된 변화에 관한 화두 가운데 하나는 '지구온난화'였다. 산업화에 따른 부작용에 대해 자연주의자들이 던진 경고가 세계적 이슈로 등장하기 시작했는데, 그 중심에는 미국 대선에서 참패한 뒤 환경론자로 변신한 엘 고어(Albert Arnold Gore Jr. 1948-)가 있었다. 그는 부통령 재직 초기에 『균형 잡힌 지구: 지구적인 환경의 개선』을 비롯한 여러 저서를 내놓으면서 환경문제를 정치적·대중적 관심사로 부각시키는 데 성공했으며, 이러한 공로를 인정받아 2007년에는 노벨평화상을 공동으로 수상하기도 했다. 그는 산업화가 인류의 급속한 번영을 가져다주는 것처럼 보이지만 환경 파괴라는 재앙 또한 초래한다며 '불편한 진실'론을 역설했다. 지구온난화는 인간의 이기심이 만들어낸 심각한 재앙이라는 것이다. 과연 그럴까?

프레드 싱어(Fred Singer)와 데니스 에이버리(Dennis Avery)는 그들의 저서 『지구온난화에 속지 마라(Unstoppable Global Warming)』에서 지구온난화는 60억 년에 달하는 지구의 역사에서 자연스러운 변화라고 주장한다. 그들은 기원전 200년부터 기원후 900년까지 포도나무의 북한계선이 북으로 이동했으며, 900년부터 1300년까지의 중세 온난기를 거쳐 1300년부터 1850년까지의 소빙하기, 그 뒤에는 온난기로 전환되었다는 그럴싸한 증거들을 제시하면서 인간에게는 자연의 변화에 일조할 능력조차 없다고 주장한다. 아울러 환경론자들의 경고는 상업적 목적에 따른 것일 뿐이라고 일축하면서, 인류의 건강에 위협이 되는 공해나 오염과 지구의 기후와 생태계의 변화는 서로 견줄 만한 대상이 아니라고 주장한다. 생각해보면 만주 지역에 부여(BC 2세기경-AD494)가 존속했던 때는 지구가 점차 온난화되던 시기였으며, 고구려(BC37-AD668) 역시 장수왕(재위 412-491) 이전에는 수도를 국내성에 두었으니 만주 지역이 지금처럼 춥고 척박한 곳은 아니었다는 주장도 있다. 1300년 이후의 소빙하기는 한반도에서 고려(918-1392)의 쇠퇴기와 조선조(1392-1910) 기간에 해당된다. 17세기 초반인 1616년에 누르하치(재위 1616-1626)가 후금을 세우고 중원을 통일하기 전까지, 소빙하기가 시작되는 1300년부터 만주 지역에는 이렇다 할 강력한 국가가 형성되지 못했다. 누르하치의 아들들은 명(1368-1644)을 멸하고 중원의 주인이 되었지만 자신들의 근거지였던 만주를 버렸다. 병자호란이 일어난 해인 1636년의 겨울이 혹독하게 추워서 백성들의 피해가 컸다는 기록도 이때가 상당히 추운 시기였음을 입증한다.

싱어와 에이버리는 인류가 걱정할 것은 온난화가 아니라 온난기 이후의 빙하기라고 주장한다. 지구의 역사가 입증하듯 생태계의 멸종은 빙하기에 심화되었고, 온난기에는 대체로 번성했다. 지구의 기후는 1500년을 주기로 변화하는데 지금은 온난기에 속하지만 언제 또 혹독한 빙하기가 올지 알 수 없다. 익히 알려져 있는 아프리카 기원설에 따르면, 인류는 원래 열대지방 출신으로 영장류 가운데 유난히 기후 변화에 취약하며 특히 추위에 약한 생명체다. 만약 불을 발견하고 스스로 의복을 만들어 입지 못했다면 지구상에서 살 수 있는 곳은 상당히 제한되었을 것이다. 만약 아직까지도 녹지 않고 있는 남·북극과 일부 지역의 빙하를 발생시켰던 수준의 추위가 다시 엄습한다면 인류와 기타 생명체들의 위축이나 멸종을 초래할 수도 있을 것이다. 지금 진행되는 온난화 역시 해수면과 온도를 상승시켜 일부 생명체가 멸종 위기에 있으며, 한편으로는 다른 종의 번식이 활성화되어 예전의 균형이 깨지고 새로운 형태의 생태계가 도래할 것임을 시사하고 있다.

물론 지금처럼 지구의 양극 지방에는 빙하가 존재하고 온대 지방에는 사계절이 뚜렷하며 적도 부근은 상하(常夏)의 지역으로 나뉘는 것이 정상적인지, 아니면 공룡 시대처럼 지구 전체가 따뜻해서 어디에나 숲이 무성했던 것이 정상적인지 판단하는 것은 의미가 없어 보인다. 다만 인간은 지구 전체의 역사에서 볼 때 빙하기가 끝날 무렵 열대지방에서 기원했으며 급격한 기후 변화에 노출되지 않은 채 지구 전체로 분산되었다. 인류라는 종이 지구의 절대적 지배자가 되면서 인간의 생각은 지극히 자기중심적으로 변해갔으며, 환경을 대하는 태도 역시도 자기에게 우호적이면 활용하고 불리할 경우에는 극복하려는 자세를 취해왔다. 환경론자들에게 지구온난화는 인간에게 불리한 상황으로 간주되며 극복해야 할 변화로 인식되고 있다. 즉 재난인 것이다. 지구온난화를 천재로 볼 것인가 인재로 볼 것인가에 따라 극복의 방법은 달라진다. 인재일 경우에는 인간의 노력으로 극복할 수 있을 것이고, 천재일 경우에는 그저 받아들이는 가운데 나름대로 생존 전략을 짜야 할 것이다.

어쨌든 우리가 변화의 한가운데에 살고 있음은 틀림없다. 앞서 언급한 기후의 변화는 자연환경에 국한된 것이지만, 지구를 덮고 있는 인류의 막강한 힘은 스스로 급속한 변화를 창조해왔다. 그리고 그러한 변화의 조짐이 보일 때마다 크고 작은 일부는 반드시 저항했다. 자연환경의 변화와 달리 인간 스스로 창조하는 변화에는 일정한 공식이 있다. 첫째, 현재의 상태보다 앞으로 변화된 뒤의 상태가 집단 전체의 좀 더 많은 구성원에게 이익이 된다는 것이다. 그리고 미래에 수혜를 받을 집단이 현재 수혜를 받는 집단의 구성원과 반드시 일치하지는 않는다는 것이다. 둘째, 미래는 예측될 뿐이지 변화의 결과가 예상대로 되리라는 보장은 없다는 것이다. 당연히 현재 수혜를 받고 있는 집단의 입장에서 보면 변화란 즐거운 일이 아니며, 따라서 변화에 저항한다. 아울러 현재 수혜를 받지 못하고 있는 집단이 변화가 일어난 뒤에도 결과적으로는 여전히 수혜를 받지 못할 것으로 예측될 수도 있다. 그렇다면 그들 역시 변화에 대한 저항에 합세한다. 어차피 나아질 기미도 없는데 변화로 발생하는 비용을 지불하기가 아깝기 때문이다. 우주 전체의 법칙에 따른다면 동일한 공식이 자연환경의 변화에도 적용되고 있을지도 모른다.

당연한 얘기이지만 인류의 역사에서 가장 큰 변화를 가져다준 사건들은 전쟁과 혁명이었다. 변화의 관점에서 보면 초기의 전쟁은 좀 더 나은 미래를 여는 데 파괴와 살상이라는 막대한 비용을 지불할 것을 요구했다. 일부 권력자들은 자신들의 안위와 지배권을 지키고 자손들에게 더 많은 재물을 남겨주려는 야심으로 부지런히 전쟁을 일으켰고, 그렇게 벌어진 전쟁은 문화와 민족의 교류와 결합, 승리를 위한 기술의 발달을 야기했다. 역사적으로 봤을 때 진보나 발전은 생물학적 진화와 달리 인위적인 욕망에 의해 만들어진 것들이라 할 수 있다. 결과적으로 전쟁은 기존 세력의 몰락을 가져오기도 했고, 밑바닥 세력을 꼭대기로 끌어올리기도 했다. 엄청난 변화였다. 소수의 권력에 지배당하는 다수에게 선택의 권한은 없었다. 그들은 희생당했을 뿐 아니라 이러한 변화에 저항 한 번 못 해보고 그저 묵묵히 받아들여야만 했다.

전쟁이 인간이 지닌 욕망의 표현이었다면, 혁명은 다수의 이익을 대변하기 위한 행동이었다. 기득권자의 착취가 심해질수록 현존하는 권력이나 수혜자들에게서 외면당한 집단은 공동의 적을 쉽게 상정할 수 있었다. 경우에 따라서는 이른바 기득권자들 스스로 변화를 꾀하는 '위로부터의 혁명'도 일어나기는 했지만, 이 역시 자신의 지배 기반에 위기를 느껴 변화를 꾀하려 한다는 점에서는 크게 다를 것이 없었다. 어쨌든 혁명은 더 많은 집단의 구성원들에게 이익을 나누어주려는 의도에서 시작되었다. 특히 '아래로부터의 혁명'에는 기존의 수혜자들이 한꺼번에 모든 것을 잃게 된다는 특성이 있다. 유럽의 시민혁명이나 러시아의 볼셰비키 혁명이 대표적인 사례다. 누가 주동이 되었든 혁명의 결과는 사회구조 전반에 변화를 일으키지만, 그런 혁명의 과정에서 보통 사람들에게는 선택의 여지가 주어지지 않았다. 막대한 비용을 지불했지만, 왕조를 바꾸는 역성혁명(易姓革命)처럼 새로운 지배 구조가 탄생될 뿐이었다. 그저 권력이나 부의 분배 범위가 바뀌거나 다소 넓어지는 데 그쳤던 것이다.

인류는 적어도 수천 년 동안 전쟁을 치러왔고 수백 년 이상 혁명의 역사를 써왔지만, 20세기 후반 들어서는 이런 극심한 변화를 초래하는 사건들이 서서히 뜸해지기 시작했다. 정확히 말하자면 1980년대 이후 민족·종교 간 분쟁에 의한 내전을 제외하고는 전쟁이 일어난 곳이 거의 없었으며, 혁명으로 포장된 쿠데타만 간간이 일어났을 뿐이다. 자본주의가 거의 천하를 통일했기 때문이다. 인류에게 자본주의는 공통된 가치로 자리 잡게 되었고, 사회주의나 공산주의를 표방하는 사회에서도 자유란 개념은 소통의 재료가 되었다. 결국 이제는 변화의 방식이 정해진 체계 속에서 좀 더 많은 이익이나 가치를 창출하는 시스템이나 수단의 변화가 주를 이루게 된 것이다. 미국의 과학사학자이자 철학자인 토마스 쿤(Thomas Kuhn, 1922-1996)은 『과학혁명의 구조(The Structure of Scientific Revolution)』(1962)에서 어떤 한 시대 사람들의 견해나 사고를 지배하는 이론적 틀이나 개념의 집합체를 '패러다임(paradigm)'이라 정의한 바 있다. 20세기 후반 이후 '패러다임의 변화(paradigm shift)'는 나름대로 변화의 새로운 형식을 설명해주고 있다. 과학의 발전 과정을 보면, 하나의 이론이 발견되어 실용화되지만 시간이 흘러감에 따라 개선되는 과정에서 초기의 이론은 부정되고 또다시 새로운 이론이 대두된다는 얘기다. 그는 책 제목을 포함해 혁명이란 단어를 자주 쓰고 있지만, 과학의 진화와 그에 대응하는 인식의 지배 현상을 설명하고 있다고 할 수 있다. 패러다임이란 용어는 현대에 이르러 자연과학 분야뿐 아니라 사회과학 분야에서도 널리 사용되고 있다.

투쟁을 벌이거나 체제를 흔들어서 권력을 쟁취하는 시대에서 과학을 근거로 한 기술과 이기(利器)가 개발되는 시대로 세상은 변모했다. 새로운 시대를 알리는 개념은 처음에는 아무렇지도 않게 받아들여지다가도 세계화로 인한 막대한 시장 확대로 순식간에 통용어가 되어버린다. 그러나 지속 기간은 매우 짧다. 쿤이 말하는 패러다임의 변화 주기가 매우 빨라졌다는 얘기다. 경우에 따라서는 내가 그 변화에 동승하지 않으면 패러다임을 건너뛸 수도 있을 정도다. 예컨대 한국의 금융시장은 현금 거래에서 자기 발행 수표(Personal

Check) 과정을 거치지 않고 신용카드 거래의 일반화로 건너뛰었다. 중국을 비롯한 이머징 마켓 국가들은 무선호출기(Beeper)를 사용해 본 적이 거의 없거나 전혀 없이 휴대전화를 사용하고 있다. 아마도 산업화가 덜 된 아프리카 대부분의 국가들은 최초로 접하는 통신 단말기가 스마트폰이 될 수도 있을 것이다.

개인용 컴퓨터가 사무실에서 사용되기 시작한 초기, 한국의 어느 김치 공장에서 전 직원 파업이라는 초유의 사태가 벌어졌다. 이 회사는 원래 손맛이 좋아 김치를 조금씩 만들어 팔던 여성 사장이 식당에 납품을 하게 되면서 사업화된 경우였다. 사업 규모가 커지자 남편까지 직장을 그만두고 영업 전선에 뛰어들었고, 한때 한국에서 가장 매출이 많은 김치 공장이 되었다. 컴퓨터가 널리 보급되자 사장은 재고관리와 재무관리 등에 컴퓨터를 이용해야겠다고 결심했다. 당시 생산직원들은 물론 사무직원들 중에는 컴퓨터를 만져본 사람이 아무도 없었다. 윈도우 운영체제가 이제 겨우 상용화되기 시작할 때니 당연한 일이었다. 사장은 컴퓨터 사용을 강요했고, 직원들은 그 결심을 꺾으려고 전원이 결근하기로 결의했다. 결국 사장은 전원을 해고하겠다며 초강수를 썼고, 사태는 겨우 수습되었다. 지금 그 회사가 어떻게 운영되고 있는지는 모르겠지만 규모에 관계없이 컴퓨터가 상용화된 시대인 만큼 전산화도 되어 있을 것이다. 우리는 여기서 두 가지의 자그마한 교훈을 얻을 수 있다. 한 가지는 변화에 대한 적응의 자세이고, 다른 한 가지는 기업의 리더와 직원들이 보인 대응의 차이가 주는 시사점이다.

변화의 속도가 빨라진 요즘 같은 시장에서 흔히 쓰이는 용어

가운데 '얼리어답터(Early Adapter)'란 말이 있다. 새로운 모델이 나오자마자 사는 구매자들을 말한다. 이와 반대되는 경우를 따로 일컫는 용어는 없지만, 나는 그들을 'W&S 어답터(Wait and See Adopter)', 즉 기다렸다가 꼼꼼히 살펴보고서 살 가치가 있다고 판단되면 구입하는 소비자라고 명명한다. 널리 알려진 대로 얼리어답터는 초기 개발비와 홍보비가 포함된 비싼 가격을 지불하는 대신에 남보다 먼저 써본다는 즐거움을 살 수 있다. 반면에 W&S 어답터는 싼 가격에 사는 대신에 이미 남들이 다 가졌을 때 물건을 사기 때문에 그 상품이 주는 이득을 누리는 기간이 짧아지게 된다. 물론 끝까지 사지 않고 버티는 사람도 있다. 아직도 한국에는 무선호출기를 쓰는 사람들이 있다는 보도도 있다. 내가 어느 쪽을 택할 것인지는 본인의 선택이며, 제품에 따라 다른 구매 패턴을 보일 수도 있다. 전통적인 사고로 보면 얼리어답터의 행위는 결코 바람직할 수 없다. 새로 출시된 제품을 사용하지 않더라도 크게 불편하지 않은데 막대한 비용을 지불하고 실패의 두려움까지 감수하면서 구매한다는 것은 낭비로 여겨진다. 그럼에도 얼리어답터의 수는 점차 늘고 있다. 제품의 수명주기가 빠를 뿐 아니라 통신의 발달로 마케팅 활동을 통해 끊임없이 소비자들을 유혹하기 때문이다. 그들은 막대한 비용을 지불하지만 유행의 첨단에 서게 되며 사회의 오피니언 리더로 부상하게 된다. W&S 어답터에게 자신이이 구매한 제품을 보여주며 나는 너희들보다 우월하다고 뽐내기도 한다. 결국 W&S 어답터들은 자신들의 고민에 종지부를 찍고 가격이 어느 정도 하락한 제품을 뒤늦게 사면서 안도하게 된다. 자신은 동일한 제품을 구입하는 데 얼리어답터보다 비용을 절약했다며 나름 자위하기도 한다.

얼리어답터라는 말은 개인적인 구매 패턴만을 의미하지 않는다. 구매 패턴이란 그 사람의 성향을 나타내므로, 만약 그 개인이 사업자라면 사업상 의사 결정에도 그대로 반영된다. 예컨대 새로운 설비의 구입, 조직의 혁신, 새로운 사업으로의 진입 등에 그대로 반영되는 것이다. 사업상 비용이란 기업의 사활이 달린 문제이므로 매우 신중히 결정해야 한다. 예컨대 외과 의사가 막대한 비용을 들여 레이저 시술기를 도입하느냐 마느냐 하는 것은 중대한 결정이다. 이 외과 의사는 틀림없이 투자한 기계 값을 얼마 만에 뽑아낼 수 있을지 고민할 것이다. 사실 단순히 수술용으로 사용할 때는 메스를 이용해도 시술 결과에 큰 차이가 없기 때문에 레이저 시술기를 구입할지 말지 주저하게 될 것이다. 레이저 시술기의 구입은 경제적으로 볼 때 전혀 매력적이지 않다. 아직도 환자 차트 작성이나 건강보험공단 청구를 수기(手技)로 하는 곳이 적지 않다는 것도 이런 과정을 잘 설명한다. 그러나 시간이 흘러감에 따라 환자들이 뚜렷한 장점을 모르는데도 불구하고 레이저 시술을 하는 병원으로 이동하게 됨을 알게 될 것이다. 그리고 뒤늦게 설비를 했지만 한 번 돌아선 환자들을 불러들이기란 결코 쉽지 않음을 알게 될 것이다. 결국 사업적 관점에서 얼리어답터들은 W&S 어답터들에 비해 절대적인 우위에 서게 된다.

변화의 속도가 빨라진다는 것은 새로운 패러다임이 대두되고 사라지는 데 걸리는 시간이 매우 짧아짐을 의미한다. 끊임없이 새로운 패러다임이 창출된다. 변화의 속도가 빠르지 않을 때에는 공격과 방어를 적절하게 선택하는 운용의 묘가 필요했다. 패러다임이 시작될 때(도입기)는 공격적으로 선점해 시장의 지배력을 높이고, 패러다임이 시들어갈 때(쇠퇴기)에는 투자를 줄이고 다음을 대비하는 것이다. 특히 경기의 하강과 상승은 이러한 패러다임 변화의 환경에 민감하므로 경기 침체기에는 방어적 자세로 대처하는 것이 공식이었다. 그러나 지금은 그럴 필요가 없어졌다. 새로운 변화가 순식간에 찾아오기 때문에 패러다임이 새롭게 시작되고 어느 정점에 이르면 다음을 대비해야 하므로 숨 쉴 틈이 없어졌다는 얘기다.

미국 뉴욕대학교의 루비니(Nouriel Roubini, 1959-) 교수를 비롯해 수많은 경제학자들은 미국의 금융위기가 도래했던 2008년에 앞으로 수십 년간 세계 경제가 침체의 늪을 헤맬 것이라고 경고했다. 2010년 들어 금융위기의 영향이 깨끗이 사라졌고 다른 변화가 시작되려 하면서 또 다른 대비가 필요해졌음에도 불구하고 자신이 먼저 얘기한 것에 대한 책임감 때문인지 언제 터질지 모르는 위기에 대해 위협하는 학자들도 적지 않았다. 만약 세계경제에 어떤 형식으로라도 위기가 온다면 물론 그것은 과거의 반복이 아니며 앞의 사건들과는 거의 무관하게 새롭게 전개되는 것이다. 그들은 아직도 속도에 대한 것도, 패러다임의 생리도 제대로 이해하지 못하는 것처럼 보인다. 금융위기 이후 꼬리를 이었던 국제적인 사건들, 유럽 일부 국가들과 두바이의 채무 불이행 가능성이나 튀니지에 이은 중동의 민주화 바람 등은 좋은 소재였고, 그때마다 가차없이 경고음을 발효했다. 보는 시각에 따라서는 안이한 대처에 대한 위협 효과로 의미를 찾을 수도 있겠지만, 2011년 벽두부터 경고에 나선 인플레 경고는 매우 시대착오적인 발상이라는 생각을 버리기 힘들었다. 그 이유는 미국의 금융위기 이전부터 경기 과열 현상이 있었고, 금융위기는 경기 과열이 원인이 아니었음에도 불구하고 경기를 냉각시키는 효과를 제공했던 것이 사실이기 때문이다. 국제 원자재 가격은 2008년을 정점으로 하락하기 시작했고, 2010년 말부터 다시 상승세로 돌아섰다. 그들은 BRICs나 G20로 상징되는 신흥 산업국들의 경기 과열에 따른 인플레와 이로 인한 금리 인상이 경기 둔화로 이어지면서 경착륙의 위험이 있다고 주장했다. 그들은 경제위기에 대한 예측으로 인정받았지만, 위기에 의한 영향과 진행 속도, 전개 과정에 대한 설명은 여전히 과거의 경제 이론에 의존하는 우를 범하고 있다. 이미 지난 3년간 현실로 드러나 널리 알려진 바와 같이 그들이 예측하는 만큼의 기간 동안 지속되지도 않았고, 그 파장이 크지도 않았으며, 그들이 우려하는 만큼 신흥 산업국들의 경제 정책이 우매하지도 않았다. 1970년대 석유 값 인상 때 산유국들이 얻은 교훈으로 OPEC 석유장관들이 더 이상 도박을 하지는 않는 것처럼, 각국은 과거에 비해 얼마나 국제경제 환경이 자국에 영향이 미치는가 정도는 충분히 이해하고 있다는 점을 간과하거나 과소평가하고 있는 것처럼 보인다.

2008년 미국발 금융위기가 발생하자 일어난 현상은 국제 원자재 가격의 진정, 금값 폭등, 전 세계 주가 폭락, 엔화 가치 폭등 등이었다. 안전 자산을 선호한 외국계 자본들은 썰물처럼 한국을 빠져나갔다. 부실로 쓰러진 투자사들까지 겹쳐 주가 폭락의 폭은 커졌고, 원화 가치 역시 폭락했다. 외국계 자본은 주가 하락과 환율 하락의 이중고를 겪어야 했다. 그러나 한국의 기업들은 일본이나 유럽 기업들과 전혀 다른 면모를 보여주었다. 이 기간 대부분의 글로벌 기업들은 긴축에 들어가 투자를 줄이고 현재 시장을 수성하는 데 집중했지만, 한국 기업들은 투자를 유지하거나 오히려 늘렸다. 수출 의존적인 한국의 경제구조로 볼 때 미국과 유럽 시장의 위축은 위협임에 틀림없었지만, 원화 가치의 하락으로 가격 경쟁력이 강해졌다. 그들은 현대적 의미의 불황기란 전쟁과 달라서 소비 수요가 한꺼번에 폭락하는 것이 아니라 가격에 민감해진다는 사실을 너무나 잘 알고 있었다. 한국은 1997년에 외환위기를 경험하면서 학습이 되어 있었던 것이다. 게다가 미국으로의 수출이 부진해진 중국은 자국의 경기를 유지하기 위해 내수 소비를 진작시키는 데 열을 올리고 있었다. 한국 기업들은 산업 분야에서의 경쟁력을 확보하는 데 절호의 기회를 잡은 셈이다. 2009년 금융위기가 진정 기미를 보이자 한국의 무역액과 수지, 기업들의 매출과 수익률이 이전보다 더 향상된 것은 이런 이유가 있었음을 잘 설명한다. 게다가 세계시장에서의 경쟁 기업들이 긴축을 한 덕택에 시장 점유율을 끌어올리고 절대적인 지배력을 확보하는 개가를 올리게 되었다. 만약 2008년에 한국 기업들이 때가 온 것처럼 떠들어대는 비관적 시각에 편승해 위축되었다면 어떻게 되었을까? 밀려나가는 외국 투자사들의 예측대로 별 볼일 없이 위기 이전의 상태로 되돌아갔을 것임은 자명하다.

흔히 "위기가 기회"라고 한다. 그러나 위기에서 기회를 찾기란 결코 쉬운 일이 아니다. 그래서 창의력이나 창조력, 순발력이 위기를 기회로 활용하는 데 필요한 요소들로 인식되는 것이다. 그러나 여기에는 오해의 소지가 있다. 위기에서 새로운 것을 만들어나가야 한다는 착각이 그것이다. 새로운 것을 만들어내기보다는 발견해내야 한다. 환경의 변화는 내가 만드는 것이 아니다. 만들어지는 것이고, 나는 만들어지는 대상을 찾아내는 것뿐이다. 지구가 온난화하고, 금융위기가 오고, 새로운 IT 기술이 개발된다. 내가 지구를 덥게 만들고, 모기지 부실에 의한 금융시장의 위기를 만들고, 기발한 IT 기술을 원하는 대로 개발할 수는 없다. 혹자는 인간들 가운데 누군가가 원인을 제공한 것 아니냐고 하겠지만, 시작한 사람들은 전혀 의도하지도 않았고 그 결과를 예측하지도 못했다. 누구도 그렇게 의도하고 예측해서 시작하는 것이 아니라는 얘기다. 변화의 방향은 아무도 모른다. 다만 그 변화에 순응하고 준비할 뿐이다. 마치 얼리어답터가 땀흘려 번 돈을 미련 없이 구매하는 데 던져버리는 것처럼 말이다. 하물며 변화를 막는다는 것은 불가능한 일이다. 만약 회피한다면 그 다음의 변화에 더욱더 많은 비용을 지불하면서 혹독한 경험을 맛보게 될 것이다.

지금으로부터 170만 년 전에 등장했다고 알려진 직립원인인 호모에렉투스(Homo Erectus)는 탄생지인 아프리카의 기후가 변화하자 150만 년 전 이전부터 세계 각 지역으로 흩어지기 시작했다고 한다. 자세히 알 수는 없지만 당시 아프리카를 떠나지 않고 버틴 집단 또는 개체와 떠난 집단 또는 개체는 변화에 대한 반응이 적극적이었는가 아닌가로 구분할 수 있다. 영국에서 미국이나 호주, 뉴질랜드 등지로 이주한 이민자들 역시 비슷한 개념으로 볼 수 있다. 정보가 차단된 시대에 미지의 세계로 향할 것이냐 말 것이냐는 중대한 기로였을 것이다. 현 시대에 와서는 좀 더 복잡하게 변화에 대한 반응이 관찰된다. 지구온난화를 주장하는 환경주의자들이나 자신의 것을 잃을 것이 두려워 아무것도 고치면 안 된다고 거리에 나서는 사람들, 이른바 과학적 사고로 원인 변수를 수집해 예측을 해놓고는 나중에 고작 케케묵은 이론으로 설명을 하는 학자들, 실패가 두려워 남들이 하는 것을 열심히 관찰만 하고 있는 사람들 모두는 오는 변화를 불평하며 떼를 쓰는 군상들이다. 일찍이 다윈(Charles Robert Darwin, 1809-1882)이 내뱉은 말이 생각난다. "지구상에 살아남은 종은 크고 힘이 세거나 영리한 생물체가 아니다. 다만 변화에 적응한 종이 살아남아 번식한 것이다."

종말론의 허구와 유토피아

지구의 종말이나 유토피아의 도래는 현재의 삶이 피곤하고 희망이 없는 사람들에게는 퍽이나 매력적으로 다가온다. 특히 세상이 어수선하면 이런 것들을 주제로 이익을 취하는 사람들이 늘어난다. 상식적으로 봐도 지구의 종말은 별 의미가 없다. 지구의 멸망은 인간의 사망처럼 예정된 것이며, 매 순간 의식하지 않을 뿐이지 누구나 아는 사실이다. 어차피 영원히 존재하는 것은 없기 때문이다. 인간도 수명이 있는 것이고, 지구와 같은 행성들도 수명이 있다. 지구의 수명은 인간과 비교할 것이 못 된다. 그러니 지구가 인류보다 먼저 사라질 가능성은 없다고 봐도 무방하다. 그럼에도 지구의 멸망이나 최후의 심판과 영생 같은 말은 불안에 빠져 있는 사람들에게 달콤한 유혹으로 다가온다. 인간이 얼마나 죽기를 두려워하는 동물인지는 스스로 잘 알 것이다. 낙원론도 마찬가지다. '아바타'라는 영화에 등장하는 생명체와 환경이 지구의 것들과 크게 다르지 않은 것처럼, 낙원의 시스템은 인간의 상상을 크게 벗어나지 못한다(나는 '아바타'를 보고 엄청나게 실망했으며, 그 영화가 성공한 이유를 찾는 데 적지 않은 시간이 필요했다). 녹음이 우거지고, 추위도 더위도 질병도 없으며, 영생을 산다는 낙원은 인류의 역사 속에서 제각기 다른 이름으로 등장했다. 크게 다를 것이 없는 동양의 미륵 사상이나 서양의 메시아 사상 역시 이런 맥락에서 유지된 것들이다. 어느 민족이나 현재의 문제점을 일격에 날리고 모두가 떵떵거리며 살게 해줄 절대적 존재가 오리라고 믿어왔다. 심하게 표현하자면 동화책 수준을 벗어나지 못하는 유치함의 극치들이다.

『고도를 기다리며(Waiting for Godot)』는 아일랜드 태생의 프랑스 극작가 사무엘 베케트(Samuel B. Beckett, 1906-1989)가 쓴 희곡으로, 1953년에 처음 무대에 올려졌다. 인간은 어떤 목적을 가지고 이 세상에 태어난 것이 아니며 목적 없이 그렁그렁 세계를 표류하다 사라지는 존재라는 사상을 '반연극(anti-theatre)' 기법으로 전파하는 '부조리극'의 대표적 작품이기도 하다. 연극의 줄거리는 간단하다. 각기 다른 신분과 직업의 사람들이 등장해 '고도'라는 절대자를 기다리는 것이다. 그들은 고도가 누구인지 모르며 그가 와서 어떻게 그들을 변화시킬지도 모르지만 희망과 두려움을 가지고 막연히 기다린다. 물론 연극이 끝날 때까지 고도는 나타나지 않으며, 나타날지 여부에 대한 암시도 없다. 해석하기 나름이겠지만, 이 연극에서 고도가 나타나느냐 마느냐는 절대 중요해 보이지 않는다. 어차피 고도란 존재는 인간이 만든 것이기 때문이다. 인간은 절대자를 '신'이라고 표현해왔으며, 신은 그 명칭도 존재의 유형도 매우 다양했다. 흔히 신의 존재 여부를 믿느냐 그렇지 않느냐 하는 것이 유신론자와 무신론자를 구분하는 것으로 인식되어왔다. 이는 어떤 종교를 가지느냐 그렇지 않느냐를 구분하는 것과 유사한 의미로 사용되어왔지만 실상은 그렇지 않다.

중세와 근대의 철학자들은 신의 존재 여부를 제각기 다른 시각을 통해 해석했다. 여기에서 신은 절대자를 의미하는 것이지 기독교의 유일신인 '야훼'를 의미하지는 않는다. 인류의 기원 이래로 남아있는 흔적들을 보면, 위험에 처한 인간은 항상 어떤 형태로든 절대적 대상을 숭배하면서 의존했다. 절대자는 자연의 한 형태이기도 했고, 동물이기도 했으며, 눈에 보이지 않는 대상으로 나타나기도 했다. 절대자의 능력은 기독교의 시각처럼 인간을 포함한 우주를 창조하고 구원을 통해 인간이 저지른 죄를 사해주는 것만을 의미하지 않았다. 동양의 불교 사상이나 서양의 기독교 사상은 이 절대자의 능력을 예전보다 훨씬 더 강력하게 논리적으로 정리해 하나로 통일시킨 것이다. 종교는 그렇게 탄생했다. 인간의 내적인 나약함 때문에 시작된 절대자에 대한 의존이 종교라고 하는 공식화되고 다듬어진 형태로 나타났으며, 인류의 역사 전체로 볼 때 종교가 역사의 흐름을 좌지우지하기 시작한 것은 지극히 최근의 일이었다. 부연하면 종교라는 개념이 시작되기 전에는 절대자를 믿느냐 안 믿느냐가 선택의 문제가 아니었다는 얘기다. 내가 태어난 집단이 씨족이든 부족이든 국가이든 절대자의 존재는 어떤 이름으로든 주어지는 것이었기에 그에 따르는 갈등이 존재할 이유가 없었다. 그것은 마치 내가 누구의 자손이냐를 의미하는 것과도 같았다. 신앙의 대물림은 나중에 종교라는 정형화된 가치가 탄생한 이후에도 계속되었다. 그러나 종교가 국가의 통일된 가치로 확대되면서 영토의 침략은 종교의 강요를 낳았고, 그 뒤로 종교의 선택, 더 나아가서는 종교를 가지느냐 마느냐의 문제로 바뀌게 되었다. 아직까지도 국교가 있는 나라들이 있기는 하지만 인간의 자유라는 틀 안에서 종교를 가지느냐 마느냐 여부와 특정 종교를 선택하는 자유는 보편적 가치로 뿌리내리기 시작했다.

종교라는 틀은 그들이 섬기는 유일신의 정의와 능력을 지정함으로써 일정 수준의 노력을 요구하게 되어 있다. 종교를 가진다는 것은 그들이 정하는 시간에 일정 의식을 행해야 함을 의미하며, 필요에 따라서는 엄청난 희생을 감내해야 함을 의미할 수도 있다. 대신에 종교의 힘은 나약한 인간의 불안감을 다스리며, 종교마다 다르지만 일정한 절차를 거쳐 욕망이나 바람을 이룰 수 있다고 유혹한다. 여기에서 유의할 점은 어떤 종교에서든 신과 인간의 관계는 철저히 수직적이라는 것이다. 기본적으로 인간 간의 관계는 수평적이지만, 신의 말을 전하거나 섬기는 역할을 하는 성직자들을 특별히 지정함으로써 그들 간의 관계나 그들과 신도의 관계에는 인간 사회를 모방한 수직 관계가 그대로 이식되어 있다. 절대적 수직 관계에서 항의나 확인 따위의 요청은 있을 수 없는 일이다. 절대자를 섬기는 만큼 절대적인 관계 설정은 어떤 종교에서든 공통적으로 적용되고 있는 셈이다.

우리는 흔히 기원이나 기도를 통해 소망이 이루어지는 종교들을 정통이라 부른다. 정통과 이단은 그렇게 구분된다. 이단의 특성은 신의 존재에 훨씬 더 절대성을 부여하고 희생을 강요하는 대신에 정통에 비해 좀 더 달콤한 대가를 약속하는 데 있다. 그 내용은 인간 사회에서 흔히 추구되는 가치인 부(富)에서 시작해 병의 치유, 출세, 무병장수와 영생, 그리고 낙원론에 이르기까지 광범위하다. 사찰을 찾는 신도나 교회를 찾는 신도들 모두 기도라는 의식을 통해 인간이 가지고 싶고 버리고 싶은 것들을 기원한다. 사실상 신도들이 드리는 기도는 자신의 요구를 위해 던지는 미끼이자 아부에 불과한 경우가 대부분이다. 당연히 진실성은 결여될 수밖에 없다. 절대적 신 앞에서 그의 존재를 인정하며 복종적 자세를 취하지만, 결국은 더 많이 가지게 해달라고 애원하는 것이다. 이런 인간의 속성 때문에 이단과 정통의 구분은 더욱 모호해진다. 이단을 주도하는 수많은 주체들은 인간의 이러한 속성을 철저하게 활용할 줄 알기 때문에 근거도 없고 허점투성이인 논리적 그림을 그려 사람들을 유혹한다. 일단 종교라는 간판을 걸어놓으면 법적 제재도 쉽지 않다. 종교에 대한 박해는 어떤 정권에게도 독약이기 때문이다. 아직까지도 종교적 신념의 차이가 인류 최악의 갈등 원인으로 남아 있다는 것이 이런 절박한 상황을 입증한다.

이단의 종류에는 크게 두 가지가 있다. 특정 종교를 배경으로 아류를 만들어 정통과 구분하기 어렵게 만들어진 유형과 전혀 색다른 체제를 만들어 자신이 교주가 되는 유형이다. 전자의 경우에는 신앙심의 부족을 죄악시하며, 일단 신도로 등록이 되면 많은 시간을 봉사하도록 강요한다. 일단 시작되면 끝이 없다. 결국 세속적인 사회생활과 신앙생활의 경계가 사라지고 하루 종일 거기에 매달리게 된다. 가진 것과 버는 것은 우선적으로 헌납해야 하며, 그러지 않을 경우 죄책감에 시달리도록 세뇌한다. 그들은 같은 신을 믿는 정통파 신도들과 신앙심의 크기를 비교하며 높낮이를 평가하기 때문에 항상 신앙적 우월감에 사로잡혀 자신들이 얼마나 엉뚱한 길을 가고 있는지 인식조차 하지 못한다. 후자의 경우는 전자와 달리 초창기에는 기댈 언덕이 별로 없다. 사회적으로 인식되고 있는 신의 존재와 자신들이 섬기는 신이 다르기 때문에 스스로 사회적으로 격리되는 것을 감수하거나 공동 합숙 생활을 통해 이런 약점을 극복한다. 당연히 신도들은 훨씬 더 강하게 결속된 채로 세뇌당할 수밖에 없다. 그들은 대부분의 정통 종교들도 초창기에는 그런 박해를 받았다는 사실을 들며 자위한다. 전자든 후자든 겉으로 알려진 것보다 그 세력이 훨씬 더 크다는 것이 일반적인 시각이다. 이 책의 목적이 이단을 고발하는 것은 아닌 만큼 이 이야기는 이 정도에서 접어두겠다. 다만 인간의 허황된 욕망에 대해 좀 더 논해보자.

이미 과학적으로는 죽음에 대한 설명은 끝났다. 생물학적으로는 사후 세계를 인정할 수 없다. 지구상의 모든 유기체들은 탄생과 함께 노화되다가 죽게 되어 있으며, 그 뒤에는 무기체로 돌아간다. 쉽게 얘기하자면 과학적 관점에서 사후 세계는 없는 것이다. 그럼에도 사후 세계에 대한 상상은 인간이 죽음에 대해 느끼는 두려움을 완화해주는 데 대단히 크게 기여했다. 인간의 사후에 대한 관심은 인류의 역사가 시작된 순간부터 기록되어왔다. 흥미로운 것은 인간이 어떻게 해서 이 세상에 태어났는지보다는 죽은 다음에 어떻게 될까에 훨씬 더 큰 관심을 가졌다는 것이다. 우리가 살고 있는 21세기 첨단 과학 시대에도 생명체의 기원이나 생명의 탄생은 과학적으로 광범위하게 설명되고 있지만 사후에 대해서는 여전히 오리무중이다. 과학의 차원에서 없는 것을 있다고 할 수는 없기 때문이다. 절차가 간소화되었을 뿐 사람이 죽었을 때 땅속에 매장을 하거나 화장을 하는 방식은 인류의 기원 이래 수십만 년 이상 지속되어온 케케묵은 방법이다. 지금도 인류의 문화를 대변하는 것들은 고인돌, 피라미드, 왕릉, 묘지 등등 온갖 종류의 무덤들이다. 동서고금을 막론하고 인류가 사후 세계를 믿었음을 입증하는 증거인 셈이다. 그럼에도 누구라도 죽어보지를 않았으니 알 수가 없다. 환생을 믿는다는 불교나 라마교의 교리는 사후 세계를 믿는 것보다 한술 더 뜬다. 죽어서 가는 세계가 있고, 다시 또 태어난다고 하는 것이다. 그렇다면 존재의 종말은 없다는 것인가?

이처럼 사후 세계의 정체를 알 수 없다는 한계는 인간을 깨우치고 도덕적 삶을 살아가게 하는 데 십분 활용되었다. 여기서 변하지 않은 소재는 인간은 자신이 저지른 선한 행동과 악한 행동에 대한 대가를 반드시 치르게 된다는 업보(業報) 사상이다. 확대해서 보면 업보는 생존해 있을 때뿐 아니라 죽어서도 이어지며 자손에게 만대에 영향을 끼친다는 것이다. 동서고금을 막론하고 어떤 민족이든 어떤 종교든 거의 유사한 개념을 적용시켜왔다. 여전히 증거는 없다. 우주여행보다 어려운 것이 사후 세계로의 여행이기 때문이다. 사후에 일어날 사건이나 세계의 모습은 여전히 모두의 상상을 벗어나지 못한다. 천국이니 극락이니 지옥이니 하는 말들은 신분 사회에서 대다수의 사람들이 살아서 누릴 수 없는 것들을 업보에 따라 사후에 보상받는다는 개념으로 사용되었다. 흔히 화폭에 표현되고 문학 작품에 언어로 묘사되는 지옥의 모습은 인간에게 끝없는 고통을 주는 장소이며, 천국이나 극락의 모습은 오로지 즐거움과 편안함만이 존재하는 곳으로 나타난다.

업보라는 논리는 업보에 의한 결과가 생존 시에 진행된다면 입증이 되는 셈이니 문제가 없겠지만 그렇지 못할 경우에는 사후 세계에 일어날 것이라고 말한다. 그러나 그 누구도 사후 세계를 경험해 보지 못했고 보여줄 수 없으니 이에 대한 보완책으로 등장한 것이 종말론이다. 여기에서 종말이란 과학적 의미에서 물리적으로 지구가 파괴되어 모든 생명체가 사라진다는 의미가 아니라 종교적 의미에서 절대적 신의 출현으로 현재의 모든 체계가 붕괴되는 것을 의미한다. 즉 절대적 존재가 현실 세계에 나타나서 모든 인간들을 한꺼번에 심판하고 천국과 지옥에 분산시킨다는 내용을 골자로 하고 있다. 따라서 종말론의 핵심은 종말이 오는 시점이 언제인가 하는 것이다. 물론 종말의 날짜를 예언하려면 상당한 위험을 감수해야 한다. 날짜를 짧게 잡으면 순식간에 많은 광적 신도를 끌어모을 수 있고 사회적 관심을 끌 수 있지만 예언이 빗나갔음이 입증되는 순간 한꺼번에 무너지게 된다. 1992년 휴거 사건으로 사회에 물의를 일으켰던 '다미 선교회'가 대표적 사례다. 이런 집단들은 대개 예언이 빗나가면서 사라지지만, 미련으로 인해 다른 이름으로 재결속되기도 한다. 또 다른 방법은 날짜를 길게 잡거나 아예 잡지 않는 것이다. 이 경우 초기에는 신도 모집에 어려움이 있으나 이 단계를 잘만 극복하면 상당 기간 세를 확장시킬 수 있다. 미국의 '여호와의증인'이나 한국의 '증산교'가 대표적 사례인데, 이들은 상당 기간 세를 확장하고 있으며 그들만은 논리적 배경과 계율, 절제된 의식으로 큰 무리 없이 유지되고 있다. 여호와의증인(Jehovah's Witness)은 찰스 러셀(Charles T. Russel)이 1872년에 미국 피츠버그에서 창시한 종교다. 초기에는 러셀도 종말의 날을 예언했다. 하지만 예언이 빗나가자 연기하는 방식을 택했고, 그 덕분에 교세는 러셀 사후에도 계속 유지되고 있다. 증산교는 증산 강일순(1871-1909)의 개벽 사상을 신봉하는 사람들에 의해 만들어진 종파들을 포괄적으로 의미한다. 그들은 천지개벽의 날짜를 구체적으로 지정하지 않고 막연하게 표현하고 있지만, 한민족의 절대적 우월성을 강조함으로써 희망과 자부심을 심어주어 꾸준히 교세를 유지하고 있다. 결국 종말론은 하늘이라는 막연한 추상적 세계 대신에 지상에 천국이 도래한다는 좀 더 현실적인 제안으로 신뢰감을 높였다고 할 수 있다. 이른바 정통파들에 비해 현세에 대한 불안과 불만, 좌절감으로 더욱 부정적인 삶을 살고 있거나 눈에 보이는 수많은 문제점에 집착하는 사람들을 상대로 인류가 만들어 놓은 그림을 수정하느니 차라리 하얀 도화지가 희망의 종착점이 될 수 있다고 설득하는 것이다. 대단히 매력적인 부분이다.

종말론을 기반으로 하는 종교들의 공통점은 그 배경 논리들이 매우 복잡해서 보통의 사람이라면 학습을 필요로 하도록 되어 있다는 것이다. 그리고 조직을 이끌어나가기 위한 철두철미한 규율과 절차가 만들어져 있다. 배경 논리의 근간은 인류의 문화가 만들어놓은 것 가운데 엄선해 그들이 필요로 하는 만큼 퍼다가 담아놓은 것들이지만 일부는 매우 창의적이기까지 하다. 예컨대 여호와의증인은 기독교 사상에 신학적 해석을 순수하게 접근시키고 있기에 오늘날의 이슬람교가 그렇듯 현대적 기독교 문명을 바탕으로 한 서구 문명의 반감을 샀다. 그러나 그들은 성경의 내용을 자의적 해석 없이 직설적으로 이해하고 행동에 옮김으로써 순수성을 확보했다. 이슬람교의 원리주의자와 비슷한 양상이다. 증산교의 경우 역시 동양의 유불선 사상을 민족의식에 혼합시킴으로써 배경에 대한 정당성을 충분히 확보하고 있다. 그들의 절대적 규율은 새로운 세상을 맞이했을 때의 심판이라는 대명제와 정당성을 주지시킴으로써 하나의 조직을 충실하게 관리할 수 있도록 한다. 교세의 확장은 현대 사회가 요구하는 가치를 얼마나 받아들이느냐에 따라 달라진다. 예컨대 증산교의 한 종파인 대순진리회는 문화, 교육, 의료, 봉사 등 다양한 사업에 뛰어들고 있다. 종말론을 전제로 하고 있지는 않지만 통일교(세계평화통일가정연합)나 천부교(일명 '신앙촌')는 대규모 기업을 보유하고 적극적으로 영리 사업을 하고 있으며, 이러한 사업체들은 일반 기업이 통상적으로 겪는 노사의 갈등, 자본의 확충, 실패에 대한 책임 문제에서 자유롭기 때문에 시장에서 절대적 우위를 확보하고 있기도 하다. 어차피 종말이 오는데 사업은 왜 벌이고 돈은 왜 버는지에 대해서는 나름대로 논리적 근거를 철저히 마련해놓고 있을 것이다. 분명한 사실은 이러한 종교들의 교리가 인간이 정신적 나약함으로 겪는 고통의 탈출구를 마련해놓고 척박한 삶의 환경에서 사악해질 수밖에 없는 인간의 생각과 행동을 통제하는 데 막대한 역할을 하고 있다는 것이다. 그러나 이러한 순기능의 이면에는 인간이 가진 약점을 이용해 유·무형적 이익을 획득하고자 하는 인간의 욕망이 도사리고 있다. 정신적 위안을 얻기 위해 행해지는 일련의 활동이 거래의 생리가 적용되는 부당하고도 불행한 상황으로 전개되고 있는 것이다.

예컨대 거래란 내가 배가 고프다는 문제점을 해결하고자 빵을 사기 위해 그동안 노력으로 얻은 대가인 돈을 빵 장수에게 지불하는 것을 의미한다. 즉 빵 장수에게는 빵 값으로 지불되는 재화가 빵보다 중요하고, 배가 고픈 나에게는 내가 가진 돈보다 빵이 더 중요하기 때문에 거래가 성립되는 것이다. 당연히 양자는 거래가 성립되면 거래 이전보다 행복해질 것이고, 거래가 성립되지 않으면 예전의 상태로 돌아가거나 거래를 위해 시간과 노력을 허비했을 것이므로 거래 시도 이전보다 더 불행해질 것이다. 빵을 비싸게 구입했을 때 구매자는 판매자에 비해 덜 행복하겠지만 빵을 구입하기 전보다는 더 행복해지게 된다. 그러므로 거래 활동에서 최악의 상황은 거래가 성립되지 않는 경우다. 여기에서 빵을 사려는 사람보다 빵을 팔려는 사람이 많은 것이 시장이 활성화되어 있는 자본주의 사회의 특징이므로 빵 값은 계속 내려가다가 일정 수준에서 멈추게 되는데, 이를 '가격의 결정'이라고 한다. 물론 빵 제조업자는 시장에서 우위를 얻고자 빵의 질을 올리거나 포장, 홍보 등 다양한 부가적 활동에 힘씀으로써 불리한 교섭력을 만회하고 어떻게 해서든 유리해지려 할 것이다.

그러나 인간의 약점을 정신적으로 승화해야 하는 종교는 거래의 대상이 될 수 없다. 엄격하게 말해 종교의 세계는 시장이 될 수 없는 것이다. 분명히 사람들은 정신적 평안과 안정을 얻기 위해 종교 생활을 하려 하는 이상 수요자가 될 수 있고, 이를 공급하고자 하는 단체나 개인은 진리를 공급함으로써 이익을 얻어내야 하므로 공급자라 할 수 있으니 시장이 성립되는 것으로 보일 수도 있다. 그리고 서로가 좀 더 큰 행복을 얻을 수 있다면 거래가 성립되는 것으로 비춰진다. 그러나 냉철하게 보면 종교는 상업적 거래와는 전혀 다르다는 것을 알 수 있다. 상당수의 관련자들이 현재 자본주의 사회에서 종교 시장은 분명히 존재한다고 이해하고 있는 것은 크나큰 불행이다. 우선 시장이 성립하려면 진리의 공급자는 진리를 생산하고 그것을 더 많이 공급함으로써 더 큰 이익을 얻어 행복해지고, 수요자는 더 크고 많은 진리를 구매함으로써 행복해져야 한다는 전제 조건이 있어야 한다. 그러나 진리는 생산해서 만들어지는 것이 아니라 존재할 뿐이다. 진리의 전달자는 여전히 자신이 진리를 깨달은 것처럼 행동하지만 전혀 그렇지 못하다. 결국 그들도 더 큰 만족과 이익을 추구하는 보통의 인간이기에 수요자의 욕구 수준에 맞춰 진리의 양과 질을 조절하려 하게 될 것이다. 결국 진리는 소비자가 원하는 맞춤형 진리로 왜곡되거나 전혀 존재하지도 않는 진리가 조작되어 탄생하기 쉽다. 결국 진리는 절대적 필요조건인 진실성조차 부정하거나 상실할 수도 있다.

혹자는 교육의 경우와 종교의 경우가 유사하다고 생각하기도 한다. 자본주의 사회에서 교육 시장은 분명히 존재한다. 자본주의적 개념에서 교육기관은 학습과 훈련을 통해 지식을 습득하게 만드는 지식의 공급자로 인식되기도 한다. 기본적으로 종교 단체와 교육기관의 역할은 상당히 유사하다. 그리고 교육기관에 있는 사람들 역시 그릇되게 인식하고 있는 바가 적지 않다. 그러나 교육 역시 서로의 이익을 추구함으로써 얻게 되는 거래와는 확연히 구분된다. 자본주의에 가장 근접해 있다고 여겨지는 국가인 미국도 교육의 범주는 공공 영역으로 인식하고 있는데, 이는 교육이 시장의 원리에 따라 작동될 수 없음이 분명하기 때문이다. 교육에 종사하는 교사나 교수의 역할은 강의와 지도, 연구와 저작 활동이 될 것이다. 학교란 기관이 학생 모집을 위해 홍보도 하고 전략도 짤 수 있겠지만, 이러한 활동들은 교육에 종사하는 활동과는 분명히 구별되어야 하며 교육을 담당하는 교사나 교수가 관여할 일이 아니다. 그들은 지식을 파는 판매자가 아니기 때문이다. 이런 관점에서 대학의 행정직을 전임 교수가 담당하는 것은 결코 바람직하지 않다. 수도 요금이 물값이 아니라 시설 사용료인 것처럼, 그들에게 급여가 지급되는 것은 그러한 임무를 수행한 데 대한 수고비 내지는 대가일 뿐이다. 만약 교사나 교수가 좀 더 많은 지식을 공급하기 위해 지식을 생산하고 이를 발판으로 더 큰 이익을 얻으려 한다면 교육의 본질은 흐려질 수밖에 없다. 흔히 주변에서 금전적 욕구가 많은 교직자들을 볼 수 있는데, 그들은 직업을 잘못 선택한 것이다. 그들은 지식을 상품화해서 판매하는 고부가가치 산업에 속한 기업에 종사하는 편이 훨씬 더 낳을 것이다. 여기에서는 편의상 교육의 영역을 예로 들었지만, 의료 영역이나 법률·경영 자문과 같은 전문적 지식 영역도 크게 다르지 않다. 의사가 더 많은 수익에 혈안이 되어 항구적인 치료제나 치료법을 환자에게 권고하는 것이 아니라 당장의 통증만 멈추게 하는 진통제나 마약을 처방해 막대한 수익을 올린다면 그 결과가 어떻게 될지 상상해보라. 내가 요즘 인터넷에서 낯 뜨거운 광고 문구와 함께 수술을 세일하는 의료 광고를 보고 탄식하는 것도 이 때문이다. 현실적으로 받아들여지지 않기에 안타깝기 짝이 없지만, 의술이 존중되고 의사가 존경받으려면 자신들의 능력이 거래의 대상이 될 수 없으며 그래서도 안 된다는 것을 매우 상식적인 이야기로 받아들여야 할 것이다.

교회나 사찰이 더 많은 신도를 모집하기 위해 마케팅을 하고 성직자들이 모여서 그 종교가 추구하는 본래의 참된 진리를 왜곡하고 그럴싸한 감언이설로 신도들을 유혹한다면 어떤 결과가 벌어질까? 종교가 가지는 절대적 규율에 성직자들의 수입을 위한 항목을 넣는다면 어떻게 될까? 어떤 전문직이나 이권 단체가 저지르는 진실의 왜곡에 의한 폐해보다 훨씬 더 큰 결과를 초래할 것이다. 흔히 종말론이나 낙원론은 그런 목적으로 조작된 대표적인 사례들이다. 인간은 태어나면서부터 누구나 죽게 되어 있다. 어차피 누구나 다 죽는데 모두가 다 한꺼번에 죽는다고 해서 크게 다를 바가 없다. 전혀 입증되지도 않았으며 성서의 어떤 대목에도 나오지 않는 종말론은 여전히 유효한 관심 대상이다. 그들을 위해 엄청난 희생과 대가를 요구하는 지상낙원은 영생이나 무병 정도를 제외하고는 우리가 사는 이 세상과 실제로 크게 다르지 않다. 우리 세대만이 영원히 살겠다는 이기적 발상인 무병과 영생은 우주와 자연의 섭리 자체를 부정하는 혹세무민(惑世誣民)의 대표적 사례였음에도 여전히 단골 메뉴로 등장하고 있다. 자신만의 상자 속에 홀로 앉아 유혹의 희생양이 되지 말아야 한다.

새로운 변화의 질서

20세기는 인류 역사상 가장 중요한 시기였다. 아마도 100년 후에는 21세기가 그러했다고 할지도 모르겠다. 그러나 21세기에 접어든 지 10년이 지난 지금 시점에서는 그렇게 얘기할 수밖에 없다. 인류는 역사상 최대 규모의 전쟁을 치르면서 전쟁은 해서는 안 되는 짓임을 깨닫는 데 성공했다. 지금도 전쟁은 계속되고 있지만 아무리 호전적인 성향을 가진 국가나 민족도 궁극적인 목적은 평화라고 항변한다. 지금은 어쩔 수 없이 싸우고 있지만 그 이유는 항구적 평화를 얻기 위한 과정이요 수단일 뿐이라는 것이다. 흥미로운 것은 그렇게도 평화를 갈구하는 인류가 무기를 제조하거나 군대를 유지하는 데 드는 비용 등 전쟁 관련 비용을 끊임없이 지출하고 있으며 매년 그 기록을 새롭게 경신하고 있다는 점이다. 무기와 핵 확산을 금지한다는 조약을 마련해놓고 있지만, 그러한 노력들이 무색할 정도로 살상용 무기 생산의 양적 팽창은 그칠 기미를 보이지 않는다. 무장은 아직까지도 인류가 그리 영리해지지 못했음을 매우 강하게 입증하는 예 가운데 하나다.

국가를 지키려면 군대와 첨단 무기가 필요하고 국내의 질서를 유지하려면 경찰력과 무기가 필요하다는 것은 삼척동자도 아는 사실이다. 그래서 무기를 개발하고 병력을 유지하는 데 막대한 돈과 용역을 쏟아붓고 있지만 그 끝은 여전히 보이지 않는다. 무장 수준은 당연히 국력에 비례하기 때문에 작은 나라 입장에서 무리하게 국민들을 착취하고 굶기면서까지 방위력을 증강한다고 해도 넓은 영토와 천연자원, 풍부한 인적자원이 있고 막강한 경제력까지 가진 나라와 키 재기를 해본들 아무 소용도 없다. 첨단 과학은 보통 사람들의 편의와 편리를 위하는 목적에 앞서 무기를 생산하는 데 먼저 사용되어왔다. 그나마 무기를 개발할 만한 과학조차 뒤처져 있으면 막대한 돈을 주고 다른 나라에서 사 와야 하며, 그 다른 나라란 대부분 강대국들이다. 돈을 준다고 강대국들이 무기를 다 파는 것도 아니다. 그들은 자기들 입맛대로 가려서 팔 수도 있다. 이렇게 국가 간의 주종 관계가 자연스럽게 성립된다. 국방력은 국력이라는 중독된 목표 지향적 사고로 국가 간의 편 가르기를 부추기고, 국가나 민족에 대한 이기적 사고를 점점 더 팽창시킬 것이다. 강대국들 간의 경쟁은 더욱더 치열해질 것이다. 약소국들이 경쟁에서 이길 방법은 사실상 없다. 무기를 소유하기 위해 소비되는 재원은 실제로 전쟁을 하는 것 여부와 관계없이 인류가 생산해낸 전체 양 중에서 상당 부분을 차지하게 된다. 그들의 논리는 상대가 더 크고 더 많고 더 좋은 무기를 가지려 하는 이상 나도 그렇게 하지 않으면 당하기 때문에 끊임없이 밑도 끝도 없는 투자를 계속해야 한다는 것이다. 아마도 얼마 지나지 않아 인류는 재고로 남은 구식 무기들을 처치하기 위해 과거처럼 전쟁을 일으켜야 하지 않을까 고심해야 할지도 모른다.

수십 년 전까지만 해도 전쟁이란 수단으로 인해 존재할 수 있었던 국가나 지도자들이 적지 않았다. 전쟁은 이기든 지든 상관없이 권력 유지의 중요한 수단이었다. 다른 민족을 지배할 것이냐 지배당할 것이냐 하는 처절한 문제이기도 하지만, 누군가 적이 존재한다는 사실만으로도 내적 결속을 강화하고 절대적 충성을 끌어내는 데 매우 효과적이었다. 이런 성향은 지금까지도 작용하고 있다. 예컨대 태국이나 인도네시아, 필리핀 같은 동남아시아 국가들에는 자신들을 직접적으로 위협하는 주변 국가들이 없다. 물론 어느 날 갑자기 가까이서든 멀리서든 선전포고를 하고 쳐들어올 수도 있겠지만, 이런 경우는 마치 보행자가 길을 걷는데 갑자기 땅이 꺼지거나 느닷없이 강도가 나타나서 위협할 수도 있다는 가정과 유사하다. 거리를 걷는 평범한 시민들이 이런 흔치 않은 일에 대비해 총칼을 지니고 다니지는 않는다. 그럼에도 1970년대까지만 해도 동남아 국가들의 국가 예산에서 국방비 예산이 차지하는 비율은 절반이 넘었다. 무기를 소지하고 군을 유지하는 것이 외세의 침략을 막는 것이 아니라 정권을 유지하는 데 중요한 수단이었기 때문이다. 국가 안에서 일어나는 살인이나 강도, 절도 등을 막고 국가 질서를 지키는 데는 경찰력으로 충분했지만, 정권에 반기를 든 집단을 위협하기 위해서는 군이 필요했다. 정권에 고분고분 충성하지 않을 경우 국민들을 탄압하는 데 국민들이 낸 세금을 고스란히 소비한 셈이다. 쉽게 설명하자면 힘들게 번 돈을 지불하며 매 맞으러 다닌 꼴이 되었다고 할 수 있다.

21세기에 들어선 오늘날에도 북한과 같은 나라는 국민들의 의식주조차 해결하지 못하면서도 국가 예산이 아닌 국민총생산의 60퍼센트 이상(2005년 세종연구소 자료)을 국방비로 쏟아붓고 있다. 물론 북한을 위협하는 주변 국가는 없다. 그들은 특이하게도 전 세계에서 유일하게 정권을 유지하는 데뿐 아니라 분단이라는 이유를 빌미로 인접 국가인 한국을 공격하겠다고 벼르고 있다. 그뿐 아니라 핵을 보유해야겠다고 하면서 전 세계 국가들을 협박하고, 그것도 모자라 잊힐 만하면 테러나 밀수 등 도발적 행동을 보이기도 한다. 그들의 요구는 자신들의 체제를 영원히 유지하기 위해 원조를 해달라는 것, 자신들이 저지른 과거의 죄 때문에 겪고 있는 여러 국제적 제재를 풀어달라는 것이다. 마치 부모의 사랑을 받지 못하고 자란 폭력성이 다분한 아이가 주변을 가리지 않고 폭력을 휘두르며 억지를 부리는 모양새나 만취한 술주정뱅이가 길을 가는 행인에게 행패를 부리는 모습, 혹은 동네 불량배가 자기 마음대로 구역을 만들고는 돈을 뜯으러 다니는 모습과 너무나 닮아 있다. 의외로 이런 사람을 다루는 것은 동료 학생들이나 평범한 이웃의 입장에서 결코 쉬운 일이 아니다. 국제사회에서 북한의 존재는 거시적으로 볼 때 코미디에 가까운 수준인데도 관련국들은 아직도 시원한 해결책은 고사하고 질질 끌려다니고 있으며 앞으로도 계속 그럴 것이다. 이유는 간단하다. 주변국들은 그들을 상대로 대화나 협상을 하려고 하기 때문이다. 문제아나 불량배, 주정꾼은 대화나 협상의 대상이 아니다. 혹 동료 학생이나 이웃의 입장에서는 그럴 수 있을지 몰라도 집단이나 사회 전체의 안전과 안녕을 위해 존재하는 지도교사나 경찰의 입장에서 그들은 관리의 대상이지 대등한 의미의 적이 될 수는 없다. 그럼에도 대화나 타협을 시도하거나 다른 사람들을 설득해 상대하지 말라며 '왕따 만들기' 수준의 해결책만 강구할 뿐이다.

아직도 이 지구상에는 폭정으로 신음하는 국민들이 다수 존재한다. 소말리아 같은 나라는 정부의 장악력이 취약한 틈을 타 지정학적 조건을 이용해 상당수의 국민들이 해적질에 종사하고 있다. 인질을 잡았다가 놔주는 대가로 돈을 뜯어내 소득을 올리고 있는 것이다. 1인당 국민소득이 600달러에 불과한 세계 최빈국이 국가의 지정학적 위치를 이용해 해적 산업을 주산업으로 삼을 판이다. 피해 국가들이 여러 대책을 내놓고 있지만 이렇다 할 성과를 얻어내지 못하고 있을 뿐 아니라 시간이 갈수록 그들의 해적 사업은 더욱 번창하고 있다. 아직도 항구적인 해결책은 없다. 이 21세기에 말이다. 소말리아 해적의 횡포는 북한과 마찬가지로 동네에 상주하며 마을 사람들을 협박하는 조직폭력배나 골목을 지키고 서서 행인들의 돈을 뜯어내는 깡패를 연상시킨다. 이런 일이 시민사회에서 생긴다면 당연히 파출소나 경찰에 신고할 것이다. 그리고 국가의 기강이나 질서가 잡힌 나라라면 그들을 소탕하고 검거하는 데 그리 많은 시간이 걸리지 않으리라는 것을 누구라도 확신할 것이다. 그러나 국제사회에서는 아직도 요원한 일이다. 너 나 할 것 없이 최신식 무기를 개발하거나 구입해 보유하고 국가들마다 담을 높게 쌓고 보안장치와 경비를 고용하는 일에만 혈안이 되어 있을 뿐, 자신과 직접적인 관계가 없는 지구 한구석의 불합리한 일에는 선언문이나 낭독하고 면무식이나 할 뿐이다. 국제사회에는 가택수색이나 체포 영장을 발부받아 범죄를 척결할 수 있는 경찰도, 절대적 권력을 가지는 사법기관도 없다. 다만 사람들 좀 뽑아서 군함 몇 척 띄워놓고 있을 뿐이다. 해석선이 소말리아 영해로 접어들면 그걸로 끝이기 때문에 활동은 제한받을 수밖에 없다.

한동안 '된장녀'라는 말이 유행한 적이 있다. 여러 어원이 혼재해 있지만 자신의 능력이 아니라 부모나 남자에게 기대어 명품으로 치장하는 매우 사치스럽고 허영에 찬 여성을 의미했다. 시대의 변화를 반영하는 사회의 어떤 계층을 설명하는 이런 종류의 단어들은 이전에도 꽤 많았다. 미국의 전후 베이비붐 세대인 여피족, 반전 세대인 히피족, X세대, 오렌지족, 최근의 니트(NEET)족 등등 수를 셀 수 없다. 이런 조어들의 특징은 자체 어원보다 훨씬 더 많은 세태가 반영된 의미가 내포된다는 것이다. 된장녀 역시 많은 의미가 내포되어 있다. 해방 이후 한국의 여권(女權)은 꾸준히 향상되었다. 아직도 통계적으로는 여성의 취업 비율이나 국회의원 수, 기업의 임원 비율 등을 들어 차별받는다고 하겠지만, 가사의 자동화와 남아 선호 사상의 약화를 보면 상당 수준 개선되었음을 부인할 수는 없다. 그럼에도 여전히 피해자라 여기며 더 많은 것을 요구하는 여성들이 남성들 입장에서는 터무니없는 희생을 강요하는 존재로 보였다. 그래서 탄생한 단어가 된장녀인 것이다. 평등을 주장하면서도 의무는 저버리고 권리만을 주장하는 여성들이 경쟁 사회에서 버겁게 살아가야 하는 젊은 남성들 눈에 밉게 보인 것이다. 그 배경에는 한국 사회가 안고 있는 숱한 문제들이 반영되어 있다. 성인이 된 자녀들에게도 계속되는 부모의 자녀 부양 의무와 아직도 혼인 후 여성이 교육 수준에 관계없이 전업주부가 되는 것이 당연시되는 풍조 등으로 가장에 대한 경제 의존도는 지난 수십 년 동안 꾸준히 높아졌다. 게다가 갈수록 경쟁은 치열해져 대졸자의 취업이나 취업 후 승진은 어려워지고 있는데 이런 문제들은 남성들의 어깨를 더욱 무겁게 만들었다. 과거 남성들은 집안을 먹여 살린다는 것을 구실로 가장의 권위를 내세워 가정에서는 제법 큰소리를 칠 수 있었지만 광범위하게 확대된 페미니즘과 핵가족화로 발언권을 잃게 되었고, 사회에서는 무한 경쟁의 희생양이 될까 노심초사해야 하는 사면초가(四面楚歌)의 고초를 겪게 된 것이다.

한국의 교육 수준이나 경제력은 세계 상위 그룹으로 손색이 없지만 워낙 단기간에 근대화와 산업화가 진행되면서 가치관의 혼란을 불러일으켰다. 왕조시대에서 식민 사회로, 식민 사회에서 미국식 자본주의로의 변환이 급속하게 일어나면서 사회 전반의 균형이 유연하게 자리 잡기에는 무리가 따른 것이다. 게다가 외부 환경의 변화 속도에는 가속도마저 붙었다. 가진 것 없이 공부 열심히 해서 출세한 사람들이 극도의 혼란 속에 빠지기 쉬운 것처럼 한국 사회의 혼란은 어떤 분야에서 어느 수준의 변화를 해야 전체의 균형을 잡기에 바람직한지가 정렬되지 않았다. 예컨대 가난한 집에서 태어나 불우한 성장기를 거친 사람들의 성공 비결에는 노력이나 열정, 최선을 다하기 등의 성과 지향적이고 성장 우선적인 목표와 삶의 방식이 자리 잡게 된다. 이런 경우 현실에의 안주나 안정, 삶의 질과 같은 가치는 미래를 위해 현재 지불해야 하는 비용으로 간주되어 후순위로 밀려난다. 그러나 이런 태도는 자신이 그렇게도 갈구하던 미래가 현실로 나타나도 습관으로 유지되게 되어 있다. 일종의 성장 관성이 작용하는 것이다. 주변의 환경이나 지인들의 설득에도 소용이 없나. 그들은 자신의 방식으로 현재의 위치에 도달했다는 자부심에 함몰되어 아직도 보이는 미래에 대한 미련을 떨쳐내지 못하고 있다. 한국 사회의 가치관도 이와 유사하다. 자유와 방종, 성장과 복지, 평등과 차별, 소유와 행복, 양과 질, 유지와 변화 등의 첨예한 대립 개념들에 경계가 불분명하며, 개인이 추구하는 방향도 드러난 바와 내적으로 목표하는 바가 일치하지 않는다. 비록 오래전은 아니지만 최근의 과거에 학습된 대로 생각하는 경향이 강하다. 변화된 환경을 망각하고 과거에 형성된, 그래서 익숙한 방식에 의해 대처하는 경우가 많다. 여전히 가난한 사람은 선하고 부자는 악질이라는 생각이나 인생의 가장 중요한 가치는 자녀의 명문대 입학이나 내 집 마련이라는 생각에 집중되어 있다. 농림어업은 성스럽고 도시 산업은 공해나 만드는 사악한 장사꾼으로 간주되기도 한다. 가문의 영광이란 말이 아직도 유효하니 사농공상(士農工商)이나 선비 정신, 천출 소생이란 말도 암암리에 의식 속에 한구석을 차지하고 있을지도 모른다.

2000년은 숫자적 의미에 있어 21세기에 들어섰으니 나름대로 의미를 부여할 수 있었다. 그러나 한국 사회에서 2000년은 숫자 이상의 상당한 의미가 있는 해였다. 1997년 11월에 발생한 외환위기에서 공식적으로 벗어난 원년이었다. 외환위기를 극복한 한국의 경제 상황은 외적인 모양새를 가늠하는 방법 자체가 그 이전과는 확연히 구분된다. 여러 내적 변화도 있었다. 통상적 의미에서 위기란 탈출하고 벗어나면 누구나 이전으로의 회귀 혹은 정상화를 연상하지만 절대로 그렇지 않았다. 무엇보다 한국에서는 중산층이 몰락한다는 위기감이 시작되었다. 산업자본주의 사회에서 중산층이란 1차 산업에 종사하는 다수의 가난하고 무지한 빈곤 계층이 산업화로 인해 도시로 몰리면서 두텁게 형성된 계층으로, 인구에서 가장 많은 비율을 차지하면서도 자신의 의사를 표출할 수 있는 여론 주도층(opinion leader)의 역할을 한다는 특성이 있었다. 한국은 급속한 산업화와 교육열로 중산층이 폭넓게 형성되어 있었으며, 그들은 1987년 이후의 정치적 민주화를 견인했다. 그러나 정확히 10년 뒤 외환위기를 겪으면서 상황은 바뀌기 시작했다. 위기의 극복 후 위기 이전에 비해 경제 전반에 걸쳐 경쟁력의 강화로 양호한 지표를 얻게 되면서 신흥 부자들이 탄생하기 시작했다. 이 신흥 부자들은 대부분 이전에 중산층에 속했던 사람들이었다. 단순하게 조상에게서 물려받은 논밭이 개발로 값이 올라 벼락부자가 된 것이 아니라 새롭게 전개되는 산업사회에 자기 힘으로 동참하면서 상류층에 편입된 사람들이 나타나기 시작한 것이다. 그들이 차지한 부는 예전처럼 졸부라고 놀리면서 무시할 만한 것이 아니었다. 점차 중산층들은 위기의식을 느끼기 시작했다. 이렇게 가다가는 머지않은 장래에 민주사회에서 여론 주도층의 지위를 상실하게 되리라는 것을 알아차리기 시작했다. 더 나아가서는 복지의 혜택으로 빈곤층이 사라지게 됨으로서 경제적 의미의 중산층은 사라지고 상류와 하류, 혹은 경제적 지배 계층과 보통 사람들로 이분화될 것이 두려워졌다. 그렇게 되면 비록 상류층이 되지는 못했지만 빈곤층보다는 낫고 정치적 여론 주도 계층으로서 자부심을 가질 수 있었던 과거의 중산층이 사라지게 될 것은 자명했다. 과거 극소수에 불과했던 상류층의 수는 상당 수준 늘어났지만 과거 중산층에 비해 형편없이 적은 수의 상류층에 편입하지 못하면 끝장이란 위기감이 중산층에 폭넓게 형성되기 시작했다. 무역수지 개선과 소득 증가, 의료를 포함한 복지의 개선, 높은 교육 수준 등 지표상의 전반적 향상에도 불구하고 이혼율, 자살률, 반인륜적 사건, 우울증 등과 같은 부정적 지표들도 급속도로 상승하기 시작했다. 한 군데만 보고 최선을 다해 달리던 시대와는 사뭇 다른 모습들이 사회 전반에 나타나기 시작한 것이다.

대부분의 사람들은 급속하게 변하는 경쟁 방법에도 갈피를 잡지 못했다. 2007년의 미국발 금융위기나 그 이후 여진으로 터진 유럽발 금융위기가 발발하자 세계는 경악했다. 곳곳에서 케케묵은 1929년 대공황에 대한 회고가 습관처럼 투영되었다. 그러나 그것은 기우였다. 변화의 속도가 빠른 만큼 회복도 빨랐다. 아니, 변화의 충격 자체가 크지 않았다. 몇 년이 지난 후에도 혹시나 하는 말들이 떠돌았지만 만약 어떤 사태가 터진다면 그것은 새로운 변화의 출발로 봐야지 연장선으로 보기에는 분명히 무리가 따랐다. 이른바 동결, 해빙, 재동결의 3단계 과정이 순식간에 일어나게 되면서 변화가 일상화되었음을 실감하게 했다. 이런 상황에서 살아남기란 매우 어려워 보였다. 중산층의 붕괴처럼 다수의 사람들이 희생양이 되었고, 그 후유증 또한 만만치 않았기 때문이다. 이러한 문제를 바라보는 시각은 다양하다. 상식적인 얘기이지만 과거 전쟁이 인류의 가장 커다란 재앙이었던 시절처럼 방법은 세 가지로 보는 시각이 아직도 유효하게 살아서 돌아다닌다.

전쟁이나 혁명이 변화의 원인과 과정을 한꺼번에 설명해주던 시절에는 1) 무조건 받아들이고 복종하는 것, 2) 적극적으로 항의하고 반항하는 것, 3) 회피해 그곳을 떠나는 것이 선택할 수 있는 길이었다. 예컨대 한국전쟁이 일어났을 때 38선 이남 지역에 사는 사람들이 택할 수 있는 길은 월북하거나 피난 가는 것, 혹은 맞서 싸우는 것이었다. 1960년대에 군사정권이 들어서고 70년대에 독재정치로 사회가 암울해지자 대다수의 국민들은 복종해서 살았지만 일부는 이민을 떠났고 일부는 반독재 운동으로 항거하며 모진 박해를 받았다. 보는 시각에 따라 다르겠지만 당시의 개념에서 보면 변화를 주도하는 사람은 맞서 싸우는 소수의 사람들로 간주되었다. 역사는 이 소수의 사람들에 의해 변화된다고 믿어졌고, 이들 덕분에 자유를 얻고 민주화의 동력이 생겼다고 기록했다. 그러나 이런 식의 해석은 보는 관점을 이동하는 것이 아니라 보는 시각을 더 멀리서 혹은 더 높은 곳에서 보면 훨씬 달라진다. 소비에트연방이 해체되고 중국이 시장경제를 받아들이고 개방을 하는 과정 속에서 소수 세력의 반란이나 혁명의 흔적은 보이지 않는다. 다만 능력 있는 지도자가 국가 경쟁력 확보의 방법을 변환하는 것에서 변화는 시작되었다. 덩샤오핑(鄧小平, 1904-1997)이나 고르바초프(Mikhail Sergeevich Gorbachev, 1931-)의 권력 장악이 세계 역사를 바꿔놓았다. 변화란 멀리서 바라보면 몇 가지의 인과 관계로 설명하기보다는 전체적 변화의 일부를 채워나가는 과정이기에 거스를 수 없다는 것이다. 베트남의 공산화를 막기 위해 미국은 엄청난 인명과 자원을 쏟아부었지만, 공산화된 베트남은 자본주의 시장경제를 받아들이고 개방의 길을 걷고 있다. 그리고 북한을 제외하고는 지구상의 모든 나라들이 베트남과 거의 유사한 길을 걷고 있다.

전쟁이나 독재의 위협과 달리 패러다임의 변화나 경제위기 같은 21세기의 변화는 좀 더 광대해진 체제에서 움직이고 있다. 몇몇 국가가 세계의 경제력과 무력을 손에 틀어쥐고 통제하던 시대는 지났다. 20세기 이데올로기 싸움에서 최후의 승자가 된 자본주의라는 언어는 예상보다 신속하게 세계를 정복했다. 21세기에 접어든 지 10여 년이 지난 지금, 20세기에 태어난 사람이 갈피를 잡을 수 없는 부분은 공산주의와 사회주의, 민주주의와 자본주의가 제멋대로 섞인 나라들이 많다는 것이다. 동서 냉전 시대 때 미국과 소련으로 대표된 양극화 체제는 정치적 개념의 공산주의 정권은 경제적으로 당연히 사회주의를 지향하고, 정치적으로 민주주의를 지향하는 정권은 경제적으로 자본주의를 지향할 것으로 간주되었다. 그러나 개방에 나선 공산주의 국가들은 정치적으로는 공산당이 권력을 장악하고 있으면서 자본주의를 받아들이고 있고, 복지 개념에서는 사회주의를 적용하고 있다. 덩샤오핑은 자본주의를 인정하지 않았지만 사회주의 하에서 시장경제를 수용한다고 했다. 자본주의의 특성은 사유재산의 인정과 시장경제에 있음을 상기하면, 이는 혼란스럽기 짝이 없는 상황이다. 어쨌든 중국의 모델과 유사한 나라들은 시장을 개방하고 사유재산을 인정하는 것만 달라졌을 뿐 여전히 군비경쟁을 하고 있으며 언론의 자유 허용이나 인권 문제 등에는 인색하기 짝이 없다. 동서 냉전의 결과가 서방의 승리로 귀결되었다고 보는 것은 대단한 착각이란 얘기다. 세계의 질서는 자본주의적 시장 질서에 의한 거래로 귀결되고 있지만, 거래를 위한 공존의 의미가 한시적인지 영원할지는 아무도 예측할 길이 없다. 그리고 우리는 이처럼 변화되고 있는 질서에 몸을 맡길 수밖에 없다. 아직 사회 활동이 왕성한 시절인 청·장년기에 학교교육에서 배웠던 이데올로기나 기본적 가치관이 변화되는 것을 목도하는 시대, 앞으로도 얼마나 더 변화될지 가늠할 수조차 없는 시대에 살고 있는 것이다. 가뭄 끝에 비가 오자 이웃에서 둑을 터 물을 빼가는 것을 혼내주겠다는 식의 근시안적 생각은 버려야 할 것들이다. 앞으로 걸어가서 가까이, 그리고 상세히 보기보다는 뒤로 물러서서 크게 봐야 한다. 능력이 된다면 높은 곳에 올라가서 멀리 보면 더욱 좋다. 눈높이가 높아지려면 시간과 노력이라는 적지 않은 비용을 지불해야 하지만 얻는 것도 그만큼 크다.

요즘처럼 여행이 자유롭고 국내 물가가 국제 수준이어서 부담이 크지 않은 상황은 방학이 있는 학생들이 높은 곳에 올라가서 멀리 볼 수 있는 여건이 좋아졌음을 의미하기도 한다. 과거 선진국들을 바라보고 그들의 일거수일투족을 부러워하며 베끼기에 급급하던 시절에는 공부를 하러 가든 살러 가든 미국만 한 나라가 없었다. 당시에는 이민 가서 자기 점포 하나 가지면 자식들 대학 보내며 이른바 아메리칸 드림을 이루었다고 했다. 여유가 생겨 귀국하면 금의환향한 재미 동포 사업가로 행세하는 것도 가능했다. 악착같이 먹을 것 안 먹고 입을 것 안 입고 잠 안 자고 노력한 결과로 얻은 근면의 결실은 모범의 대표적 사례였다. 그러나 그 세대의 성공 비결은 1990년대의 미국의 IT 산업을 기반으로 한 구조의 변화, 그리고 2000년대의 부동산 거품으로 인한 금융위기를 거치면서 이제는 유효하지 않은 구식이 되어버렸다. 1980년대까지만 해도 고된 일이기는 하지만 트럭 운전사나 건설 노동자의 연 수입은 전문직과 유사하거나 높았다. 그러나 2000년대 들면서 고된 직업들의 수입은 오르지 않았지만 전문직의 수입은 수직 상승했다. 새로운 유형의 고부가가치 산업들이 전통적 산업인 석유나 자동차 회사들과 어깨를 나란히 하거나 능가하기 시작한 것이다. 그러는 동안 한국의 산업구조는 10년 이상 뒤지기는 했어도 외환위기 이후 급속도로 변화해 지금은 거의 유사한 모습이 되었다. 지금 한국의 기반 산업은 전자와 자동차, 철강, 조선, 석유화학 등이다. 금융이나 유통은 기반 산업의 융성에 따라 내수 기반으로 크기가 결정된다는 것을 감안하면 미국과 크게 다를 것이 없다. 결국 미국에 가서 기웃거려봤자 얻을 것도 배울 것도 없다는 얘기다. 다만 방대한 크기의 시장은 글로벌 수준의 대기업이나 프로 선수들에게는 상당한 매력이 있다. 미국의 매력은 이미 앞서기 시작한 중국 시장이나 인구 많고 자원 많은 러시아나 브라질 등 수많은 나라와 크게 다를 것이 없다 할 수 있다. 결론적으로 이야기하자면 기회를 포착하고 우리가 갖지 못한 천연자원이나 값싼 노동력을 얻기 위해서는 선진국이 아니라 변화의 속도가 훨씬 빠를 것으로 예측되는 후진국으로 눈을 돌려야 한다는 얘기다.

시장에서 가격이 절대적인 경쟁력의 수단이 되면서 노동 집약적 산업인 의류나 신발, 가전 등의 산업체가 생산지로 이용할 만한 곳은 거의 바닥이 났다. 글로벌 기업들이 저개발국이면서 인구가 많은 방글라데시나 스리랑카, 중남미 일부 국가들로 진출한 지는 이미 오래되었고, 물류를 포함한 외국 체류 비용에서 인건비를 상쇄한 비용이 분기점에 이르고 있다. 그들은 오래지 않아 아프리카 국가들 가운데 비교적 정치가 안정된 국가들을 찾아 공장을 이전할 것이다. 이미 넉넉한 달러를 확보한 중국과 중동 국가들이 자원 확보 차원에서 아프리카로 진출한 지도 꽤 되었다. 지구온난화로 양극 지방이 온화해지면 시베리아나 그린란드, 심지어 남극 대륙까지 손을 뻗을 것이다. 이런 미래의 그림들은 막연한 훗날의 이야기가 아니다. 중국이 개방된 지 35년이 되었다. 1976년에 문화혁명이 막을 내린 뒤 덩샤오핑의 '산바오조우(三步走)'에 따른 사회주의 시장경제가 막이 올랐고,

2008년에는 북경에서 올림픽이 열렸다. 그들은 불과 한 세대 만에 시장경제를 받아들여 산바오조우의 두 번째 단계인 샤오캉(小康), 즉 의식주가 해결된 중등 생활 이상의 중진국 수준에 올라 산업 현대화에 성공했음을 만천하에 알렸다. 2049년까지 다퉁(大同), 즉 태평성대를 이루겠다고 했던 덩샤오핑의 계획은 21세기에 접어든 지 10년도 되지 않아 실현되고 있다. 아마도 중국은 21세기 중반이 되기도 전에 선진국에 진입할 것이다. 덩샤오핑의 혜안은 원래 100년을 내다본 것이었지만 변화의 속도가 워낙 빠르고 주위 여건이 우호적이다 보니 50년짜리가 되어버린 셈이 되었다. 그의 작은 체구에 달린 눈은 좀 더 높은 곳에서 아득히 먼 곳을 바라봤던 것이다.

유럽의 선진 문물이나 미국의 물질문명은 산업혁명을 발 빠르게 완성했지만, 한국은 식민지 시절과 전쟁으로 인한 지독한 고초라는 막대한 비용을 지불하고서야 이를 실현하는 데 성공했다. 그러나 지금은 선진 문물을 배우는 것이 아니라 습득한 지식을 퍼뜨림으로써 새로운 가치를 창출해야 한다. 내가 방학만 되면 학생들에게 본인 생각에 '오지'로 여겨지는 곳으로 떠나라고 하는 것도 바로 그런 이유 때문이다. 얼마나 많은 곳에 얼마나 많은 사람들이 기회를 잡기 위해 이미 다녀갔거나 다니고 있다는 것만 확인해봐도 잃을 것은 없다. 적어도 아직도 이 지구상에 블루오션이 존재한다는 것만으로도 감사할 일이다. 값은 좀 비싸지만 안전한 선진국에 가서 편안하게 기숙사에서 해주는 밥 먹고 선발되지 않은 학생들 실력에 비위 맞춰주는 어학원 좀 다니다가 돌아온 뒤 이를 자신의 '스펙'으로 내미는 시대는 이미 지났다. 그 정도라면 연수가 아니라 관광을 가도 볼 것다 볼 터인데 고작 관광이나 다녀온 것을 자신의 경력이라고 내세울 수는 없기 때문이다. 철만 되면 지자체 의원들의 해외여행이 도마 위에 오르는 것도 맥을 같이 한다. 우리가 만든 상품이나 서비스, 시스템 등이 이미 세계시장을 누비고 있는데, 벤치마킹을 하려면 국내의 성공한 기업이나 공장을 찾아다닐 것이지 해외에 나가 관광을 하며 배우겠다고 하니 얼마나 갑갑한 일인가.

자신들이 30여 년 전 경험을 통해 얻어낸 잣대로 판단해 막연하게 득이 될 것 같아 원정 출산을 하고, 가산 털어 연수 보내고, 감투 썼으니 불우했던 시절에 못 해본 여행 좀 권력을 이용해서 가보자고 하는 사고는 이미 바뀌어도 몇 번이 바뀐 변화의 흐름을 읽지 못하는 대표적 사례들이다. 아마도 곱게 키운 자녀가 오지 여행을 하겠다고 한다면 이를 허락할 부모는 많지 않을 것이다. 결국 넓은 세상을 보려면 갈등을 겪게 될 것이고, 효성이 지극한 모범적인 젊은이들은 상자 속에 갇혀 헤어나지 못할 것이다. 그리고 성공한 기업과 자신의 힘으로 상류층에 진입한 동료들을 시기하고 질투하고 부러워할 것이며, 이미 지나가버린 기회들을 인식하지도 못한 채 후회하거나 정당화할 것이다.

최근 만나본 몇몇 기업 인사팀장들의 고민은 이와 같은 현실을 나름대로 잘 설명해준다. 한때 유행한 '스펙'에 대한 지나친 몰입은 고용 시장에서 벌어진 수요와 공급의 절대적 불균형을 반영한 현상이었다. 학점, 어학 능력, 연수 경력, 학교와 전공의 지명도 등과 같이 상당 수준의 시간과 노력, 비용을 들여야 획득할 수 있는 스펙은 사교육 시장이 발달한 이 나라의 또 다른 족쇄로 자리 잡기 시작했다.

대학생들은 대학 생활 내내 스펙을 쌓는 데 열을 올렸다. 그들은 또 다른 대학생 사교육 시장을 자연스럽게 만들었고, 스스로 표적이 되었다. 안타까운 점은 수없이 많은 기업들의 인적 자원 전략은 각 기업마다 전략이 다르듯이 제각기 다르며, 시장의 변화에 따라 빠르게 변한다는 점을 알지 못했다는 것이다. 결국 준비란 미래에 초점이 맞춰져야지 지금의 시장이 요구하는 바에 맞추다 보면 별반 의미가 없다는 단순한 진리를 깨닫지 못한 것이다. 공장에서 찍어낸 대량 생산품처럼 그들의 스펙은 천편일률적이다. 마치 답안지를 가득 채웠지만 창의적인 아이디어는 어디에서도 발견할 수 없는 학생들의 시험 답안들처럼 말이다. 지금 기업은 오지를 탐험하거나 새로운 발명품을 만들어보는 등 색다른 경험을 해본 사람을 요구하는데 어학 시험 성적이 의미가 있을 리 없다.

몇 년 전 어느 대학의 입학처에서 근무하는 제자에게서 들은 얘기를 요약해본다. 어느 날 친구의 아내가 찾아와 아들이 그 대학에 입학을 원한다며 조언을 요청했다고 한다. 그래서 그는 자기가 아는 바대로 비교적 상세히 그 대학의 입학 전형 방침과 재학 후 교육 방향을 설명해줬는데, 그녀는 전혀 귀 기울여 듣지 않더라는 것이다. 그녀는 이미 시장에서 그들을 표적으로 하는 사교육 마케터들에게 세뇌되어 있었고, 그런 식의 원칙적인 얘기는 도움이 되지 않는다는 듯 실망에 찬 표정으로 돌아갔다고 한다. 또 다른 실제 사례다. 대학에서 학생을 선발하는 과정 중에 면접이 있었는데, 매우 특별한 경우를 제외하고는 입학의 당락을 면접으로 결정하지는 않기로 했으나 수험생들의 해이를 막고자 이런 방침을 공개하지는 않았다. 그러나 불안해진 수험생 부모들은 단기 면접 과외를 해주는 곳을 수소문했고, 정원이 한정된 과외를 받으려고 거액을 내고 등록하고 나서야 안도할 수 있었다. 그 과외를 받은 학생들은 공교롭게도 전원 합격했는데, 이미 떨어질 사람이 결정되어 있어서 면접은 아무런 영향을 미치지 않았는데도 이런 사실이 공개되지 않았기 때문에 수험생과 부모들은 사정을 알 리가 없었다. 그 과외 학원은 100퍼센트의 합격률을 자랑하며 이전 해에 합격한 선배를 데려다 상담까지 해주고 있었다. 당연히 이 학원은 터무니없는 거액의 수강료에도 매년 문전성시를 이루고 있다. 그 후 학교 측은 이러한 폐해를 없애기 위해 사실을 공개했지만—면접 시의 해이를 줄이기 위해 '크게 당락을 결정짓지는 않는다'고 완곡하게 공시했다—아무런 소용이 없었다. 매년 이 학원을 통해 입학하는 학생, 그들의 학부모, 여기에서 강의하는 강사, 학원 원장 등 많은 사람들 가운데 진실을 알려고 하는 사람은 없다. 대학 입시에 성공한 이상 모두가 행복했기 때문이다. 설사 어쩌다 불합격한 사람이 나와도 문제 될 것이 없다. 학원의 명성에 자그마한 흠집이 나겠지만 불합격한 수험생 자신의 잘못으로 돌리면 그만이고, 여전히 불안한 수험생의 부모는 이 학원으로 몰려들 것이다.

불안함은 현실 속에서 막대한 비용을 요구한다. 사막을 횡단하는데 현지 가이드를 데리고 간다면 얼마나 많은 비용을 지불해야 할지 짐작이 갈 것이다. 물론 그 가이드는 현지인이고 그 사막을 횡단한 경험이 있어서 준비를 철저히 해주리라는 기대가 있을 것이다. 그 가이드가 사막의 모래 폭풍이 오게 하지 못하게 할 능력은 없어도 좀 더 편리하고 안전하게 사막을 횡단하는 데 도움을 줄 수 있으리라는 확신은 줄 것이다. 그러나 미래로 가는 데에는 그런 가이드가 없다. 미래에 가본 경험이 있는 사람은 아무도 없다. 막연하게 다양한 정보를 가지고 있는 상대가 도움을 줄 것이라 기대할 뿐이다. 물론 상대가 어느 수준의 정보를 가지고 있는지, 그리고 해독할 능력이 있는지 여부는 알 수가 없다. 사람들은 여기에서 편리함의 함정에 빠지게 된다. 정보란 내가 얻어내야 하는 것이고, 실제로 이 시대에는 그것이 가능하다. 그럼에도 사람들은 한사코 나를 대신해 정보를 찾아주거나 이미 정보를 수집해놓고서 팔려고 하는 대리인(agent)을 찾는 습관에 젖어 있다. 물론 정보의 해독에는 정도(正道)가 없다. 그리고 내가 모르면 상대도 알 수 없다는 점, 조금이라도 오래된 정보는 정보로서 의미가 퇴색한다는 점 등 정보의 속성을 망각하게 된다. 단지 정보를 얻기 위한 수고를 덜 수 있다는 편리함 때문에 정보를 보유하고 있다는 달콤한 속삭임에 속아 막대한 비용을 지불하고는 끝내 무서운 함정에 빠지는 것이다. 정보는 자연석과도 같아서 어떻게 가공하냐에 따라 보석이 될 수도 있고 쓰레기가 될 수도 있다. 이해관계에 있는 상대는 자신에게 유리하게 가공된 왜곡된 정보를 고스란히 나에게 전달하게 된다. 대다수의 사람들이 편리함의 함정에 빠져서 왜곡된 정보가 일반화되면 결국 그 왜곡된 정보는 진실로 둔갑하게 된다. 가짜 보석이 진짜인 양 판치는 세상이 되는 것이다. 누구나 비제도권 교육의 질이 제도권 교육에 비해 우위에 있다고 믿게 해주는 이유를 설명하는 부분이다.

불안함을 달래고자 택하게 되는 또 하나의 함정은 전문가에 대한 막연한 기대다. 정보사회와 함께 도래한 21세기 사회의 또 한 가지 특성인 지식사회를 고스란히 반영하는 부분이기도 하다. 전문가적 견해는 특정 분야에 대해 상당 수준의 훈련과 학습을 한 사람이 가지게 되는 수준 높은 시각을 의미한다. 전문가들은 해당 분야에 대한 정보는 물론이고 인류가 쌓아놓은 노력의 결과로 축적된 지식을 보유한 사람이니 적극적으로 활용하면 득이 될 것이라는 견해를 가지게 될 것이다. 그러나 대중들은 지식이란 언제든 원할 때 접근할 수 있는 시장에 진열된 상품이 결코 아니라는 사실을 모른다. 누구나 원하면 가질 수 있다고 여긴다. 거기에는 여러 이유가 있는데, 첫째는 사람들이 지식에 대한 대가를 지불하는 데 인색하다는 것이다. 아직도 사람들은 소프트웨어를 불법적으로 복제하거나 무료로 내려받는 일이 빵을 훔치는 것보다 훨씬 더 큰 죄라는 것을 인식하지 못하고 있다. 결국 수요자는 지식을 공짜로 얻으려 하며 자신에게 유리하게 해석될 수 있는 지식을 얻는 데 열광하게 된다. 예컨대 현대사회의 약아빠진 보통 사람이라면 자신의 자녀가 지적 능력이 별로 없고 공부에 취미가 없다는 진단을 내리는 교육 전문가에게 막대한 비용을 상담료로 지불하지는 않을 것이다. 사람들은 멍청한 문제아인 줄 알았던 자신의 자녀가 이런저런 방법을 쓰면 명문대 입학이 가능하고 속삭이는 세속화된 전문 기관을 찾을 것이고, 거기에 막대한 비용을 지불할 것이다. 이런 심리는 전문가 집단에서 우수한 교재라고 하는 참고서가 결코 잘 팔리는 책이 된 적이 없다는 속설을 우회적으로 설명해주기도 한다. 10년 동안 열심히 독해를 해야 영작을 잘할 수 있다는 절대적 진리를 아무도 받아들이려 하지 않는 것과 같은 것이다. 대신에 이 교재를 사서 한 달만 강의를 들으면 10점 이상 향상된다는 식의 왜곡된 거짓 해법에 유혹받을 것이다. 다시 말해 진실을 이야기해주는 축적된 지식의 산물들은 누구나 찾을 수 있는 상품으로 존재하지 않으며, 시장에는 다만 지식으로 위장한 거짓 위조품들만 판치게 되어 있다. 흔히 이런 거짓 위조품으로 인해 지식에 대해 회의감을 갖기도 한다. 결국 학부모들은 자신의 자녀가 지식인이 되기를 그토록 바라면서도 지식인들을 혐오하는 딜레마에 빠지게 된다.

미래에 대한 예측은 변화의 질서를 가늠할 수 있을 때 가능하다. 매우 신속하게 작동하는 변화는 불안감과 함께 진리나 진실이 왜곡되는 방향으로 흘러갈 것 같은 착각을 일으키게 한다. 특히 자신의 예측이 빗나가거나 뒤돌아볼 겨를도 없이 지나가버린 과거가 그리 썩 성공적이지 못했다는 판단이 선다면 더욱더 그럴 것이다. 이런 생각은 그 자체만으로도 행복감을 떨어뜨린다. 그러나 변화는 매우 규칙적이면서도 질서 있게 움직이고 있다. 사람들은 자신의 인생 속에서 제한된 기간 동안 겪은 신속해져가는 변화의 소용돌이를 보고 감탄과 놀라움, 경이를 표하면서 나름대로 대처하겠다고 하겠지만, 실상은 과거의 변화가 미래에도 반복될 것이라는 착각을 하고는 한다. 미래를 예측하는 것은 매우 쉽지 않은 작업임에 틀림없다. 그러나 피할 수 없을 뿐 아니라 온전히 내가 감당해야 할 나만의 문제이기도 하다. 당연히 빗나간 예측의 결과에 대한 책임은 내가 져야 한다. 진리가 가르쳐주는 초심으로 돌아가서 좀 더 높은 곳에서 한 걸음 뒤로 물러서면 미래는 훨씬 더 또렷하게 보인다. 그리고 매우 질서 있게 전개되는 변화의 파도에 몸을 맡기면 그토록 원하던 행복은 생각보다 손쉽게 얻어질 것이다.

국가가 몰락해야
미래가 산다

지금 지구상에는 저개발국의 가난과 기아, 질병과 공포의 해방을 위해 활동하는 단체와 개인들이 수도 없이 많다. 아직도 이 지구상에는 결식아동의 수가 헤아릴 수도 없이 많으며, 청소년은 물론 유아들까지도 성적 학대와 노동 착취의 대상이 되고 있다. 가정에 불과하지만 아마도 무기 구입과 전쟁에 소요되는 비용의 몇 퍼센트만 기아와 질병에 시달리는 인류를 위해 쓴다면 문제를 해결하고도 남을 것이다. 그러나 불행하게도, 이런 상식적인 가정을 얘기하는 사람은 많지만 실천에 옮기려 하는 사람은 별로 없다. 무기를 개발하고 무장을 하는 사람들이나 봉사 활동에 열정을 쏟는 사람들이나 모순되게도 같은 것을 목적으로 하고 있다고 한목소리로 얘기한다. 무기의 개발도 인류에 대한 봉사도 인류의 평화와 안정, 그리고 자유를 얻게 하기 위함이라는 것이다. 그들은 각자가 자신의 일에 충실하며 자신이 선택한 방법이 매우 옳다는 신념을 가지고 있다.

『동의보감(東醫寶鑑)』을 남긴 허준(許浚, 1537-1615)은 자신의 인생 설계에서 더 많은 병자를 치료할 것인지 책을 써서 자신의 의료 비법을 후진에 전수할 것인지를 놓고 고민했다고 한다. 다행히도 그는 당장 눈에 보이는 환자들을 치료하는 것도 중요하지만 길고 넓게 보면 책을 쓰는 것이 훨씬 더 많은 사람들을 고통에서 해방시키는 방법이라는 결론을 내린다. 의성(醫聖)이라 불리는 허준 역시 제한된 수명을 사는 자연인에 불과한 만큼 두 가지를 다 얻을 수는 없었다. 결국 그의 선택은 전혀 다른 결과를 남겼다. 아마도 그가 책을 남기는 대신에 환자 치료에만 열중했다면 지금 그의 이름을 기억하는 사람은 별로 없을 것이다. 조선 말기에 등장한 또 한 사람의 의성 이제마(李濟馬, 1837-1900) 역시 허준과 유사한 인생을 살았다. 허준에 비해 짧은 생을 살았던 그 역시 자신의 죽음을 예측하고 저술에 몰두했다. 그의 대표 저서 『동의수세보원(東醫壽世保元)』은 사망 바로 직전에 저술된 것인데, 이는 엄격하게 보자면 미완성본이라고 할 수 있다. 밤낮없이 저술에 몰두했지만 사망이 임박해 완결하지 못했고 나머지는 후세에 맡겼다. 현대 한의학(韓醫學)의 기반이 된 『동의보감』과 『동의수세보원』은 21세기를 사는 우리에게도 유익한 책임에 틀림없다.

슈바이처(Albert Schweitzer, 1875-1965)는 '밀림의 성자'라 불린다. 워낙 널리 알려진 인물이어서 그의 구십 평생이 담긴 전기를 읽어보지 않은 사람이 별로 없을 정도다. 그가 의사가 된 것은 종말론에 대한 그의 신앙이 의료봉사를 하고자 하는 열망으로 승화되었기 때문이고, 이는 궁극적으로 실천을 위한 불가피한 선택이었다. 이 다재다능한 프랑스 출신의 독일계 천재는 의료 봉사 활동의 공로를 인정받아 노벨 평화상까지 받았지만, 그에게 있었던 또 다른 재능인 음악이나 신학, 또는 철학에 그가 몰두했다면 어떤 결과가 나왔을지는 아무도 모른다. 당대에 그에 버금가거나 그를 능가하는 신학자나 철학자는 얼마든지 있었다. 또한 혁신적인 구상으로 파이프오르간의 구조를 변화시켜 당시에 '유럽 최고'라는 찬사를 받기도 했지만, 이는 '성자(聖者)'라는 칭호를 받는 것과는 상당한 거리가 있는 것이었다. 그의 의술 또한 노벨 의학상을 받을 만한 수준과는 거리가 멀었다. 그가 평생을 바쳐 세운 병원은 초라하기 짝이 없는 수준이었지만, 이 다재다능한 천재가 부귀영화를 마다하고 척박하기 짝이 없는 아프리카에서 평생을 보냈다는 것은 세인의 관심거리가 되기에 충분했다. 예를 들어 별다른 재주가 없는 어떤 무명 의사가 아프리카에서 구호 활동을 펼친다면, 아프리카 주민들이 받는 혜택의 크기는 별 차이가 없겠지만 역사에 남겨질 가능성은 희박할 것이다. 20세기 후반 이래 해외 의료봉사 활동은 헤아릴 수 없을 정도로 많았을 뿐 아니라 기하급수적으로 증가하고 있다. 슈바이처의 업적은 이런 결과를 만드는 데 상당한 영향을 미쳤을 것이며, 바로 이 점이 그가 유명할 수밖에 없는 이유를 정당화시키고 있다.

얼핏 보면 21세기에 사는 지구인들은 인류 역사상 가장 포괄적인 자유를 얻은 것 같지만 좀 더 다양한 종류의 무수한 무형의 담장으로 둘러싸인 공간에서 숨쉬고 있다. 국적, 종교, 문화와 같이 넓고 큰 담장부터 고향, 가문, 성씨, 출신 학교, 주거지 등에 이르기까지 온갖 담장을 쌓아놓고는 그 담장을 뻔질나게 넘나들면서도 결코 소속을 잊지 않는다. 시간 역시 또 다른 차원의 담장을 형성한다. 자신의 세대나 자신이 살고 있는 시대의 울타리를 나름대로 높거나 낮게 쳐놓고 그 안에 웅크리고 앉아 서성대기도 한다. 울타리나 담장은 자신의 자유를 속박하고 때로는 숨통을 조이기도 하지만 경쟁의 차원이나 내부 결속의 차원에서도 효과적으로 작동한다. 경쟁을 위해서는 담장 밖의 적이 필요하며, 적들의 정체를 정확히 알지 못해 생기는 불안감은 자연스럽게 결속을 이끌어낸다. 인류가 만든 마지막 담장은 애국심으로 대표되는 국가관이라는 가치를 창출했고, 공인화된 최소이자 최대 단위인 국가는 집단 이기적 사고로 인한 해악을 정당화시켰다. 여기에는 아무도 이의를 달지 못하며, 이러한 해악을 해결하기 위해 매우 비경제적이며 불합리한 방법이 자행되는데도 불구하고 그들만의 풍요에 만족하고 있다.

심리적으로 볼 때 상대적 빈곤은 절대적 빈곤에 비해 훨씬 더 자극적이다. 모두가 굶는데 나도 굶는 것보다 모두가 스테이크를 먹는데 나 홀로 빵 한 조각으로 끼니를 때우는 것이 훨씬 더 큰 심리적 고통을 안겨준다는 얘기다. 적어도 인류가 지혜로우려면 햄버거를 먹든 갈비탕을 먹든 누구나 먹게는 해주어야 한다. 그러나 인류는 상대적 빈곤이 가져다주는 고통을 바라보는 상대적 부유로 행복을 만끽하는 야만스러운 이기심을 아직도 유지하고 있다. 이런 관점에서 국익은 가장 극악무도한 인간의 이기심을 대변한다. 아직도 건재한 국경의 높이는 인류가 해결해야 할 가장 당면해 있는 현실을 애써 외면하고 있는 것이다.

사실 담장의 사고는 끊임없이 위기를 조장하고 경쟁을 유발했으며, 도전 의식을 자극해 인류의 지향점이 밑도 끝도 없는 진화라는 것을 인식시켜준 활력소였다. 그러나 21세기에 이르러 대두되고 있는 개성이나 창의성의 개발과는 괴리감이 발견된다. 언제부터인가 좀 더 나은 성과를 얻기 위해 개성이나 창의성이 부단히 강조되고 있지만, 안타깝게도 그런 것들은 작위적으로 만들어지는 것이 아니기 때문이다. 국가나 기업들은 경쟁력을 키우기 위해 개성이나 창의성을 강조하지만, 이는 결코 원한다고 해서 만들어지는 것이 아니기에 자신의 목표 달성을 위해 인간의 특성을 활용하려는 노력의 일환일 뿐이다. 흔히 얘기하는 에디슨적 기행(奇行)은 아직도 이 사회에서 받아들여질 만한 것이 못 된다.

인류 생존의 기본 조건이 의식주라는 데 이견을 달 사람은 많지 않을 것이다. 인류의 역사도 현대 과학의 근간도 가장 기본적인 욕구인 먹을 것과 걸칠 옷, 그리고 거처를 어떻게 해결 나갔는지가 줄거리를 이루고 있다. 그러나 냉철하게 보면 인류의 생존은 거처나 의복보다는 역시 식량이 가장 중요하다는 데 동의할 것이다. 아직도 이 지구상에 존재하는 기아 때문에 생사의 갈림길에 서 있는 사람들에게 옷이나 거처, 의료 서비스와 문화생활 등은 사치임에 틀림없다. 앞서 언급한 대로 인류의 기원인 아프리카의 기후를 보면 옷과 거처가 생존을 위협할 수준은 아니었다. 다만 기후 변화에 취약한 인류가 나중에 방대한 지역으로 이동함에 따라 거주 지역이 확대되다 보니 옷과 거처할 만한 집이 필요해졌을 뿐이다. 결국 중요한 것은 먹을거리였다. 특히 열대지방에서는 저장이 어렵기 때문에 식량의 지속적인 공급을 필요로 했다. 모순되게도 옷과 거처에 대한 필요성이 별로 높지 않은 아프리카 지역의 식량 사정이 현재까지도 가장 열악한 것이다. 한 가지에만 집중하면 되는데도 그것이 그렇게 어렵다는 얘기다. 사실 유럽은 기후 조건이 예나 지금이나 열악하기 짝이 없는 곳이다. 문명의 발상지가 되었던 지중해를 둘러싼 온난한 지역을 제외한 중북부 유럽은 매우 척박하다. 그럼에도 오늘날 유럽 중북부 지역의 경제력은 지중해 지역 국가들에 비해 훨씬 우월할 뿐 아니라 실제로 지배적인 역할을 하고 있다. 그 이유는 여러 가지로 설명이 가능하겠지만, 간단히 얘기하자면 생산 능력의 진화는 필요에 의해서 이루어졌을 것이고 다양한 생산방식은 우월한 문명을 만들어냈을 것이란 추측이 가능하다. 어쨌든 인류가 기원한 지역인 아프리카는 지구상에서 거의 유일하게 극빈국(極貧國)들이 모여 있는 곳이며 여전히 대다수의 주민들이 굶주리고 있다는 사실에 주목할 필요가 있다.

인간의 생명을 위협하는 기아 문제의 해결 방안에 대해서는 꾸준한 논의가 있었다. 현재 지구상에서 생산되는 식량은 공급이 수요를 능가할 수준이며, 원한다면 더 많은 생산이 가능하다는 데는 이견이 없다. 적어도 동족을 굶기지 않으려는 노력은 윤리나 도덕, 인도주의 따위의 거창한 수사들을 동원할 필요도 없이 당연한 일일 것이다. 그러나 아직까지도 이 문제는 해결되지 않고 있으며, 가까운 장래에 해결될 기미 역시 보이지 않는다. 왜 그럴까? 거기에는 몇 가지 함정이 있다. 첫째는 '분배 물류의 함정'이다. 비근한 예로 전 세계의 음식물 쓰레기 가운데 수십 분의 일만 가져다줄 수 있어도 이 문제는 해결된다는 주장이 있다. 그러나 이것만큼 공허한 얘기도 없다. 재화의 가치에는 원래 물류비용이 포함된다. 예컨대 집으로 배달된 피자에는 피자 배달원에게 지불되는 급여와 스쿠터 구입 비용, 연료비, 보험료 등이 포함된다는 얘기다. 음식물 쓰레기가 발생하는 나라는 대체로 이웃 나라가 아니며 거의 지구 반대편에 위치해 있다고 해도 과언이 아니다. 결국 음식물 쓰레기를 수거해서 부패하지 않게 먹을 수 있는 수준으로 재포장해 현지에 전달하는 비용이 현지에서 생산하거나 인접국에서 조달해 배급하는 비용보다 훨씬 더 많이들 것이다. 배보다 배꼽이 더 큰 것이다.

둘째는 자본주의 시장의 함정이다. 비자본주의자가 자본주의 시장을 비판적으로 보는 시각의 대표적 사례 가운데 하나는 비생산적인 산업의 발달이다. 그들은 하나같이 "자본주의 경제는 인간의 생존과 관련된 생필품 산업에 비해 유흥이나 오락, 사치품의 생산이 비대해지는 것을 용인한다"며 성토한다. 예컨대 곡물 가운데 가장 선호도가 높은 쌀이나 밀에 비해 쇠고기를 생산하는 데 필요한 경작지의 크기는 열 배 이상이며, 소와 같은 가축은 공해나 질병까지 유발한다는 주장은 단골 메뉴로 등장한다. 만약 소를 사육하는 대신에 곡물만 경작한다면 세계 곡물의 생산은 엄청나게 늘 것이며, 가격이 하락해 기아로부터 해방될 수 있다는 주장이다. 얼른 보면 그럴싸해 보이지만 이미 20세기의 역사는 그런 가정이 틀렸음을 입증했다. 비근한 예로 열량을 내지 못한다는 이유로 고추의 재배조차 금지시키고 오로지 식량 증산에만 열을 올린 북한은 기아에 허덕이고 있지만, 고기의 소비량이 수직적으로 늘어 주식인 쌀의 수요가 절반으로 줄어든 한국에서 기아로 사망하는 사람은 없다. 예컨대 현재 발생하는 음식물 쓰레기뿐 아니라 곡물과 야채 쓰레기에 관한 문제에도 비슷하게 접근할 수 있다. 유효기간이 지났다는 이유로 폐기되는 식품의 양은 어마어마하게 많다. 물론 이 식품들이 먹을 수 없을 정도로 부패된 경우는 지극히 드물다고 한다. 만약 이러한 식품을 재분배한다고 가정한다면 상기에서 언급한 분배 물류의 함정에 빠지게 될 것이다. 만약 완벽한 수요 예측으로 폐기되는 식품들이 존재하지 않게 된다면 어떻게 될까? 국제 농어축산물 가격은 수요공급의 법칙에 따라 하락할 것이며, 대부분 영세하고 빈곤한 세계의 1차 산업 종사자들은 그만큼 타격을 받게 될 것이다. 1차 산업은 특성상 유통 물류비의 비중이 큰데, 가격이 요동칠 때도 유통 물류비의 가격은 고정되어 있으므로 생산자의 피해는 더욱 클 것이 자명하다. 결국 부유한 소비자가 잉여 생산물에 대한 생산비용과 물류비용을 아무런 불만 없이 비용으로 충당한다는 가정하에 사전에 빈한한 사람들에게 분배하지 않는 한 이러한 문제는 계속될 것이다.

셋째는 복지 기부의 함정이다. 이 역시 자본주의 시장을 비판적으로 보는 또 다른 시각에서 출발한다. 자본주의 사회에서는 필수적으로 빈부의 격차가 존재하며, 전체 생산량이 늘어날수록 양극화는 더욱 심해져 빈자의 형편은 나아지지 않는다는 것이다. 그러므로 기아와 같이 극단적인 문제를 해결하기 위해서는 부자들에게서 재화를 합법적으로 빼앗아 빈자들에게 나누어주어야 하는데, 합법적인 방법이 조세나 강제 기부이며 이것으로 복지를 실현해야 한다는 얘기다. 사실 자본주의 국가들은 정도의 차이는 있지만 복지 정책을 실시하고 있다. 조세나 국가의 수익 사업에서 벌어들인 재원으로 국민들의 의식주 문제부터 시작해 의료, 교육, 환경 등에 주안점을 두고 복지 정책을 펴고 있다. 반드시는 아니어도 부자 나라치고 복지 체제가 제대로 되어 있지 않은 나라는 없으며, 당연히 기아와 같은 최악의 사태는 제도적으로 일어날 수가 없게 되어 있다. 그러나 이는 어디까지나 해당 국가에 한하는 것이며, 여기에서 다루는 지구 한구석에서 일어나는 재앙에 관한 문제와는 전혀 맥이 다르다. 국제 기구나 단체들이 직접 봉사를 통해 꾸준히 기부를 확산시키고 있는 것 또한 사실이나, 국가 안에서 행해지는 것처럼 결코 항구적이고 조직적인 것은 아니다. 비근한 예로 의료봉사 활동을 위해 오지로 떠나는 의료인들은 대부분 경비를 자비로 충당하고 있으며, 그로 인해 소요되는 여비는 사역의 결과로 얻는 성과보다 당연히 훨씬 더 크다. 쉽게 설명하자면 효율성이 떨어진다는 얘기다. 그 돈으로 현지에서 인력을 동원해 치료하거나 배급을 한다면 훨씬 더 많은 사람들이 혜택을 받을 것이다. 경험해본 사람들이라면 누구나 공감하겠지만, 실행 과정에서도 적지 않은 비애를 맛봤을 것이다. 장비를 싣고 통관을 하려니 도와주러 온 사람 보따리를 뒤지고, 현지의 부패한 공무원들이 비공식적인 급행료를 뜯어내기도 한다. 북한 주민들을 위해 쇠고기를 보낸 독일의 민간단체는 군사용으로 사용되는 것을 막기 위해 직접 현지에서 배급을 했는데, 북한 정부가 다음 날 다시 수거해서 자기들 입맛에 맞게 열성 당원들을 중심으로 다시 배급한 일도 있었다. 결국 복지도 기부도 실제 뜻한 바대로 운영되기 위해서는 엄청난 노력과 비용이 발생한다.

앞서 언급한 경우 외에도 현실에서는 훨씬 더 미묘하고 복잡한 일들이 발생한다. 특히 종교나 국가 간의 이해관계가 얽히게 되면 테러나 납치, 살인 사건 등이 발생하기도 하고, 외교 관계에 심각한 문제를 야기하기도 한다. 선교를 궁극적 목적으로 한 빈민 구제와 의료, 교육 등의 활동은 서구 문화가 전통 문화에 침투하는 고전적인 방법이자 과정 중에 하나였다. 기독교의 포교는 종교인들의 적극적이고도 희생적인 종교적 신념을 바탕으로 죽음을 무릅쓰고 행해졌고, 비교적 종교적 색채가 강하지 않은 곳에서는 서구 문물의 수용과 더불어 효과적으로 전파되었다. 그러나 이슬람 지역의 경우 신념의 미세한 차이로 인해 문화 충돌로 이어졌고, 전쟁으로 비화되기도 했다. 결국 부의 분배를 통해 인류를 구제한다는 전제는 신성한 목적에 이차, 삼차적인 목적이 가미되거나 주객이 전도됨으로써 순수성을 상실하고는 했다. 마치 이웃 나라를 침략하는 군주가 항상 백성의 안위나 폭정으로부터의 해방과 같은 명분을 내세우는 것과 유사했다.

왜 인류는 이런 비합리적이고도 비효율적인 일들을 계속해야 하는 것일까? 그리고 이러한 미련한 인류의 작태는 언제까지 계속될까? 결론부터 얘기하자면 상당수의 인류가 현시대에 100여 년 전 손가락으로 셀 정도의 특수층인 왕족이나 귀족들이 누렸던 이상의 질 높은 생활수준을 누릴지라도 그러한 작태는 계속될 것이라는 것이다. 그리고 인간 스스로 허용하고 있는 십난적 이기주의 사고가 사라지지 않는 이상 가까운 미래에 중단될 가능성은 전혀 없다는 것이다. 그 이유는 개인들이 국경을 넘나들고 안전을 보장받을 수 있으며 원한다면 국적을 바꾸거나 거주할 수 있고 혼인도 할 수 있다 할지라도 여전히 그 바탕에는 국가라는 소속 개념이 강하게 존재하기 때문이다. 아직도 국가라는 주체는 철저히 스스로의 이익을 위해 전쟁을 제외한 거의 모든 조치를 선택할 수 있다. 개인은 해당 국민의 합의된 법과 개인 간의 윤리나 도덕에 의해 통제를 받는다. 범세계적으로 활동하는 이른바 글로벌 기업들도 소비자가 두려운 이상 이미지 관리를 위해 인간 세계의 윤리관을 도외시할 수 는 없다. 그러나 국가는 예외다. 인류의 역사를 통틀어 20세기 이전까지 집단주의를 기반으로 한 이기적 사고는 무한정 허용되었다. 20세기 이전까지는 국익을 위해서라면 전쟁을 포함해 이민족의 착취나 식민화 등 어떤 사악한 행위를 저질러도 막을 방법이 없었고, 항상 국익의 이름으로 정당화되었다. 그나마 제2차 세계대전 이후 세계 평화라는 기치 아래 전쟁이 범죄시되기 시작했지만, 여전히 국익을 내세운 대부분의 행위들은 무리 없이 용인되고 있다. 이러한 사고가 유효한 이상 인류의 반인륜적 행위는 물론 범인류적인 시스템의 가동은 요원할 것이고, 인류는 비합리적이고 비효율적인 미련한 작태를 계속할 것이 명백하다.

아주 단순한 가정을 해보자. 2011년 현재 세계 각국의 국방비를 합산하면 1000조 원 이상 되는 것으로 추정되며, 미국은 이 가운데 절반 이상을 쓰고 있다. 이는 대한민국의 연간 국민총생산과 맞먹는 수치이며, 세계 인구 한 명당 약 15만 원 정도를 쓰고 있는 꼴이다. 명분상 이 돈은 세계 평화를 위해 사용되고 있다고 하지만, 사실은 자국의 방위나 정권 유지, 국력 과시를 위해 쓰이고 있다. 국방비에 대한 집념은 세계 어느 나라나 마찬가지여서 경제적으로 치명적인 타격을 받지 않는 한 국방비는 줄어들지 않으며, 가난한 나라일수록 국가 예산에서 차지하는 비중이 크다는 속성이 있다. 흔히 우리는 이런 경우를 필요악이라고 한다. 과연 그럴까? 조금 더 크고 넓게 생각하면 경우는 확 달라진다. 과거 막강한 귀족들이나 지방의 호족들은 가병(家兵)을 두었다. 가진 것이 많으니 지킬 힘이 필요했기 때문이다. 자신들이 가진 땅이나 세력을 유지하고 세습되게 하기 위해 사유화된 무력은 매우 필요한 것이었고, 중세 봉건제도는 그런 필요가 하나의 시스템으로 자리 잡은 경우였다. 그러나 절대왕정이 등장하면서 가병은 중앙에 흡수되거나 해체되었다. 초기에는 상당한 저항이 있었지만 결국 국가라는 하나의 시스템으로 흡수되면서 자신의 권력을 유지하고 재산을 유지하는 수단을 국가에 의존하게 된 것이다. 물론 역사 속에서 중앙정부가 약화되거나 왕조 말기에 이르면 이런 분산된 세력에 의해 혼란기를 맞거나 그 가운데 강해진 세력이 중앙 통제 세력으로 부상하는 일이 반복되고는 했다. 개인의 경우 역시 자신이 낸 세금으로 국가가 재산과 생명을 보호해줄 것이라는 믿음이 있기 때문에 아무리 큰 재산가라고 할지라도 가병을 두지는 않는다. 지금 세계 각국을 귀족이나 호족이라 가정한다면 왜 각국이 군비를 늘려서 무장에 열을 올리는지 쉽게 알 수 있다. 인류를 대표하는 시스템의 단위는 국가이며, 세계를 하나의 윤리관이나 합의된 법으로 묶고 강제적으로 행사하는 권력은 존재하지 않는다. 흔히들 이런 역할을 국제연합(UN, United Nations)이 해주기를 기대하지만, 국제연합은 각국으로부터 회비를 걷어서 제한된 범위 내의 활동을 하는 하나의 기구에 불과하다. 자의든 타의든 가입한 국가들은 눈치도 보고 목소리도 내지만, 당연히 회비 많이 내고 힘깨나 쓰는 국가들의 입김이 강할 수밖에 없다. 당연히 소수 국가들의 이해관계에 따라 방향이 정해지고 활동이 이루어지게 된다. 만약 세계정부가 존재하고 각 나라들은 국제 연방의 하나로서 제한된 권한을 갖는다면—예컨대 미국의 각 주(state)들처럼 경찰 및 교육에 관한 권한만 갖고 외교와 국방의 권한은 연방 정부가 가진다—비합리적이고 비효율적인 미련한 작태는 종지부를 찍을 수도 있다. 물론 이는 어디까지나 가정이기는 하지만 국적과 인종에 대한 차별, 기아와 빈곤의 퇴치, 첨예한 환경 개선을 위한 이해관계의 대립, 국경분쟁과 전쟁에 대한 위협, 종교 분쟁, 교역과 관세에 대한 문제 등 수없이 많은 문제를 풀기가 수월해질 것이며, 무엇보다 허비되고 있는 막대한 군비를 세계의 질서 유지를 위해 매우 합리적으로 활용할 수 있다. 그러나 이런 달콤한 결과가 예상됨에도 불구하고 가정으로 머물 수밖에 없는 이유는 수없이도 많은 걸림돌들, 즉 인간의 욕망이 합리성을 가장하는 세태로부터의 탈출이 아직까지도 요원하기 때문이다.

인간의 본성은 아직까지도 끊임없이 비교하려 하고 줄기차게 경쟁하라고 명령한다. 경쟁의 뒤에는 승리해야 하며, 승리를 통해 획득된 전리품들은 유지되고 관리되어야 한다. 가능하다면 승리의 효과는 대를 이어 영원해야 한다는 신념도 결코 버리지 못하고 있다. 인류는 아주 오래전부터 스스로 생산한 재화가 천수를 누릴 만큼 충분해졌는데도 불구하고 유치한 도전을 끊임없이 자행하면서 새롭게 비교하고 싸울 상대를 찾고 있다. 아마도 인류가 그런 시스템을 만들 동기가 부여되려면 먼 우주에서 온 외계인들이 지구를 침략하는 편이 빠를지도 모르겠다.

자신이 속한 집단에 대한 인류의 애착은 씨족에서 부족으로, 부족 연맹체에서 민족으로, 다민족 국가와 연방 국가의 출현 등으로 꾸준히 범위를 확대해왔다. 포괄적인 것은 아니지만 경제협력 기구가 등장했고, 더욱 광범위한 연맹체인 유럽연합(EU, European Union)이 탄생하기도 했다. 그러나 아직도 국가는 절대적 소속 단위이며, 원칙적으로는 '자유'를 부르짖으면서도 속으로는 '보호'를 외치는 이기적 발상에서의 이중성이 계속되고 있다. 마치 부모님의 '건강'을 외치면서 남은 '유산'에 광분하는 일부 재산가의 자녀들처럼 말이다. 국가란 영역으로부터 벗어나 서로 간의 이익을 위해 무역협정을 체결하든 연합체를 만들든 분명한 것은 궁극적 목표는 자국의 이익에 있다는 것이다. 설사 지역공동체적인 연합체가 마련되더라도 다른 공동체와의 경쟁은 계속될 것이다. 만약 세계 전체가 하나의 연합체로 묶여 경쟁할 상대가 없어져서 세계인들이 낸 세금이 세계의 복지를 위해 쓰인다면 고소득자들이나 기업들이 얼마나 아까워할 것인가 생각해보라.

20세기 말부터 촉발된 신자유주의에 입각한 자유무역협정(FTA, Free Trade Agreement)은 비정부단체(NGO)들에 의해 공격받고 있다. 그들의 주장은 무역 장벽의 완전한 철폐는 궁극적으로 비교 우위에 있는 우월한 국가들이 상대적으로 경쟁력이 취약한 국가들을 착취할 수 있는 합법적 근거가 된다는 것이다. 그들이 지향하는 목표는 빈곤의 추방과 인도주의와 윤리의 실현인데, 결국 국가라는 영역을 벗어나면 불가능하다고 보는 것이다. 사각의 정글에서 실력 차가 확연한 두 권투 선수가 동일한 조건으로 싸운다면 실력이 열세에 있는 선수는 피투성이가 될 것이 자명하니 그에게 유리한 규칙이 필요하다는 것이 그들의 변이다. 그러나 그 규칙이라는 것은 양자 합의에 따라 결정되는 것이고 우열의 문제는 시시각각으로 변하기 때문에 시장의 법칙으로 통일하자는 신자유주의자들의 주장이 힘을 얻었다. 게다가 21세기에 접어들면서 선진국의 수도, 개도국의 수도 급작스레 늘어났다. 이른바 브릭스(BRICs), 즉 브라질·러시아·인도·중국 등과 같은 대형 국가들이 산업화에 매진하면서 개도국 국민들의 수가 세계 인구에서 차지하는 비율이 급격히 늘었다. 당연히 소수의 강력한 힘에 맞서던 다수의 약소국들은 설 자리를 잃게 되었다. 영토도 좁고 인구도 적고 힘도 없는 나라들이 목소리를 낸다는 것은 갈수록 어려워졌고, 결국 그들도 '나도 강해져야 한다'는 것 외에는 뾰족한 수가 없게 된 것이다. 결국 신자유주의는 미국의 금융위기와 같은 메가톤급 사건으로 충격을 받으면서도 묵시적으로 수용해야 하는 '일상적 사건'으로 굳어지고 있다.

널리 알려진 바와 같이 미국에서 촉발된 2007년의 금융위기는 이른바 PIGS, 즉 포르투갈·이탈리아·그리스·스페인 등 유럽공동체의 경제 열등국들에게 위기를 가져다주었지만 중국을 비롯한 개도국들에는 별다른 영향을 끼치지 못했다. 오히려 개도국들은 선진국들이 허둥대고 있을 때 기회를 만들어나갔다. 미국과 일본, 그리고 유럽공동체가 장악하고 있던 20세기 후반의 세계경제가 서서히 이동을 시작한 것이다. 흔히들 하는 '위기가 기회를 만든다'는 말이 실감 나는 대목이다. 20세게 후반에는 전 세계 인구의 20퍼센트도 되지 않는 미국과 일본, 서유럽의 경제력이 세계 경제의 90퍼센트 이상을 차지했다. 그러나 금융위기 이후 이런 현상은 바뀌었다. 자세히 계산할 필요도 없이 중국의 인구는 세계 인구의 20퍼센트 이상이고, 인도의 인구를 더하면 40퍼센트에 육박한다. 여기에 브라질과 러시아를 포함하면 BRICs의 인구는 세계 인구의 50퍼센트에 근접하며, 기존의 선진국인 미국, 일본, 유럽연합, 그리고 1980년대 닉스(NICs, Newly Industrializing Countries)라 불렸던 신흥공업국들까지 합산하면 70퍼센트 이상의 인구가 된다. 산업화가 가속될수록 원자재의 가격이 오르기 때문에 중동에 밀집되어 있는 산유국들도 적지 않은 부를 쌓고 있다. 결국 세계 인구의 70퍼센트 이상에 해당되는 국가들이 시장경제 체제하에서 산업화가 진행 중이거나 산업화가 마무리되었다는 것이고, 산업화로 인해 이익을 취하는 자원 부국들까지 포함시키면 80퍼센트 이상이 시장경제와 연관된 직·간접적 수혜 국가가 된다. 신흥 개도국들은 매우 빠르게 성장하고 있으며, 그 이외의 국가들도 빠르게 산업화에 동참하고 있다. 혹자는 21세기가 시작되자 터진 미국발 금융위기가 신자유주의를 위협하고 선진국들을 몰락시킬 것이라고 주장한다. 그러나 이는 부분적인 시각에 불과하다. 이런 주장을 펼치는 이들은 가장 왕성한 영향력을 가진 중국이 스스로 사회주의 국가임을 자칭하고 있다는 사실에 주목한다. 그러나 실상 중국은 시장경제에 바탕을 둔 교역과 성장에 매진하는 나라다. 기존 선진국의 몰락도 그리 타당성 있는 주장이 되지 못한다. 앞으로 빠른 성장을 통해 선진국 수준에 도달할 나라들의 수가 급속히 팽창할 것이고, 그렇게 되면 기존 선진국들의 영향력이 상대적으로 하락할 것임은 틀림없으나, 그 하락이 바닥으로의 추락을 의미하지는 않기 때문이다. 여전히 선진국들은 과거에 벌어둔 돈으로 자국의 산업화와 지역 갈등, 정권의 유지를 위해 광분하는 얼마 남지 않은 나라들에게 돈을 빌려주고 첨단 무기를 판매하면서 상당 기간 연명하며 지위를 유지할 수 있을 것이다.

덩샤오핑이 주장한 선부론(先富論)과 맥락을 같이하는 것이 21세기의 평준화 현상이다. 덩샤오핑은 가난한 중화인민공화국의 인민들이 하루아침에 부자가 될 수는 없다는 것을 알았다. 그는 비록 빈부 격차와 지역 편차가 생기더라도 부자가 생겨나는 것을 막아서는 안 된다는 것을 용인한 몇 안 되는 공산주의 지도자였다. 먼저 부자가 되는 사람이 있어야 나중에 부자가 되는 사람이 늘고 결국 모두가 균일하게 부자가 될 수 있다는 주장인 덩샤오핑의 균부론(均富論)은 유명하다. 덩샤오핑의 논리는 집단지도체제로 운영되는 그의 후계자들에 의해 실현되고 있으며, 금융위기 이후 내수 경제 활성화를 위한 엄청난 정부 지출을 통해 내륙 지역의 불균형 해소를 시도하고 있다. 세계 경제도 다를 것이 없다. 소수의 선진국이 다수의 후진국을 상대로 착취하던 시대는 끝났다. 20세기 후반 들어 신흥국, 중진국, 혹은 개발도상국이라 불리는 후진국들이 등장했고, 그들 가운데 일부는 21세기 초에 선진국으로 편입되고 있다. 지금도 새로운 개발도상국들은 등장하고 있으며, 그들 중 일부는 역시 선진국의 문턱을 넘어설 것이다. 선진국이라 할지라도 언제든 추락할 수 있다. 물론 세계경제가 실타래처럼 이어져 있는 만큼 IMF와 같은 국제기구나 이해 당사국들의 지원에 의해 소생할 수도 있다. 이런 논리라면 아프리카나 남태평양, 중남미의 낙후된 국가들까지 산업화라는 유혹의 손길이 뻗치지 말라는 법이 없다. 산업화의 결과가 각 나라에 미치는 영향은 어떻게 될까? 현재 산업화에 성공한 나라들처럼 국민소득이 올라가고 복지가 확대되며 기아와 빈곤이 퇴치되고 정치 민주화도 자연스럽게 이루어질까? 매우 희망적이고도 달콤한 미래의 청사진이지만 그럴 가능성은 전혀 없다.

표면적으로 정치의 민주화가 성립되지 않은 나라는 거의 없다. 내부적으로 독재가 이루어지든 국민들 스스로 독재를 묵인하든 시장경제를 수용하고 산업화를 해나가는 것은 별개의 문제다. 심지어 절대왕정이 권력을 가지고 있으면서도 국가 경제의 번영에 열을 올리는 경우도 많다. 대부분의 중동 지역 왕국들이 대표적 예다. 제왕적 독재를 유지하고 있는 북한도 국호에는 '조선민주주의인민공화국'이라는 민주적 개념을 삽입시키고 있다. 2011년부터 불어닥친 북아프리카의 '재스민 혁명'은 그 지역 국가들을 민주화의 바람으로 몰고 갈 것이다. 그러나 산업화의 과정과 결과는 제각기 다르며 정치적 환경과도 무관하지 않다. 두바이의 번영과 몰락이 보여주듯이 절대왕정의 강력한 개발 드라이브가 있을 수도 있고, 필리핀이나 이란의 경우처럼 민주화에 의해 국가 경제의 경쟁력이 후퇴하는 경우도 있다. 따라서 세계의 수많은 나라 가운데 열악한 경제 여건에 놓여 있는 나라들이 어떤 노력으로 일정 궤도에 진입한다 할지라도 그것이 지속되고 유지되리라는 보장은 없다. 절대적으로 유리한 환경 요소를 갖추고 있어서 일찍이 세계 10대 강국의 궤도에 올랐다가 몰락한 아르헨티나가 좋은 예다. 서구화의 시발점에서 동서의 문명이 만나는 순간, 짧은 시간에 벌어지는 삼투압 현상처럼 세계에는 산업화가 급속히 확산되었다. 전쟁의 종식과 편리함, 부의 대중화는 누구에게나 매력적인 변화의 동인이었다. 서구 문화가 가지고 있는 특성들은 우월하게 보였고 보편적으로 받아들여졌지만 모든 것이 그런 것은 아니다. 종교와 문화의 다양성은 결코 완전한 서구화를 허용하지 않는다. 대다수의 경우 자신들의 절박한 문제인 의식주의 문제만 해결되고 나면 더욱 철저하게 자신의 것을 찾아내고 만들어냈다. 맥도널드와 코카콜라가 글로벌 시장에서 맥을 못 추는 것은 그런 이유를 설명한다. 머지않아 스타벅스도 그러한 전철을 밟을 것이다. 중국의 죽의 장막이나 소련의 철의 장막이 걷히면 크렘린 궁과 자금성이 국회의사당 건물로 개조될 것이라는 예상은 보기 좋게 빗나갔다. 중국과 소련은 개방과 민주주의라는 이름으로 자신의 정치 체제를 포장하고 있지만, 자기들 방식의 강력한 지도 체제를 가지고 경제 번영을 위한 계획을 실천하고 있을 뿐이다.

1960년대 초에 지금의 세계를 예측한 사람은 없었다. 50년이 지난 지금 세계의 모습은 아무도 상상할 수 없는 것이었다. 변화에 가속도가 붙어 총알처럼 날아가는 시대에 향후 50년을 내다보는 것은 거의 불가능하다. 언어유희적 표현이지만 미래에 관해 우리가 알 수 있는 것은 "변화할 것이라는 것 외에는 없다"뿐이다. 그러나 내 생각은 다르다. 50년 후에 "타임머신이 발명되어 있을까?" 같은 질문이나 "인간이 달이나 화성에 기지를 건설해놓을까?" 같은 질문에는 답을 할 수 없지만, "인류가 기아와 빈곤 문제를 해결할 것인가?", "어떤 가치관이 지배할 것인가?", "인간의 수명이 늘어날 것인가?"와 같은 정도의 질문에는 흔쾌하고 명쾌하게 답할 수 있다. 자연과학이 이룰 성취의 수준은 미리 알 수 없어도 사회과학이 바라볼 수 있는 안경의 역할 정도는 가능하다는 얘기다. 그 이유는 간단하다. 국가나 기업

같은 집단적 단위의 위력은 개인에 비해 절대적으로 우위에 있지만 진화론적으로 볼 때 다른 개체들과 상대가 되지 않을 정도로 아직 원시 상태나 유아 수준에 머물러 있기 때문이다.

인간이 소유욕을 채우기 위해 빼앗거나 보복하기 위해 폭력을 휘두르는 것이 공존을 위해서는 부당하다고 생각하고 이익이 될 것이 없다고 여겨 금하기 시작한 것은 상상을 초월할 수준의 초기 진화 단계였을 것이다. 성장기에도 매우 어린 시절의 교육 단계에서 마무리된다. 그러나 국가란 존재는 아직도 그 짓을 계속하고 있다. 자기만의 이익을 얻기 위해 상대를 이용하고 더 많은 것을 얻기 위해 매달리는 이기적 사고는 개인의 입장에서 보면 숨기고 싶은 부끄러운 일이다. 적어도 능력 있고 교양 있는 사람이라면 베풀 줄 알고 기다릴 줄 알아야 미덕이 될 것이다. 그러나 이윤 추구가 지상 목표인 기업들은 그럴 필요가 없다. 떳떳하게 야비한 짓을 해도 수긍한다. 사람들이 느끼는 윤리의 체감온도를 느끼지 못할 뿐 아니라 소비자의 인식이 미치지 않는 한 수단과 방법을 가리지 않고 목적을 달성하면 되는 것이다. 즉 국가도, 기업도 윤리의 사각지대에 존재해왔던 것이다. 그들이 그럴 수 있었던 것은 기업이나 국가의 역할이 매우 뚜렷하게 개인의 삶을 보호하고 생존할 수 있도록 한다는 전제와 명분이 있었기 때문이다. 개인 간에는 강제할 수 있는 법이 있고 항의하거나 호소할 수 있는 방법이 있지만, 국가 간에는 그런 것이 없다. 시장에는 지엄한 시장의 규칙만 적용될 뿐 인간적 관용이 존재하지 않는다. 점잖게 윤리를 지킬 여유를 갖는 것은 개인이므로 윤리의 관점에서 개인은 국가나 기업에 비해 훨씬 더 진화된 것이다. 그러므로 국가나 기업의 행위에는 앞으로 진화될 가능성을 풍부하게 내포되어 있는 셈이다.

하나의 가정을 해보자. 현재 군과 경찰의 차이는 군은 외부 세력으로부터 국가를 보호하고 경찰은 내부의 범법 행위로부터 국민을 보호한다는 데 있다. 그러면 세계의 각 국가를 하나의 가구나 지역처럼 생각해보자. 세계의 국가들이 징집하거나 모집한 군인을 지구방위군 또는 세계경찰로 명명하고 세계의 질서와 각 국가의 안녕을 위해 존립시킨다고 하자. 물론 이 경우 각 국가 단위의 군대는 해산되거나 전환되고 세계경찰의 산하 조직만이 지역별로 진주해 있는 것이다. 각국의 경찰은 지역의 치안만 담당하면 된다. 꿈같은 얘기이지만 세계는 하나의 상위법과 지역 또는 국가별 조례를 둘 수 있게 된다. 지금의 지방자치단체의 조례와 유사하다. 만약 법을 바꾸려면 세계연합에 설치된 입법부에 상정해 인구 비례로 선출된 입법위원이 표결하거나 인터넷을 활용해 세계인이 투표하면 된다. 삼권은 세계정부 안에 있기 때문에 나머지 거의 모든 절차들은 지금의 한 국가 안에서처럼 운용하면 되는 것이다. 이렇게 되려면 범세계적으로 경제 및 교육 수준 차의 완화, 공동의 가치관, 그리고 무엇보다 합의가 필요하겠지만 앞서 언급한 바와 같이 시간의 문제일 뿐이다. 결국 세계의 경제 수준은 평준화될 것이며, 이런 체제하에서는 더욱 평준화가 가속될 것이다. 실제적으로 국경은 군사적·경제적 구분선이라기보다는 언어나 풍습 등을 구분하는 문화적 경계선에 가까워지기 때문이다. 엄청난 노력과 시간을 필요로 하지만 국가와 국민이라는 단위는 사라지고 인류라는 하나의 시스템 아래 결속된다면 전쟁과 기아, 빈곤 등의 문제와 테러나 전쟁의 위협은 점차적으로 영원히 사라질 것이다. 이 나라 저 나라 다니면서 우물을 파줄 필요도 없고, 민간이 나서서 의료봉사를 할 필요도 없으며 각국의 이기주의나 강대국의 횡포로 인한 환경문제를 걱정할 일도 사라질 것이다. 국가 간의 경쟁을 위해 소모하고 신경 쓸 일도 사라질 것이며, 무엇보다 인간 스스로 만들어나가는 위협으로부터 해방되어 자연재해나 외계의 침략 정도나 걱정하면 될 것이다. 당연히 정권을 차지하기 위해 엄한 사람들을 괴롭히는 일도 없어질 것이다. 열악하고 취약한 지역은 세계정부의 예산으로 개선하면 될 것이고, 종교와 교육을 비롯한 개인의 자유는 세계시민으로서 보장받을 것이며, 인간으로서의 존엄성은 보편적 가치로 받아들여지게 될 것이다. 인종과 종교, 장애 정도나 성적 차별도 사라질 것이다. 거주 이전의 자유는 당연히 보장될 것이며, 누구라도 자신의 힘으로 경제활동을 하고자 한다면 어디서나 행복하게 살 권리를 누릴 것이며, 화폐는 유럽공동체처럼 통일될 것이다. 1인당 소득은 지역별로 차이가 있을 것이고 빈부와 생활수준도 차이가 있겠지만, 세계의 시민들이 태어나서 인간답게 살 수 있는 최소한의 복지는 세계정부의 정책 프로그램에 따라 보장될 것이다. 아직도 국가 이기주의가 팽배해 있는 오늘날, 이런 얘기들은 꿈같은 일들로 여겨질 수 있다. 또 한편에서는 실현 불가능한 여러 이유들을 제기할 수도 있고, 달콤한 장점들만 있는 것이 아니라 여러 문제점이 공존한다고 할 수도 있다. 그러나 제2차 세계대전이 끝나기 직전까지 현재 세계의 질서를 예측한 사람은 아무도 없었다. 1990년 8월 2일, 야심한 시간을 틈타 쿠웨이트를 침공한 이라크는 국제연합의 결의로 결성된 다국적군에 완패했다. 2007년 미국 금융사들의 방만한 경영으로 세계 금융위기가 촉발되었지만 모두의 예상을 뒤엎고 3년도 걸리지 않아 정상화되었다. 세계의 경제·재무 관료들은 경제위기를 막기 위해 공조했고, 아낌없이 각국의 곳간을 열어 2차, 3차의 위기를 사전에 막았다. 이런 일들은 예전에는 상상도 할 수 없는 일들이었다.

사실상 정부가 예산을 투입해 실행하고 있는 현재의 국가별 복지 체계는 경제적 측면에서 봤을 때 효율성이 매우 떨어지는 것이 사실이며, 국가별 수준 차이로 인해 국적이 운명을 좌우할 정도로 편차가 심한 것도 사실이다. 결국 민간단체나 국제연합의 산하 단체들은 이러한 문제들을 완화하기 위해 부단히 노력해왔고, 나름대로 공로를 인정받아 노벨평화상 같은 영예를 안기도 했다. 그러나 문제가 궁극적으로 해결되지는 않는다는 것은 누구나 다 아는 사실이다. 시장주의자들은 시장이 해결할 것이라 할 것이고, 분배주의자들은 좀 더 적극적인 복지를 펴야 한다고 성토할 것이다. 물론 현재 상황에서 확실한 해결책은 없기 때문에 그런 활동이라도 해야 하는 것 또한 사실이다. 모순된 얘기이지만 1억 명 이상의 기아와 빈곤, 질병에 노출된 아프리카 난민들 중 도움의 손길이 닿는 사람은 100만 명도 되지 않는다. 그것도 엄청난 비용을 지불하면서 말이다. 구원의 손길이 닿은 사람들은 그나마 행운의 신데렐라가 된 것에 불과하다. 마치 난치병 환자를 일주일에 한 명씩 찾아내 치료해주는 방송처럼, 그들의 행동은 관심은 끌지언정 문제를 궁극적으로 해결하는 것과는 거리가 멀다. 실상 복지란 경제적 효율성이 매우 취약한데도 불구하고 정부나 관이 주도해야 하는 이유는 순수성이나 형평성이 생명이기 때문이다. 일부 국가들이 복지 정책의 실패로 경제적 위기에 직면하게 되는 이유는 정치적 욕망이 개입되어 대중주의와 영합하면서 순수성이 훼손되기 때문인 것이다. 복지의 목표가 의식주와 의료를 골자로 하는 기본적 생활에 주안점을 두든, '요람에서 무덤까지' 인간답고 행복하게 살게 해준다는 포괄적 개념으로 접근하든 인류 전체를 포함시키는 시스템을 가지기 전에는 누구라도 인간이라면 동등하게 혜택받을 수 있다는 전제 조건을 만족시킬 수는 없다. 양차 세계대전이 전쟁의 해악에 대한 깨달음을 인류에게 선사했던 것처럼, 21세기에는 어떤 계기로든 또 한 번의 깨달음이 인류에게 나타나는 역사가 이루어지기를 기원해본다.

맺음말

균형은 같거나 유사할 때 유지된다. 우주 안에 펼쳐진 자연의 섭리에 따른 변화는 균형을 전제로 한다. 변화의 과정에서 균형은 때로는 크게 때로는 작게 깨지지만, 결국은 다시 균형의 상태로 돌아온다. 지난 2004년 태국에 해일이 일고 쓰나미가 몰려와 물상들을 한바탕 쓸고 갔다. 당시에야 세상이 떠들썩했지만 언제까지나 그 상태가 지속된 것은 아니다. 결국은 평정의 상태로 돌아갔다. 미국의 옐로스톤 공원에 산불이 일어나 아름답기로 유명한난 관광지가 풍비박산이 났다. 당시 대다수의 전문가들은 인위적인 복구를 반대했다. 자연의 이치와 조화를 따라야 한다는 것이었다. 지구 탄생 이후 발생한 수도 없이 많은 변화들 가운데 인류가 기억하는 것은 지극히 일부일 뿐이다. 인간은 자신들을 기준으로 재앙이니 재난, 재해라고 부르지만 이는 자기중심적 잣대에 불과하다. 인류가 멸망한다는 것은 좀 더 큰 의미에서 보면 지구상에 생존했던 수없이 많은 멸종한 종들 가운데 하나가 사라지는 것일 뿐이다. 아마도 지구에는 인류를 능가하는 새로운 종이 나타날지도 모른다. 움직임이란 그런 것이다.

안정을 희구하는 사람은 평정을 찾고 유지되기를 바라고, 변화를 즐기는 사람은 평정이 깨지는 출렁임을 즐긴다. 이것 역시 균형이다. 세상 사람 모두가 평정만을 바라는 것도 아니고, 모두가 변화를 즐기는 것만도 아니다. 흔히들 변화를 즐기라고도 하고 평정심을 찾으라고도 한다. 어찌 보면 부질없는 일이다. 변화를 즐기지 말라고 해도 즐기는 사람이 있고, 평정을 찾으려 하지 않아도 평정의 순간은 언젠가 돌아오게 되어 있다. 세상에 바보 같은 일이 아침형 인간이니 저녁형 인간이니 나누고 가르는 일이다. 그런 유형의 사람들이 없는 것은 아니나, 그것을 따지는 사람의 결론은 아침형 인간이 되어야 한다는 것이고 그렇지 못하면 그렇게 되도록 노력하라는 것이다. 균형의 논리에서 두 가지 유형은 서로 반대되는 방향으로 치우친 것이다. 각각 장단이 있으며, 이 장단이 개성을 만든다. 이렇게 개성은 치우치게 타고난 것을 키우는 것이다. 이에 반해 균형은 만약 내가 아침형 인간이라면 저녁형 인간이 존재하는 것 또한 당연함을 알고 받아들이는 것이다. 이것이 세상의 이치다.

강요는 우주의 지엄한 법칙인 균형을 왜곡하는 대표적 행위다. 초기에 강요의 수단으로 등장한 대표적인 방법은 무력에 의한 위협이었다. 타고난 힘으로 더 큰 힘을 만들고, 세습의 욕망을 채우려고 하늘의 힘을 빌리기도 했다. 그로부터 한참 뒤에 등장한 "대다수가 그러하니 따르라"고 하는 민주적 다수결의 원칙도 사실 알고 보면 목표와 성과를 추종하는 집단주의나 지배를 위한 편의주의에 바탕을 둔 것이다. 강요를 정당화시키기 위해서 획일화된 가치 체계는 필수적으로 등장한다. 획일화된 가치 체계는 변화의 소용돌이 속에서 무참하게 짓밟히게 되어 있는데도 불구하고 부단히도 자주 등장했다. 마치 누군가의 의도에 의해 방향이 결정되고 속도가 조절되리라는 착각을 곧잘 하지만, 이제까지의 역사적 사실들만 추려보더라도 오래가지 않아 엄청난 희생자들을 남기고는 원위치로 돌아갔다. 역사에 수없이 등장한 영웅들이 인류의 진화를 위해 애쓰고 노력한 것 같아 보이지만, 대개 그들은 자신의 욕망을 채우기 위해 매달린 사람들이다. 그들이 천부적으로 가지고 있었고 놀랍도록 단련시킨, 이른바 리더십이라는 무기는 군중들의 욕망을 충동해 조금의 대가만 치르면 훨씬 더 낳은 미래가 펼쳐질 것으로 여기도록 대중을 세뇌시켰다. 대중은 조연급은 고사하고 대다수가 엑스트라로 전락할 것이 확실시되는데도 미련하게 청춘을 허비했다. 그리고 그들 스스로 쌓아놓은 담장 밖을 나가면 엄청난 위험에 노출될 것 같은 착각에 빠지기 시작했다.

담장 안의 삶은 시간이 흘러갈수록 다양해지고 윤기가 흐르기 시작했다. 구태여 담장 밖으로 나가지 않더라도 그런 대로 재미도 있고, 허용되는 범위 안에서는 자유가 있으며, 매우 안정적이어서 미래를 걱정할 필요도 없게 되었다. 그러는 사이에 바깥세상으로의 여행은 여행으로써의 의미만 가져도 되게 되었다. 여행의 끝은 제자리로 돌아가는 것이다. 때로는 가까이 갈 수도 있고 멀리 갈 수도 있으며, 오래 갈 수도 있고 잠시 들를 수도 있지만 결국은 처음 출발했던 장소로 되돌아가는 것이다. 칭기즈칸도 콜럼버스도 본의 아니게 머나먼 타향에서 객사했지만, 그들은 자신의 조국이나 고향으로 모험과 전투 끝에 노획한 물건들을 퍼 날랐다. 비록 시간은 좀 걸렸지만 그들의 긴 여정의 종착역은 처음 떠난 곳이었다. 균형의 추는 때로는 빠르게 때로는 매우 먼 거리를 요동치지만 결국 처음의 모습으로 돌아간다. 단 균형을 결정짓는 무게가 같거나 유사할 때 그 모습으로 돌아가는 것이다.

2011년 일본에 대지진이 일어났다. 쓰나미가 일어 시설물을 파괴하고 사람들의 목숨을 앗아갔다. 방사능이 유출되어 피폭으로 인해 피해를 입었고, 사람들의 마음도 피폐해졌다. 그러나 핵발전소를 건설하고 거기서 얻어낸 에너지를 사용한 것은 엄연히 인간이었다. 원인을 따지자면 지진이나 쓰나미가 원인이 되어 방사능이 유출되었다고 하겠지만, 전자는 천재(天災)이고 후자는 인재(人災)임에 틀림없다. 시간이 지나면 지진이 할퀸 자국도 쓰나미의 공포도 사람들의 뇌리 속에서 잊힐 것이다. 그러나 핵의 공포는 인간의 욕심이 사라지지 않는 한 계속될 것이다. 자연의 이치는 인간의 시각에서 볼 때 거대한 변화를 일순간에 겪게 하지만, 결국은 제자리로 돌아오게 되어 있다. 짧은 수명을 살아가는 인간은 자신의 시각으로 해석하지만, 자연의 시각에서 보면 그저 자그마한 변화가 짧은 시간에 진행되었을 뿐이다. 지구상에 나타난 가장 영리한 생명체인 인간은 이러한 변화를 예측하려고 부단히 노력해왔지만 여전히 부족하다. 그런데도 인간은 더욱 노력하면 자신의 부족함을 극복해 자연의 변화에 적응하고 넘어설 수 있을 것이라고 여전히 착각하고 있다. 그러나 끊임없이 끓어오르는 욕망의 크기를 통제하기 전에는 충격과 좌절만 계속 경험하게 될 것이다.

현시대를 사는 사람들은 빠르게 변화하는 사회 속에서 살면서 끝이 없는 미로를 지나가고 있다고 착각한다. 그리고 자신의 경험에 묻어 있는 직·간접적 지식을 동원해서 이해하려 하기도 하고, 더욱 적극적으로 행동하려 하기도 한다. 가끔은 그런 시도가 결코 탐탁지 않을 수도 있고, 쉽게 성과를 얻지 못하기도 해서 불안하기만 하다. 그러나 미래는 미로의 끝을 향해 간다든가 우주의 넓이를 가늠하는 것과 같이 거창한 일이 아니다. 자신의 현재 위치는 어디이고 얼마나 더 가야 하는지, 자신의 과오로 인해 얻게 될 고통은 얼마나 클지 미리 걱정할 이유가 없는 것이다. 우리가 생각할 수 있는 훨씬 더 작은 세상들이 그러하듯 우리가 속해 있는 세상도, 우리가 상상할 수 없을 만큼 큰 세상도 그저 균형의 원칙에 따라 운행되고 있을 뿐이다. 멀리서 쳐다보면 멈춰 있는 것 같지만 가까이 가서 보면 끊임없이 밀고 밀치며 요동친다. 점점 더 빨라지는 이 요동을 피해갈 방법은 없다. 마치 지구가 도는 속도가 엄청나게 빨라서 상상을 초월할 수준의 소음을 내지만 이 사실을 순간순간 의식하며 사는 사람은 없는 것처럼, 우리는 요동치는 변화를 의식할 필요도 없고 우려할 필요도 없는 것이다. 귀를 막을 필요도 없다. 설사 발악을 한다 해도 변화는 지구가 공전과 자전을 하듯 진행될 것이다.

덩그러니 놓여 있는 놀이터의 시소를 보면 한쪽은 치우쳐 모래에 처박혀 있고 또 한쪽은 하늘로 향해 있다. 시소는 항상 누군가를 기다린다. 두 사람 이상이 나타나 시소에 앉으면 양쪽의 입장은 바뀌고, 짧은 시간 동안 계속 번갈아 바뀐다. 내가 내려가야 상대방이 올라가고, 내려가는 힘이 클수록 상대는 더 높이 올라간다. 그러면 상대방이 내려가는 힘도 커지면서 그 다음에 내가 더 높이 올라가는 평범한 운동이 반복된다. 만약 널빤지가 완벽하게 중심에 맞추어져 있다면 시소는 천칭의 모습을 띨 것이다. 물론 시소가 반드시 평형을 이루고 있어야 할 필요는 없다. 결국은 양쪽의 무게가 같을 때 평형을 이룰 것이며, 계속 평형만 이루고 있다면 시소는 그야말로 재미없는 도구가 될 것이다. 천칭은 항상 균형을 이루고 있는 것 같지만, 기울어지는 특성이 없다면 천칭은 아무런 의미가 없는 도구가 된다. 잔잔한 파도만이 정상으로 보이는 인간의 눈에는 아무것도 올려놓지 않은 천칭이 균형 잡힌 정상의 모습으로 보일지 모른다. 그러나 파도는 일어야 파도인 것처럼 균형의 모습은 단지 돌아가야 하는 일상의 한 부분일 뿐이다.

내일도 아침 해는 평범하게 떠오를 것이다. 그리고 예상했던 일도, 예상치 못했던 일도 반복해 일어날 것이다. 그러나 결국은 언젠가 제자리로 돌아갈 것이며, 우리는 생을 마감할 때까지 이러한 반복을 즐겨야 할 것이다.

김만인 1958년 서울 태생으로 기업 경영 컨설턴트로 활동하면서 한양대학교 경상대 경영학부 겸임교수로 재직하고 있다. 일찍이 '사상(四象) 유형과 리더십'이라는 주제로 박사 학위를 취득해 언론의 조명을 받은 바 있으며, 동서양의 학문을 접목해 기업의 성과 향상을 위한 다수의 도구를 개발하여 삼성물산 · 현대자동차 · 신세계 · 두산중공업 · 한국은행 · 우리은행 · KT · 한국관광공사 · 한국농어촌공사 등 국내 기업에서 인사 · 조직 분야의 교육 및 자문 활동을 했다. 『참부자의 행복 찾기』(2004), 『사상경영론』(2007) 등의 저서와 다수의 논문이 있다.

균형의 법칙

– 카오스를 탈출해 코스모스로 나아가는 초월적 지혜

펴낸날 2014년 4월 15일 초판 1쇄
지은이 김만인 ● **펴낸이** 임덕호 ● **펴낸곳** 사곰
주소 133-791 서울 성동구 왕십리로 222 ● **전화** 02.2220.1432-4 ● **팩스** 02.2220.1435
홈페이지 press.hanyang.ac.kr ● **이메일** presshy@hanyang.ac.kr
출판등록 제4-7호(1972.2.29) ● **인쇄** 네오프린텍
표지·삽화 최원표(pluto772@naver.com)

사곰은 '새김[刻]'과 '해석[釋]'을 뜻하는 중세 국어 '사곰'을 변형하여
한양대학교 출판부가 만든 출판 브랜드입니다.

이 도서의 국립중앙도서관 출판시도서목록(CIP)은 e-CIP 홈페이지(www.nl.go.kr/ecip)와
국가자료공동목록시스템(www.nl.go.kr/kolisnet)에서 이용하실 수 있습니다.
CIP 제어번호 : CIP2014010615

ISBN 978.89.7218.441.6 (93100)